天才物理学家的失误

科学，那些不可思议的事

杨建邺 著

长江出版传媒 湖北教育出版社

(鄂)新登字 02 号

图书在版编目(CIP)数据

天才物理学家的失误/杨建邺著.
—武汉:湖北教育出版社,2013.2(2020.11 重印)

ISBN 978-7-5351-7946-3

Ⅰ.天…
Ⅱ.杨…
Ⅲ.物理学家-生平事迹-世界-通俗读物
Ⅳ.K816.11-49

中国版本图书馆 CIP 数据核字(2012)第 119847 号

出版发行　湖北教育出版社
邮政编码　430070　　电　话　027-83619605
地　　址　武汉市雄楚大道 268 号
网　　址　http://www.hbedup.com
经　　销　新　华　书　店
印　　刷　天津旭非印刷有限公司
开　　本　710mm×1000mm　1/16
印　　张　15.25
字　　数　204 千字
版　　次　2013 年 2 月第 1 版
印　　次　2020 年 11 月第 2 次印刷
书　　号　ISBN 978-7-5351-7946-3
定　　价　33.50 元

目录

天才物理学家的失误

TIANCAI WULI XUEJIA DE SHIWU

前言

我们都知道，首创精神是科学研究活动最根本的要求。没有首创精神，可以说科学就不可能出现，当然也就更谈不上发展。但是，首创精神与错误、失败通常又是紧密相关的。这是因为只有探索别人从来没有或不敢探索的问题，提出别人没有或不敢提出的新见解，才能称得上具有首创精神。在进行这样的探索活动时，没有先例可循，有时甚至要打破旧框架，为后人提供一个崭新的框架。试想，在这种情况下怎么可能避免错误和失败？这正像一个人在漆黑的夜晚摸索于崎岖的山路上，他怎么可能不被石头绊一下或跌一跤呢？就是跌得鼻青脸肿、头破血流也不是什么很奇怪的事，除非他干脆屈膝抱头，在山缝里坐等天明。

谨小慎微、害怕担风险、人云亦云的“科学家”，固然不会犯什么错误，但也不会有所发现，有所发明，有所创造。苏联物理学家米格达尔说得好：“如果从来没有做过一件错误的工作可以算是一个科学家的认真负责的话，那也可以简单地证明这位科学家缺乏勇气和首创精神。”

纵观整个科学史我们就会发现，其中不仅包含有令人叹为观止、夺目耀眼的成果，而且也包含有数不清的错误和失败。英国物理学家开尔文一语道破此中真谛：“我坚持奋斗五十五年致力于科学发展，用一个词可以道出我最艰辛的工作特点，这个词就是失败。”

其实，科学史上科学家所犯的各种错误和所遭受的失败，不仅在内容上丰富多彩，引人入胜，而且就其对后人的启发性而言，比成功史还更胜一筹。对此，英国著名化学家戴维就曾感触至深地说：“我的那些最重要的发现是受到失败的启发而获得的。”

所以，我们实在很有必要对科学家的失败事例作一番深入细致的研究。美国生理、心理学家，美国心理学会前主席米勒也曾尖锐地指出：

> 已经发表的研究报告都是根据事后的认识写成的。为了节省杂志的篇幅（或许是为了面子），他们忽略了开始时在黑暗中的探索和尝试，由于失败而放弃的所有的尝试几乎都没有被提起。因此，他们描述的图景未免过于规律，过

于简单,容易使人产生误解,其作用实际是把科学的前沿推进到毫无知识的领域。

在任何时代和任何研究中,只要把研究的对象罩上一层神秘的光彩,都会无一例外地给人们带来遗憾、偏见和误解。由此可知,失败案例的研究是多么不可缺少! 实际上,研究失败案例,素来为科学大师重视。伟大的英国物理学家麦克斯韦说得好:

科学史不限于罗列成功的研究活动。科学史应该向我们阐明失败的研究过程,并且解释,为什么某些最有才干的人们未能找到打开知识大门的钥匙,而另外一些人的名声又如何大大地强化了他们所陷入的误区。

美国著名生物学家和科学史家迈尔在他的巨著《生物学思想的发展》一书指出:"历史所表现出来的不仅是解决问题的成功的尝试,还有不成功的努力。在处理科学领域的重大争论的时候,要努力去分析争论对手用来支持相反理论的思想、观念(或信条)以及具体证据。"

他还深刻地指出:

只有通过学习这些概念形成所经历的艰难道路,学习早先的错误假定怎样一个一个地被否定,换句话说,就是要学习过去的所有错误,才有可能获得真正透彻和完满的理解。在科学中,人们不仅通过自己的错误的历史进行学习,而且也通过别人的错误的历史进行学习。

奉献给读者这本书,就是希望读者从书中几十例天才物理学家的失误的案例中得到一些启示。

作　者

于华中科技大学宁泊书斋

1 伽利略为什么没有提出万有引力?

这是一阕什么乐曲？是巴赫的《勃兰登堡协奏曲》？是舒伯特的《野玫瑰》？还是舒曼的《交响练习曲》？也许你想问的问题还不少，其中还会有一个共同的疑问：这本书不是讲物理家的失误吗？怎么开篇却是一段五线谱？是不是把话题扯得太远了一点？

其实话题并没有扯远。这段乐谱在音乐史上并没有任何地位，但在物理学史以及人类认识宇宙的历史上，却起过非常非常重要的作用。它既不是巴赫、舒伯特的作品，也不是舒曼以及任何一位作曲家的作品，它是德国天文学家开普勒在他的《世界和谐》一书中的大作。莎士比亚一定读懂了这段乐谱，因为在他的剧本《威尼斯商人》第五幕里有这样一段台词：

▲ 德国物理学家、天文学家开普勒

瞧，天宇中
嵌满了多少灿烂的金钹；
你所看见的每一颗微小的天体，
在转动的时候都会发出天使般的歌声，
永远应和着嫩眼的天婴的妙唱。

在不朽的灵魂里也有这一种音乐，
可是当它套上这一具泥土制成的
俗恶易朽的皮囊以后，
我们便再也听不见了。

那么,这段乐谱和莎士比亚的诗,和本节要讲的伽利略的失误有关系吗?有的。伽利略的失误正是基于这阕乐曲的主题思想。

我们知道，科学的任务就是要致力于发现客观事物“为什么”是这样(why),以及“怎么样”成为这样(how)。但是在伽利略之前,科学家更注重回答的是“为什么”这个问题。

德国著名天文学家和物理学家开普勒(Johannes Kepler,1571—1630)曾经说:“天体的数目、距离和运动这三者,引起我热诚探索。我要弄清楚为什么它们是现在这样,而不是别的样子。”

为了要回答这个“为什么”,各个时代有着各不相同思考的框架。在牛顿以前追溯到古希腊时期,物理学家们思考的框架是“和谐”(harmonious)。也就是说可以用和谐来回答客观事物“为什么”是这样而不是那样。例如,恒星为什么做圆周运动,那是因圆周运动最匀称、饱满、稳定,也就是说最和谐。在这一框架下,这样的解释就非常标准了。到了牛顿以后,这个框架被认为是不准确的,或者是不正确的;物理学家这时用“力”的框架代替了和谐为主旨的框架。直到今天,天体物理学家的主要工作仍然是千万百计地寻找力(force,现在物理学家多半用“相互作用”代替“力”),找到了力,也就能正确回答“为什么”。显然,这个框架比起和谐的框架的确是优越多了,它可以更精确地解释许多以前无法解决的难题,可以准确预见许多自然现象。当然在研究“力”的时候也会出现“和谐”的审美要求,但是审美目标和要求有了大的变化。

意大利物理学家伽利略(Galileo Galilei,1564—1642)生活和工作的时代,正值旧理论的框架受到强烈冲击而处于风雨飘摇之际。16世纪,意大利和英国相继在心脏、血管和血液循环方面有了重大发现,古希腊伟大名医盖伦(Galen of Pergamon, 129—199/217)[①]的见解被证明是错误的。从此,人们对古代(主要是古希腊的)学术成就不可动摇的地位产生了怀疑。当时,在运动学方面有一个问题是物理学旧框架无法解决的,那就是物体"运动的原因"。

亚里士多德(Aristotélēs,前384—前322)的理论将运动分为两类,一类是天然运动,一类是受迫运动(即非自然运动)。前者如星体的圆周运动、重物的下落运动等;后者如上抛的石块、物体的水平运动等。引起天然运动的原因,是每一物体都有它自己的"天然处所",而每一物体有自动回到自己"天然处所"的普遍特征。例如所有地面上的重物的天然处所是地心,因此它们都有向地心运动的本能;物体愈重,其回到地心的本能越强烈,所以下落愈快。星体绕地球的运动也被认为是一种天然运动,这是一种和谐的、无始无终的圆周运动。

与天然运动不同的是受迫运动。受迫运动则需要在别的物体的强迫作用下才能运动,即亚里士多德所说"推一个物体的力不再推它时,物体便归静止。"

亚里士多德的这些由直觉推出的结论,人们早就觉得漏洞百出,但在伽利略以前,人们尽管总是为这些问题争论不休,但就是没有人愿意做一个实验来检验这个理论。

伽利略与他的前辈们大不相同,他崇尚科学实验,强调推理不能建立在直觉的基础上,而应该建立在实验的基础上。他曾讥讽那些不肯做实验的人说:"为了获得自然力的知识,不去研究船或弩弓或火炮,而钻进他们的书斋里去翻翻目录,查查索引,看看亚里士多德对这些问题有没有说过什么。并且在弄明白了他的原话的真实含意后,就认为再没有什么知识可以追求了。"

▲ 意大利物理学家、天文学家伽利略

亚里士多德不是说重物越重就下落得越快吗?

① Pergamon,现在是土耳其的贝尔加马(Bergama)。

伽利略并不满足于从理论上驳倒这一错误的理论，他干脆登上比萨斜塔，把重量不同的球从高五十多米的塔上丢下来，让那些喊喊喳喳争论得没完没了的人看一看。结果，伽利略胜利了，重量不同的球几乎同时落地！这两个球同时落地的声音，不仅宣告伽利略自由落体定律的胜利，而且宣告物理学进入了一个崭新的时代。[①]

伽利略的落体定律告诉我们，重物下落并不是它要寻求什么天然处所，而是地球上每个物体都受到地球的引力作用。物体在引力作用下做匀加速运动，其加速度是一个与物体无关的普适常量（universal constant）。伽利略还用斜面实验加上一点理想实验，得到了著名的“惯性定律”。这一定律指出，力并非速度的原因，而是加速度的原因。这样一来，伽利略就为科学的动力学奠定了正确的基础。亚里士多德的动力学和运动学理论在地球上，从此无立足之地了。

按道理说，伽利略既然已经摧毁了旧框架在地面动力学的基础，他应该可以动摇旧框架对太阳系、进而对天空动力学的统治。可是，不然。

当时，有一位科学家率先认识到，哥白尼的日心说和伽利略的地球上物体运动理论结合起来，可以建立一个既适用于天体又适用于地球的动力学理论。这位科学家就是与伽利略常有信件往来的开普勒。1605 年他曾给赫瓦特·冯·霍京伯格写了一封信，在信中他说：

> 我一心探讨的是物理原因。我的目标是想指明那天体的机器不宜比作神圣的有机体而应比作时钟……因为几乎所有这些多种多样的运动，只是借助于单一的，十分简单的磁力而形成的，就像时钟的各种运动只是由于一个重锤造成的一样。此外，我还可以证明，这个物理概念可以通过计算和几何学表示出来。

---

① 关于伽利略有没有在比萨斜塔上做物体自由下落的实验，有不同的看法。但是由伽利略重视实验的一些论点来看，我以为他做过这个实验的可能性非常大。

开普勒在1605年就试图用一种动力学的框架来统一整个物理学，这实在令人惊诧！尤其是他当时还那么热衷于用和谐框架来探索行星运动速度的各种比例关系,还为行星运动规律谱曲。这么一个极力追求和谐框架的人却同时是探求新框架的人,有时真让人觉得不可思议。和谐这一旧有的框架对他的吸引力是太强烈了，这使得他连地面上物体的运动原理都解决不了，又如何能扩展到天体？开普勒肯定达不到他的目标,因为他还没有建立地面物体动力学正确的概念。

但是,对伽利略情况就迥然不同了。伽利略发现了著名的惯性定律；在研究自由落体的加速度时又应用了地球引力;并且他还用自制的很好的望远镜发现所有的行星都是球形,发现太阳上有黑子,月球表面凸凹不平,从而使亚里士多德关于天体是最完美的、永恒不变的神话从此破灭；进而伽利略提出所有的星球都和地球是平权的,它们是由于物质的内聚力而成为球形等等。有了这些卓越的见解和犀利的思想武器,伽利略足以用地球上物体运动的动力学机制来解决天体运动,而且应该说已经走到发现万有引力的边缘了。只要再向前迈进一步,那么这一历史的机会就会被他抓住。但是很可惜,他终于没有能够迈出这一步。尤其是开普勒还曾提出太阳放射出神秘的超距力，这种力可以推动地球及其他行星运动,还特别提到月球力可能是引起潮汐的原因。可惜开普勒这些杰出的见解不仅没有启发伽利略,反而引起他的厌恶。他曾说：

> 在所有思考过这个值得注意的效应的伟人中,开普勒比别人更使我惊奇。尽管他旷达而敏锐,精通地球运动,他还是听信和附和月亮管辖海洋这种玄妙的性质以及这一类儿戏。

伽利略之所以没有能够提出万有引力,用他所发现的犀利武器统一从地球到天空所有的物体运动,除了有一些历史原因(如不理解速度是一个矢量，没有向心加速度的概念等等)以外,还有一个很值得我们注意的原因,那就是他没有摆脱天体运动是一种与地球上物体运动截然不同的天然的、无始无终

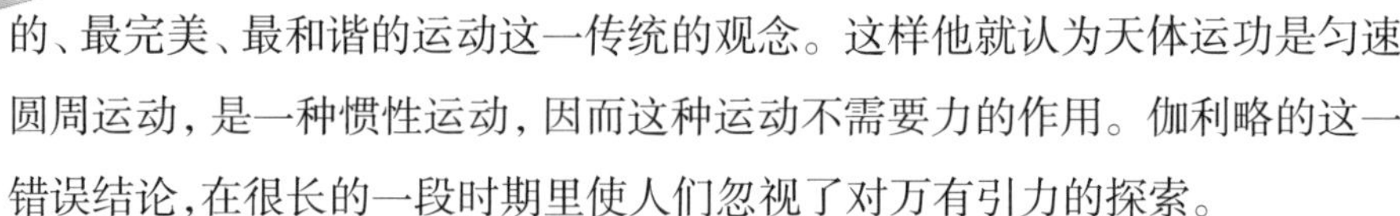

的、最完美、最和谐的运动这一传统的观念。这样他就认为天体运功是匀速圆周运动，是一种惯性运动，因而这种运动不需要力的作用。伽利略的这一错误结论，在很长的一段时期里使人们忽视了对万有引力的探索。

由以上这段历史，我们可以想见，旧的框架和偏见常常会极其顽固地阻碍科学家进行正确的探索，哪怕是杰出的科学家也在所难免。写到这里，倒使我们想起了伽利略早期的一段小故事。

▲ 美丽的佛罗伦萨，那著名的圆顶大教堂是这个城市的标志。

那还是伽利略在读大学时的事。有一年学期结束，伽利略决定回家度假。家在佛罗伦萨，乘马车得几天的时间。对于一个像伽利略这样精力充沛又勤思好学的年轻人来说，乘坐几天的马车可真够乏味的了。幸好马车上还装有许多大桶，于是伽利略就开始估算这些桶的容积，以此作为消遣和打发难挨的时光。作了一番估算后，伽利略对车夫说：

“你的每只桶里装有 300 升的橄榄油吧？”

马车夫吓了一大跳，用怀疑乃至惊恐的眼光盯着伽利略：“你是怎么知道的？”

伽利略试着解释给马车夫听。

马车夫生气地说："你这是巫术！你老实坐我的车吧，你那一套巫术我可不愿意听，留给你自己受用去吧！"

伽利略伤感地摇了摇头，轻轻地叹了口气：

> 人们身上的偏见多么顽固啊！确立新的思想可真不是一件容易的事情……

正在这时，马车夫突然甩了一个响鞭，对着马怒气冲冲地吆喝了一声，马车突然加速。伽利略正陷入沉思没有预防，被他所发现的惯性定律的作用，重重地撞在车栏上。伽利略一面揉着撞疼的地方，一面喃喃地低语：

"真不是一件容易的事情……"

这时他也许没有意识到，他自己"身上的偏见"也同样多么顽固。

2 牛顿也有不谨慎的时候

> 当我们大为谦卑的时候，便是我们最近于伟大的时候。
>
> ——泰戈尔

英国著名诗人亚历山大·蒲伯（Alexander Pope，1688—1744）给伊萨克·牛顿（Sir Isaac Newton，1643—1727）写了一个很有名的墓志铭：

> 大自然与它的规律为夜色掩盖，
> 上帝说，让牛顿出来吧，
> 于是一切出现光明！

这个墓志铭表露诗人对历史上最杰出的科学家牛顿无限敬仰和赞美之情。

凡是有机会去英国伦敦的人，都一定会到威斯敏斯特公墓去，因为对人类做出卓越贡献的伊萨克·牛顿就长眠在此。人们都希望在他的墓前伫立一会儿，以表示对他由衷的感谢，感谢他给人类带来了科学和光明。

牛顿在科学上的贡献的确是很少有人能与之比肩的。牛顿的成就不仅在于他创立了经典力学和微积分，而且在于他确立了科学研究的正确方法，即现在所称之为“物理思想”的研究方法。这种方法要求科学家首先观察事实，尽可能地变换条件以便在精确实验的基础上得出最一般的规律，然后通过推理得出个别的定律或定理，又通过进一步的实验来验证这些推理。后来法国物理学家安培深谙其中奥妙，并根据这一方法创立了经典的电动力学，因而博得“电学中的牛顿”这一美名。

▲ 英国 18 世纪新古典主义代表诗人蒲伯的雕像

▲ 英国伟大的科学家牛顿

爱因斯坦在 1927 年为纪念牛顿逝世两百周年写的纪念文章《牛顿力学及其对理论物理学发展的影响》中写道：

> 正好在二百年前牛顿闭上了他的眼睛。我们觉得有必要在这样的时刻来纪念这位杰出的天才，在他以前和以后，都还没有人能像他那样地决定着西方的思想、研究和实践的方向。他不仅作为某些关

键性方法的发明者来说是杰出的，而且他在善于运用他那时的经验材料上也是独特的，同时他还对于数学和物理学的详细证明方法有惊人的创造才能。由于这些理由，他应当受到我们的最深挚的尊敬。可是，牛顿之所以成为这样的人物，还有比他的天才所许可的更为重要的东西，那就是因为命运使他处在人类理智的历史转折点上。为了清晰地看到这一点，我们必须明白，在牛顿以前，并没有一个关于物理因果性的完整体系，能够表示经验世界的任何深刻特征。

正是由于牛顿具有正确的科学思维方法，所以他一生对于自己提出的种种理论，都是十分谨慎的。他有一句名言至今仍流传于世："在事实与实验面前没有辩论的道理。"这条他终生遵循的原则，深深体现了他忠实于科学事实的崇高品质。

但是，牛顿也有背离这条原则而显得不谦虚谨慎的时候。科学史无数次表明，每当一个科学家不谦虚谨慎，盲目相信自己和不尊重事实的时候，他就多半会受到失败的惩罚。牛顿即使再伟大，也不会例外。没有不犯错误的科学伟人。

我们知道，牛顿在光学上做出了许多贡献，这方面的主要工作大部分都记载在 1704 年出版的《光学，或论光的反射、折射、弯曲和颜色》一书中。牛顿对光学最主要的贡献是对颜色的研究。

古代人很早就注意到自然界中光会出现五彩缤纷的颜色，例如霓虹和油薄膜上呈现出美丽的色彩。古希腊的亚里士多德认为，颜色是由白与黑、光明与黑暗按不同比例混合的结果。这一看法在牛顿以前一直占支配地位。牛顿的老师伊萨克·巴罗（Issac Barrow，1630—1677）则同意另外一种见解，认为白光在不同程度的聚和散之时，就形成不同的颜色。例如浓缩、聚集程度最高的就是红色，稀释、分散程度最高的就成了紫色。1665 年，只比牛顿大七岁的罗伯特·胡克（Robert Hooke，1635—1703）在《显微术》一书里，提出光是一种波动的观点，为颜色建立了一种具体的物理机制。他认为颜色是由于光

在折射时其波发生偏转而形成。过了一年，牛顿对光和色也发生了兴趣，开始进行研究，并对颜色提出了一种全新的见解。

牛顿为什么对颜色感兴趣呢？这起因于他想改进望远镜。自从伽利略利用望远镜对天体作了卓有成效的观测以来，许多科学家都热心于望远镜的改良。当时望远镜有两个严重的缺陷亟待改进。一个是球面像差（spherical aberration），另一个是色差（chromatic aberration）。

球面像差是同一光源发出的近轴光线和远轴光线在通过透镜后，由于成像位置不同而使像的边缘呈模糊状。开普勒于1611年，笛卡儿于1637年，分别对球面像差进行了研究，而且都写了名为《折射光学》的书。当他们弄清楚了球面像差的原因以后，认为可通过研磨（椭圆和抛物线旋转体状的）透镜来加以解决，但收效不大。

望远镜的另一个缺陷是色差，即白光经过透镜后所成像的边缘呈彩色模糊状。牛顿对改进这一缺陷有很强烈的愿望。但是牛顿十分清楚，要想消除色差那必须重新研究颜色的理论。

▲ 左边是牛顿正在做光通过棱镜后光的折射现象。
右边圆筒状物为牛顿制作的望远镜。

1666年,那正是他23岁的时候,他买来了一块玻璃棱镜,他要通过实验而不是用毫无边际的假说来揭开颜色这一费解之谜!经过了一系列有名的棱镜实验之后,牛顿得出了如下的结论:

> 光本身是一种折射率不同的光线的复杂混合物……颜色不像一般所认为的那样是从自然物体的折射或反射中所导出的光的性能,而是一种原始的、天生的、在不同的光线中不同的性质。

这就是说,光的颜色是由其单色分布决定。白光透过棱镜后之所以呈现出红、橙、黄、绿、青、蓝、紫诸色,是因为白光本来就是由这七种单色光组成,现在只不过是因为七色光的折射率各不相同,被棱镜分开来了,而不是什么别的原因。

对今天的读者来说,这些实验和理论都是耳熟能详、广为人知的常识,可在当时因为这一理论的提出掀起了一场异常激烈的争论。但是由于牛顿的理论经得起各种实验的考验,最终取得不可动摇的胜利。

牛顿的颜色的理论确立后,色差的原因也就明白了。那么,能不能消除这一弊病呢?如果不同的物质具有不同的折射率,那么色差也许可以通过折射率不同的透镜组合得以消除。牛顿为此设计了一个实验;在一个注满了水的玻璃容器里,放入一个玻璃棱镜,以观测光线通过它们时折射是否会发生什么变化。牛顿设想,如果不同的物质有不同的折射率,那么水和玻璃的这一组合,肯定会使折射发生某些变化。这种设想显然十分合理。但牛顿万万没有料到,他选用的玻璃恰好与水有相同的折射率,所以尽管牛顿将这实验重复多次,他当然看不到折射会有什么改变。于是他犯了一个不可原谅的错误,即从有限的实验事实,得出一个普遍的推论:所有不同的透明物质都是以相同的折射率折射不同颜色的光线;又由于折射必然引起色散,所以望远镜的色差问题是无法解决的。在1704年出版的《光学》一书里,他作出了似乎不必再讨论的结论:“人们不可能研制出可以消除色差的透镜。”并对这种不可能消除的原因提出一个理论上的解释。由于这个理论后来被证明是错误的,而且推理十分复杂,本文不做进一步的解释。只在下面引文里稍稍涉及。

如果问题仅及于此,我们还可以体谅牛顿的失误,但牛顿这次特别不谨慎,特别固执,这就不仅使他犯了错误,而且使他失去了改正错误的机会。当时有一位业余对光学很感兴趣的人,名叫卢卡斯(Lucas),他重复了牛顿的上述试验,由于他用的玻璃与牛顿选用的玻璃品种不同,所以得到的实验结果与牛顿的实验结果大不一样。他十分惊奇,并将自己的实验结果告诉了牛顿。牛顿如果谨慎一点,把卢卡斯的实验详细了解一下,就可以明白问题出在什么地方。但他却固执地相信自己没有错,也不可能出错。

于是一次改正错误的宝贵机会就这样失去了。

美国科学作家瑞驰(E.S.Reich)在《科学之妖》(*Plastic Fantastic*)一书里指出:

"牛顿之所以认定无色差透镜望远镜无法研制,不是因为对自制望远镜的推崇备至,而是因为他对自己的理论充满信心。牛顿错误地认为,透明材料将光分解为彩虹状色光的总量仅仅取决于透明材料本身折射光的总量。牛顿的解释就是,不管将多少由不同透明材料组成的棱镜和透镜组合在一起,如果不把光束转向它入射的方向,分离开的色光将永远不能重新聚合,这样聚焦会失败,成像也会被破坏。"

由于牛顿的威望,一时间大家都相信了牛顿的结论。

▲ 著名瑞士数学家欧拉

但是也有一些科学家并不完全相信牛顿的结论,决心再次研究这个问题。

牛顿去世后不久,英国艾瑟克斯(Essex)的摩尔·霍尔(Chester Moore Hall, 1703—1771)第一个制出多透镜组合的无色差折射望远镜。他的想法很有意思,他认为不同颜色眼珠的人在视网膜上产生的像,与他们眼珠的颜色无关,因此他认为完全可以用不同折射率的透镜组联合起来制造出没有色差的望远镜。经过一段时间的努力,他把两个不同质地的透镜联合起来，果然发现有一个透镜组，当红和蓝两色透过它们时没有出现色差。1733 年，他成功地研制出了无色差望远镜。1758 年，英国透镜制造商兼光学科学家约翰・多兰德(John Dollond，1706—1761)也制造出消除了色差的望远镜。由于霍尔不在意他的发明，因此这种望远镜的专利权被多兰德得到。

1749 年，瑞士著名数学家欧拉(Leonhard Euler，1707—1783)对牛顿所声称无法消除透镜色差的理论表示怀疑，发表了一篇关于如何研制可以消除色差的透镜的理论上的文章。五年后的 1754 年，瑞典科学家塞缪尔・克里基斯蒂尔奈(Samuel Klingenstierrla)表示，只有在牛顿那组三棱镜之间设置的角度非常小时，实验结果才会与《光学》中的数学公式相符合，然而，这一点牛顿从未提到过。

2002 年，美国物理学家、科学史家阿兰・夏皮罗(Alan Shapiro)在自己的一项历史研究里指出：

“在《光学》的较早的拉丁文手稿中，牛顿将这一有疑问的实验描述为理想化的实验，只是在后来的修订版本里加上了一句话，声称他实际上已经做过了这个实验。这实际上是一个隐蔽的、不科学的和失实的研究工作，以至于将消色差透镜组的发明时间推迟了半个世纪，直到欧拉、克里基斯蒂尔和多兰德后来所作的研究，才使得相关的研究重新步入正轨。”

▲ 美国科学哲学家夏皮罗

如果按照夏皮罗的研究，牛顿就不只是不小心，而是涉嫌作假。

当然，牛顿的伟大贡献是无可争议的，不会因为这些事件影响到对他总体评价。所以在结尾时我为读者展示一张照片。

照片是牛顿的纪念碑。这个纪念碑用灰白相间的大理石雕成，牛顿的浮雕像是整个纪念碑的主体，被一群使用数学仪器的小天使围绕着。牛顿斜靠在石棺上，右肘枕在垒积起来的四本书上，这四本书是《神学》《年代学》《光学》和《自然哲学的数学原理》。背景雕塑是一个圆球，球上画有黄道十二宫和相关星座，还描绘着出现于1680年彗星的运行轨迹。纪念碑上用拉丁文刻着：

> 死去了的人们应当庆贺自己，因为人类产生了伟大的装饰品。这儿安睡着伊萨克·牛顿爵士。他以超乎常人的智力，用他所发明的数学方式，第一个证明了行星的运动和图像，彗星的轨道和大海的潮汐；他研究了各种不同的光线，以及由此所产生的颜色的性质，而这些都是别人连想都没想到的；对于自然、历史和圣经，他是一个勤奋、敏锐和忠实的诠释者。他用他的哲学证明了上帝的威严；他度过了新教徒式的简朴的一生。所有活着的人都为有他这样一位伟人而感到幸福。

▲ 后人为牛顿建立的纪念碑

3 类比法的得与失

在科学史上，一个新概念从来都不会是一开头就以其完整的最后形式出现，像古希腊神话中雅典娜一下子从宙斯的头里跳出来那样。

——普朗克

古希腊神话里有一个掌管智慧与工艺的女神，她的名字叫雅典娜(Athena)。你知道她是怎么诞生的吗？那可真是神话中的神话。据说众神之主宙斯因担心自己的妻子墨提斯生一个比他更强大的儿子，竟将自己的妻子吞食了。哪知刚一吞完，他马上感到头部剧烈疼痛。宙斯疼痛难忍，只好命火神将自己脑袋劈开。正在这时，全身披铠戴甲的智慧女神雅典娜，立即从宙斯被劈开的脑袋里一跃而出。

▲ 雅典娜既是掌管智慧与工艺的女神，也是一位乌云和雷电的主宰者，丰产女神，和平劳动的庇护者，女战神。

在现实生活中，智慧、知识、思想……都决不可能是一蹴而成的。一个新概念正如马克斯·普朗克（Max Planck，1858—1947)所说，决不会一下子“从宙斯的头里跳出来”。

光是一种波动的新概念在刚提出来时，就诚如普朗克所说的一样，是很不完善的，它经历了近两个世纪不断的探索和充实，才最终确立了它应有的地位。现在我们来回顾这一段历史，其中的成功与失败，都会给

我们有益的启示。

17 世纪后半世纪，关于光的本性发生了一场激烈的争论，这场争论是物理学发展的必然趋势，也是物理学继续发展的巨大动力之一。争论的双方都是当时科学界的名流，一方以牛顿为首，倡导微粒说；另一方是成就和威望比牛顿稍逊一筹的荷兰物理学家克里斯蒂安·惠更斯（Christian Huygens，1629—1695），他主张波动说。

光的微粒说认为光是由发光体发出的一种具有弹性的、直线前进的微粒子流；不同颜色的光有不同颜色的微粒，它们在棱镜中的速度各不一样，紫色微粒的速度最低，红色微粒的速度最高。由于这一学说能够很容易地解释光的直线前进及反射、折射，而且这种学说与当时牛顿建立的经典力学体系可以形成一个统一的整体，所以很容易为人们接受。

但牛顿的微粒说也存在着很大的困难。除了它不能令人满意地解释光的干涉、衍射及偏振以外，它甚至连胡克提出的一个极简单的责难都无法解释。胡克责问牛顿，如果你给光以微粒这样有形的性质，那么这些微粒在光束相交时，为什么不发生碰撞（即光为什么不为光自身所散射），而仍然像没有发生任何力学事件一样，照原样继续前进呢？牛顿无法解释这一现象，所以他回答说：

> 确实，根据我的理论，我可以得出结论说，光是物质，是有形的。可是我作出的这一结论决不是坚定不移的。我知道，我所确认的光的性质，在某种程度上不仅可以用这种假设，也可以用许多其他力学假设来解释。

虽然牛顿说他自己并没有“坚定不移”地“确认”微粒说，但他没有想到，由于他的威望会使多少人对进一步探索光的本质，望而却步！当然，也有人敢于蔑视权威，并勇敢地向权威挑战。惠更斯就是一个。惠更斯从开始研究光学的时候起，就一直对牛顿的微粒说持反对态度。

惠更斯比牛顿年长 14 岁，出身于荷兰名门望族，他父亲与法国数学家和哲学家笛卡儿(René Descartes，1596—1650)、梅森(Marin Mersenne，1588—1648)[①]常有信件来往，笛卡儿还经常在海牙惠更斯的家里，受到惠更斯父亲热情的招待。当惠更斯在莱顿大学读书时，笛卡儿的思想对惠更斯影响极大，而且十分关心惠更斯的学习和研究。他很早就曾预言惠更斯前途无量，后来惠更斯果然在数学、力学、光学、光学应用技术以及天文学等方面均做出了杰出的贡献。

▲ 荷兰物理学家、天文学家惠更斯

在光的本性的研究中，惠更斯站在笛卡儿和胡克一边，提倡波动说。1676 年前后，惠更斯就能够用光是一种波动的理论来解释反射和折射，这个原理后来就叫做“惠更斯原理”。这时他已经研究了不同介质的折射率。1678 年，在法国科学院的一次会议上，惠更斯公开向牛顿光的微粒说提出了挑战，宣读了一篇光的波动理论的文章。这篇论文于 1690 年以《论光》的名字发表。两个半世纪以后，爱因斯坦评论说，惠更斯是“第一个提出一个完全新的光的理论的人”。

下面我们就惠更斯在论证光的波动本性的思想方法作一分析，这其中有对也有错，是饶有趣味而又有益的事情。

如果光不是如牛顿所说的微粒子流，那么它究竟是什么呢？惠更斯说：“我们对声音在空气中传播所知道的一切，可能会导致我们理解光传播的方式。”

这是一个绝妙的类比。惠更斯还进一步解释了这一类比：

> 我们知道，声音是借助看不见摸不着的空气向声源周围的整个空间传播的，这是一个空气粒子向下一个空气粒子逐步推进的一种运动。而因为这一运动的传播在各个方向是以相同的速度进行的，

① 梅森是法国学者研究声学、液体运动和摆的振动定律等等，在传播科学知识方面有过重大贡献。

所以必定形成了球面波，它们向外越传越远，最后到达我们的耳朵。现在，光无疑也是从发光体通过某种传递媒介物质的运动而到达我们的……像声音一样，它也一定是以球面或波的形式来传播的；我们把它们称为波，是因为它们类似于我们把石头扔入水中时所看到的水波，我们能看到水波好像在一圈圈逐渐向外传播出去，虽然水波的形成是由于其他原因，并且只在平面上形成……

从上面这段话可以清楚地看出，惠更斯正是利用类比法才确信光也“像声音一样”，以“波的形式来传播的”。光的波动说一经提出，立即显示了它强大的生命力，甚至连牛顿也不得不将牛顿环(Newton ring)[①]现象与某种波联系起来，甚至将光谱中的每种颜色都对应于一定的波长。惠更斯之所以能取得这一成就，从思想方法上来说是因为他应用了一种很有创造性的思维方法——类比法。

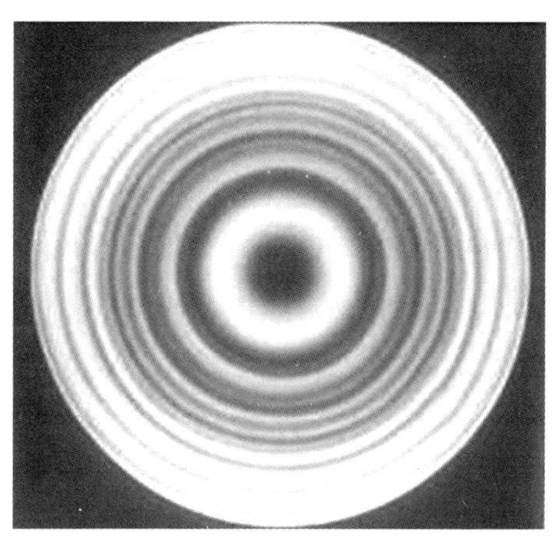

▲ 牛顿环照片。单色光时的明暗相间的条纹正是干涉条纹。如果是白光，则是彩色条纹。

类比法是古今中外的物理学家最常运用的一种思维方法，由这种方法所得出的结论，虽然不一定很可靠，但在逻辑思维中却极富有创造性。热质说把热与流体类比；库仑定律中把静电相互作用与万有引力类比；卢瑟福将原子结构与太阳系类比，德布罗意将玻尔的量子条件与机械波的驻波进行类比；薛定谔将物质波与机械

① 在光学上，牛顿环是一个薄膜干涉现象。光的一种干涉图样，是一些明暗相间的同心圆环。例如用一个曲率半径很大的凸透镜的凸面和一平面玻璃接触，在日光下或用白光照射时，可以看到接触点为一暗点，其周围为一些明暗相间的彩色圆环；用单色光照射时，则为一些明暗相间的单色圆圈。这些圆圈的距离不等，随离中心点的距离的增加而逐渐变窄。它们是由球面上和平面上反射的光线相互干涉而形成的干涉条纹。

波类比……等等，这样由类比而使物理学获得重大突破的例子不胜枚举。

正因为类比法具有广泛的和创造性的实际意义，所以历来都为科学家和哲学家们所高度重视。

黑格尔说；“类推的方法很充分地在经验科学里占很高的地位，而且科学家也曾依靠这种类推方式获得很重要的成果。”

康德说得更令人深思：“每当理智缺乏可靠论证的思路时，类比这个方法往往能指引我们前进。”

现代物理学的巨匠爱因斯坦也十分推崇类比这一思维方法，他曾说：“在物理学上往往因为看出了表面上互不相关的现象之间相互一致之点而加以类推，结果竟得到很重要的进展。”

惠更斯正是将光与声进行类比，在光的本性这一重大课题上取得了重要的进展。但是，类比法是一种由特殊到特殊的逻辑思维方法，所以由类比法推出的结论带有很大的或然性。这是因为进行类比的两个对象除了有相似的一面以外，又有差异的一面，正是这种差异限制了类比法的作用。这就要求我们在不同的对象间进行类比时，除了尽力找到类似的地方以进行类推，提出新的假说或模型以外，还应当尽力找到类比对象的不同点，以便适应新的假说或模型，作出创造性的发展。甚至可以说，由类比法所得出的结论，其可靠性应该决定于类比对象间差异发现的程度。如果找不到或忽视了这种差异，由类比法得出的结论就会降低或完全失去价值。惠更斯的光波说之所以没有战胜牛顿的微粒说，除了有许多其他方面的原因以外，其中有一个很重要的原因就是他在应用类比法时，没有充分注意到光与声的不同点。他在类比时走得太远，以至于使他自己陷入困境。

我们都知道波有两种：纵波和横波。振动方向与传播方向一致的波叫纵波，振动方向与传播方向垂直的波叫横波。光波是纵波还是横波呢？惠更斯在将光波与声波类比时，他认为光波与声波一样也是纵波。这一类比的错误结论，立即遭到牛顿的激烈反对，因为光如果是纵波，那惠更斯就无法解释光的偏振问题。丹麦哥本哈根的物理学家巴托林（Rasmus Bartholin，1625—

1698）在 1670 年观察到：当一束光射入一种名为方解石的透明晶体时，产生两束不同方向折射的光，形成双折射现象。如果光波是纵波，就无法解释这一奇怪的现象。因为在这种情况下，作为纵波的光波在晶体中为什么有两种不同的传播方式呢？惠更斯承认自己无法解释这一点。

从方法论的角度来看，方解石的双折射现象，应该说可以提醒惠更斯，在声和光的类比中他是不是走得太远了一点？如果光不是如声波那样的纵波而是横波，双折射现象就比较容易解释。但惠更斯没有迈出这一步，这不能说不是他的失误。

不过话又说回来，如果我们按照现在的知识水平去苛求惠更斯，那也是不应该的。正如本节开始普朗克指出的那样，一个新的概念是不可能一开始就以完美的形式出现。事实上围绕对光的本质的探索，一直折磨了好几代物理学家。

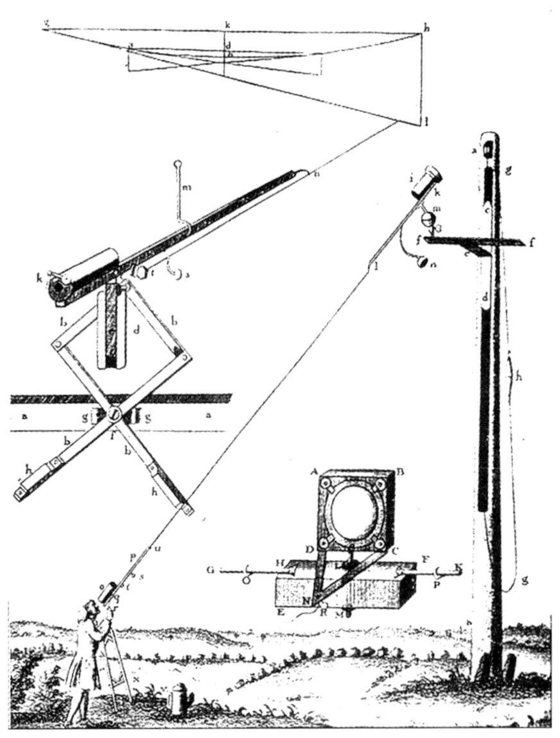

▲ 惠更斯正在做天文观测实验。

1905 年，爱因斯坦根据光电效应的实验结果，认为光是一种粒子（光子）流。历史似乎转了一大圈又回到牛顿那儿。此后，由此引起的波粒二象性的困顿，直到今天仍然不能说是彻底解决。不同的意见时常会被物理学家提出来，继续折磨着现代物理学家。

4 重大的发现，错误的解释

自从发现电流以后，作为科学与技术的分支部门的电学才有了惊人的发展。偶然的事件能产生重大的作用，这种例子在科学史上是很少见的，这里我们找到了其中的一个例子。

——爱因斯坦

1752年7月的一天，在美国费城，阴霾密布，电闪雷鸣。就在这个时候，年已46岁的美国科学家本杰明·富兰克林（Benjamin Franklin，1706—1790）不顾全身被雨水淋湿、冒着可能被雷击的危险，做了那闻名于世的“风筝实验”。“风筝实验”的成功意义十分重大，它不仅把天空中的闪电与地上实验室莱顿瓶的放电、电机的起电统一起来，导致避雷针的发明，推动了电学理论及电工技术的发展，而且它雄辩地证明，传教士胡诌的什么“上帝的怒火”“上帝的雷霆”只不过是欺人之谈。真可谓：一道闪光，划破长空；一条真理，铸成华章。

▲ 富兰克林的“风筝实验”画像

富兰克林的实验使全世界的物理学家对静电研究的兴趣大为增加。一些医生对此尤感兴趣，因为他们认为用电这种神奇的力量，可以医治一些当时无法治疗的疾病。

18世纪中叶，英国的生物学家和医生们对所谓“生物电”展开了研究。非洲和南美的土人对一种现在称为“电鳗”的热带鱼感到可怕，因为捕捉它的时候，它会突然以一种莫名其妙的可怕力量，狠狠地打击捕捉的人。英国的科

▲ 意大利解剖学教授伽伐尼

学家们认为这种鱼给人的那种突然打击，十分类似于莱顿瓶的放电。当他们成功地用电鳗给莱顿瓶充上了电以后，人们就完全接受了电鳗的突然袭击是一种电击，即一种放电现象。不过，当时普遍的见解认为这是一种生物电，与雷电的电是不同的另一种电；而且所有生物的功能是受这种"生物电"的支配。人们要想将自然界显示出的各种各样电现象统一起来，那还有相当长一段艰难的道路要走。在这段崎岖道路上跋涉的人中，人们永远不能忘记的两位意大利科学家伽伐尼（Luigi Galvani，1737—1798）和伏特（Alessandro Volta，1745—1827），在电学最艰难的创始时期，他们经历艰辛，披荆斩棘，不愧为功勋卓著的开拓者。

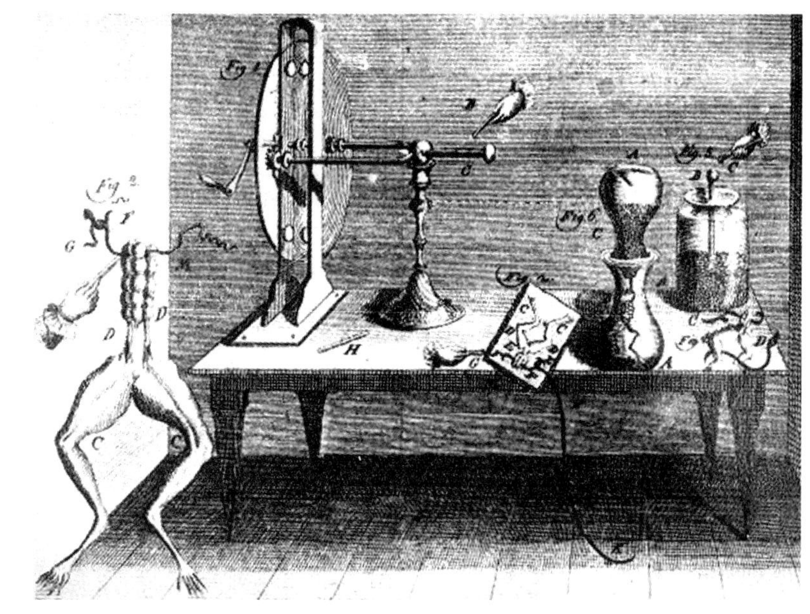
▲ 伽伐尼的青蛙实验解说图。左边是一个放大的青蛙解剖后的肢体，旁边有一只手拿着刀，刀尖碰着了青蛙的前肢。实验台子上放的是感应起电机、莱顿瓶等电学仪器。

1780年11月6日,意大利波伦亚大学解剖学教授伽伐尼把一只解剖好了的青蛙放在实验台上,实验台上还放有一部感应起电机。这只青蛙本应是餐馆饭桌上的佳肴,这次却纯粹因为偶然的机会,成为人类一次伟大发现的媒介。伽伐尼的助手正在收拾实验台上的东西,他无意中将起电机旁的一把解剖刀的刀尖碰到了青蛙前腿上暴露的神经,那条蛙腿猛地抽动了一下,在场的另一个助手似乎发现,起电机莱顿瓶上的电极闪了一个火花。发现青蛙抽动的助手吓了一大跳,嚷了起来:

"天哪!这青蛙怎么活了!"

助手擦了擦眼,仔细端详着那只解剖了的青蛙,发现青蛙的确是死的。

"见鬼,难道我刚才看花了眼不成?"助手又把刀尖碰了碰青蛙腿上的神经,这回他可清清楚楚看见青蛙腿是抽动了。

伽伐尼教授和当时许多生物教授一样,对电学十分感兴趣,当助手把这偶然发现的奇怪现象告诉给伽伐尼以后,立即引起了他的注意。开始,他认为蛙腿之所以抽动是起因于起电机。在1971年伽伐尼在《论肌肉运动中的电力》一文中写道:

> 我剖开一只青蛙做标本。我把青蛙放在桌子上,桌子上有一台起电机,但起电机与青蛙是完全隔开的,而且它们之间有相当的距离。当我的一个助手用解剖刀刀尖偶然轻轻地触到蛙腿的神经时,蛙腿的全部肌肉立即发生强烈的收缩。在场的另一个帮我做实验的助手似乎发现,只有当起电机放出火花时,蛙腿才会收缩……于是,我产生了一种强烈的愿望,要研究这一现象,并把这种现象的奥秘公诸于世。

随后,伽伐尼做了许多实验,证实了他助手的观察和发现是正确的。也就是说,如果起电机不发生电火花时,蛙腿不会收缩;如果手握着解剖刀的骨柄,而蛙腿不触到刀片,那么即使旁边的起电机有电火花出现,蛙腿也不会收缩,但如蛙腿触及刀片,则蛙腿又收缩起来了。于是伽伐尼得出结论:蛙腿的

收缩是由上述两个条件共同激发而成。

后来他又想起了富兰克林 1752 年的风筝实验，既然富兰克林已经证明了大气中的电与莱顿瓶中储存的电是同一种东西，那么雷雨天的闪电会不会使蛙腿收缩呢？为了观察这一现象，他将蛙腿用铜钩子挂在花园的铁栏杆上，准备在雷雨天进行观察。结果，当闪电出现时，蛙腿发生了收缩。伽伐尼在观察这一现象后，又产生了一个巧妙的想法：也许大气中的电在平时就进入了动物体，并集聚在那儿，一旦外部形成通路，电就会释放出来，从而引起蛙腿的收缩。这一猜测是一个了不起的进步，可惜伽伐尼没有注意到铜钩子和铁栏杆起的关键作用。他是一个生理学家，思路总在向生理现象那边靠。

接下去，他在一间密闭的实验室里重复这一实验。奇怪的事情又一次使伽伐尼大为惊诧。当他在室内把刚剖开的蛙腿放在实验台的金属板上，然后用铁丝戳穿蛙腿时，他发现只要铁丝一接触到金属板，蛙腿就会抽动。这可就奇怪了：这时既没有雷鸣电闪，起电机又没有电火花，而且蛙腿刚剖开，而且又在密室里，大气是不可能将电储存在蛙腿里的呀！这么说，以前的观测并没有反映现象的本质？伽伐尼不愧是位优秀的实验家，他尽力变换条件以作仔细观测。最后，他否定了自己以前的结论，明确蛙腿的抽动并不是由于大气电的作用。他意识到使蛙腿收缩唯一的原因只能是铜钩和铁桌子之间的接触了。他进一步推想：其他材料会不会引起蛙腿收缩呢？于是，他用各种不同的材料做成弧形线状，将其一端与铜钩接触，另一端与蛙腿神经接触。结果他发现，只要是金属材料做成的弧形导线，都可以使蛙腿收缩。他曾这样描述他所作的实验：

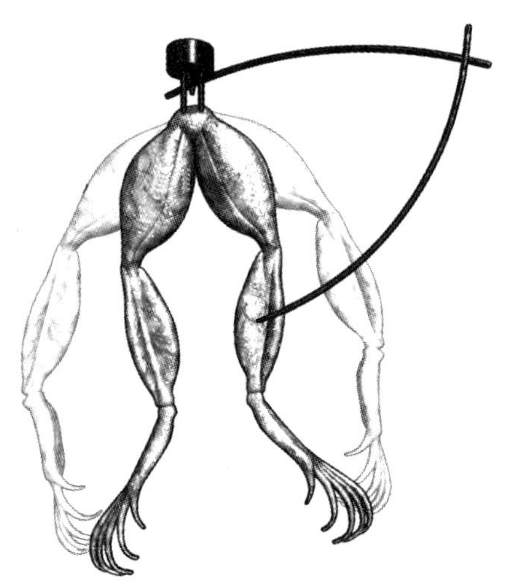

▲ 伽伐尼用铁丝戳穿蛙腿时，他发现只要铁丝一接触到金属板，蛙腿就会抽动。

"我选择不同的日子，不同的时辰，用各种不同的金属重复多次，但结果总是相同。只是在使用某些金属时，蛙腿抽动得更强烈而已。"

伽伐尼已经走到了最伟大发现的边缘，只用向正确方向迈小小的一步就行了。可惜，没有深入分析这一无法解释的现象，却只满足于一种根据不足的猜想，以生理学家的角度去思考问题！他认为，青蛙体内本身就像莱顿瓶一样，储存着一种"动物电"，肌肉中带正电，肌肉外层由于"感应"而带负电。当人们用导线接通外部和神经（或肌肉），就会形成放电而使肌肉收缩。他写道：

> 类似的结果使我感到很惊奇，于是我猜想：动物有电。我感到，在发生这种现象时好像有一种流质由神经流向肌肉，并且像在莱顿瓶里那样，形成了一个链……根据我们至今所了解和研究过的一切，我认为完全有理由可以肯定，动物具有电，我们可以将其称之为"动物电"。

伽伐尼的解释是错误的。电是同一的，正如天上的电和地面上的电是同一的一样，动物的电和非动物的电也是同一的。但是传统的观念，使得像伽伐尼这样杰出的实验科学家，失去了作出重要发现的机会，而且还使他作出了错误的解释。他坚信动物的神经是电源，而铁钩只不过是一种导体的作用而已。

▲ 意大利物理学家伏特

现在，我们每一个高中学生都知道，伽伐尼恰好弄反了。后来伏特才弄清楚，不同金属的接触处才是电源，而蛙腿只不过是一种通电的导体而已。不过，这已是后话。但是，如果没有伽伐尼偶然的发现和伽伐尼多年的研究，伏特也许不会有幸作出他的伟大的发现，那电磁学的发展乃至人类文明史都会推后一个时期。

不幸的是，伽伐尼晚年一直坚持自己错误的看法，与他的好友伏特长期争论不休。更不幸的是，1790 年，他的爱妻柳奇雅去世，再加之他不愿效忠拿破仑扶植起来的南阿尔卑斯共和国，结果被革去大学和科学院的一切职务。1798 年 12 月 4 日，在贫困、孤独、潦倒的环境中，愤然离开了人间。

5 法拉第失败后的成功

一位罗马诗人说过："滴水穿石不是靠力，而是因为它不舍昼夜。"

1831 年 8 月 29 日的早晨，英国物理学家迈克尔·法拉第（Michael Faraday，1791—1867）仍然穿着他那件像打杂工人穿的旧外套向实验室匆匆走去。这年秋天的天气格外好，几乎天天是晴天，但清晨却颇有凉意。法拉第加快了步伐。

"我的假定是有根据的，不是吗？"法拉第边走边思考着，"既然丹麦的奥斯特（Hans Oersted，1777—1851）已经证明了通电导线的周围有磁性，那么，根据自然法则的对称性，就应该可以设想，磁也能引起电流的出现。这个想法我已经有多少年了？……啊，十年了！是的，整整有十年了，实验也做了不少，可为什么一直不能证实这个假定呢？难道真的像有的人所说的那样，我走进了一条死胡同？"

▲ 英国物理学家法拉第

想到这儿，法拉第不自觉地停下丁脚步："也许我不应该在这上面继续浪费时间了？

难道我真的只是抓住了一根稻草？不，我不相信我抓不到大鱼！继续做实验，对！”

法拉第匆匆地走向实验室。一进实验室他的助手安德森（Charles Anderson，1790—1866）就问：“今天我们还做实验吗？”

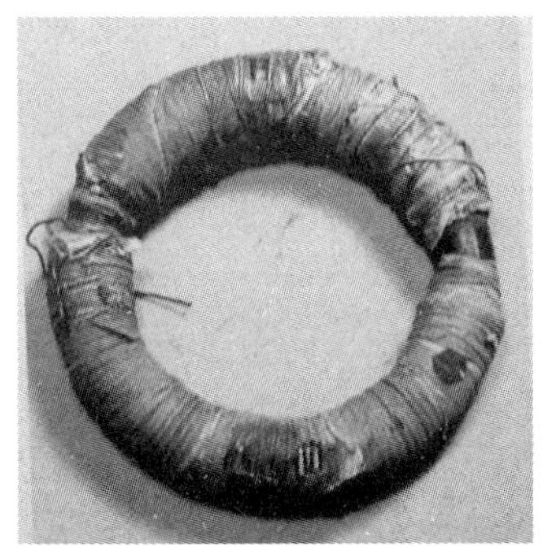

▲ 法拉第做电磁感应用过的线圈

“做，当然要做。我们再做一次，”法拉第亲切地对安德森说，“请您再准备一个线圈，多缠上几匝导线。”

安德森迅速将一切按法拉第的指示准备就绪。法拉第将初级线圈电路上的电池组的电池增加到120个，比起十年前那就是增加了120倍。法拉第又检查了一下次级线圈的电路，确信一切都已经无可挑剔之后，他小心翼翼地合上了开关。强大的电流迅即通过初级线圈，不一会线圈就发热了。法拉第转过头去看电流计（为了防止初级线圈的影响，法拉第特意将它放得离初级线圈很远的地方），只见电流计的指针还是像以往多次实验情况一样——纹丝不动。

法拉第心情沉重地拉开了开关。安德森一言不发，同情地看着日益消瘦的老师。

一种可怕的情绪油然而生：“也许真是走进了死胡同？已经有多少人在这上面栽了跟头？安培、菲涅耳、德拉里夫，科拉顿，啊，还有那机智过人的阿拉果，他们都失望了，退却了，难道下一个是临到我来失望和退却？也许安培他们的退却是正确的？”①

法拉第放在桌上的手碰到了什么东西，他拿起来一看，是一枚铁钉。他

① 安培（André Ampère，1775—1836）、菲涅耳（Augustin Fresnel，1788—1827）和阿拉果（D. F. J. Arago，1786—1853）均为法国物理学家；德拉里夫（A. de la Rive，1801—1873）和科拉顿（J. D. Colladon，1802—1893）为瑞士物理学家。他们在电学上都很有研究。——本书作者注。

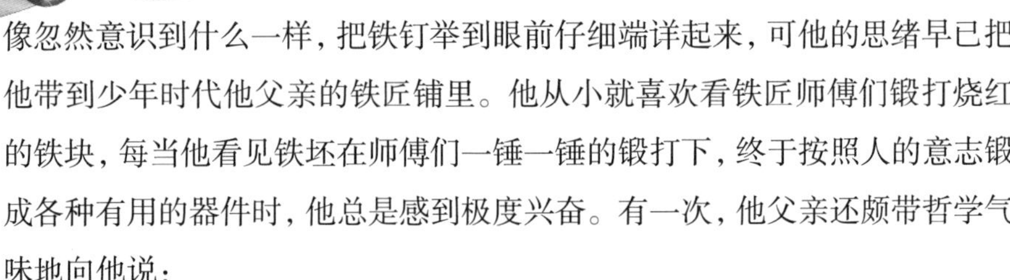

像忽然意识到什么一样，把铁钉举到眼前仔细端详起来，可他的思绪早已把他带到少年时代他父亲的铁匠铺里。他从小就喜欢看铁匠师傅们锻打烧红的铁块，每当他看见铁坯在师傅们一锤一锤的锻打下，终于按照人的意志锻成各种有用的器件时，他总是感到极度兴奋。有一次，他父亲还颇带哲学气味地向他说：

“在铁匠面前永远没有顽铁。”

多少年来法拉第经历了多少次失败，但从来没有退缩。他父亲那简明而又深邃哲理，总能给他以无穷的力量。可是这一次……他的眼光又回到了铁钉上。忽然，他眼睛一亮。

▲ 法拉第和他的妻子萨娜合影

“对！有一次我是怎么对妻子萨娜说来着？啊，是这样说的：‘如果实验不成功，这只能表明我还考虑得不够周全，即使实验真的不能成功，那也应该把原因找出来。’对，再检查一次，看是不是还有什么地方考虑得不够周全。”

他又一次复查了全部实验记录，对实验线路也都一一作了仔细审查。在检查到电流计的时候，法拉第忽然想到，会不会是因为电流计放得太远了，而且每次实验都是先合上开关，然后再转过头看电流计……难道原因在这儿？不可能吧……

读者看到这儿也许觉得可笑，现在每个初中学生都知道，只有当初级线圈中的电流在变化时，才会产生一个变化的磁场，这变化的磁场引起次级线圈中磁通量的变化，这样才会在次级线圈上产生感应电流。稳恒电流在初级线圈流动，是不可能在次级线圈中产生感生电流的。当法拉第合上开关，再转过头来看电流计（注意，那个时代的电流计可不那么灵敏，甚至可以说极不灵敏），电磁感应现象早已消失了。

现在看来一切都是十分清楚明白的事情，但在当时，不仅是法拉第，还有安培、菲涅耳这些“落荒而逃”的失败者，都根本没有想到必须是变化的电流才会产生感应电流。为了使读者明白当年这些为人类做出过巨大贡献的科学家是怎么样想，实验又是怎样失败的，我们趁法拉第还在检查线路和思考的时候，讲一个瑞士年轻的物理学家德拉里夫的助手科拉顿的有趣小故事。

1825 年，科拉顿把一个螺线管与电流计相连，为了避免强磁铁的影响，他把电流计用长导线连着放到另外一间房里。当他把磁铁放入螺线管以后，再跑到另一间房去观测电流计指针是否有偏移。结果当然也是否定的。失败的原因十分清楚，是当时物理学家的指导思想错了。科学家因为指导思想错了而失去发现真理的机会，这样的例子太多了。更令人遗憾的是，一些本来可以证明磁生电的现象已经被发现了，却又莫名其妙，无法解释，只好把它们当作无法解释的谜。1822 年，法国物理学家阿拉果和德国地理学家洪堡（A. von Humboldt，1769—1859）一起在英国的格林威治山测量地磁时，偶然发现金属可以阻止磁针的振荡；1825 年，阿拉果还观测到一个放在罗盘下的转动铜盘，竟使磁针发生偏转，甚至还可以连续转动。这些现象实际上都是电磁感应现象，现在的高中学生都可以解释清楚，可是当时谁也不明白这是什么原因。

这个谜一直到 1831 年 8 月 29 日上午都没人解开。不过，解开这谜的时间终于来临。

我们可以回到法拉第的试验上来了。

法拉第怀着试一试的心情，把实验台上的仪器作了一番调整。他把电流计摆在眼前，以便在操作时可以方便地看清电流计的指计。当法拉第合上开关时，他的眼睛紧紧盯着电流计的指针。就在开关台上的一瞬间，电流计的指针抖动了一下。

他终于抓住了这成功的一瞬间！

虽然这次实验的成功，距法拉第原来“磁生电”的想法还相差很远，但这毕竟将磁转化为电了啊，虽然是短暂的一瞬间。

这次实验的成功给了法拉第极大的启发，在这以后的半个多月时间里，法拉第积极思考新发现的实验结果。他终于明白，初级线圈在接上电流的一瞬间，初级线圈中的电流由无到有，是变化的，这时电流在次级线圈产生的磁场当然也应该是变化的。在这时电流计指针动起来，说明变化的磁场才能产生感生电流；当初级线圈中的电流稳定以后，次级线圈里的磁场稳定下来，这时次级线圈中不产生感应电流。

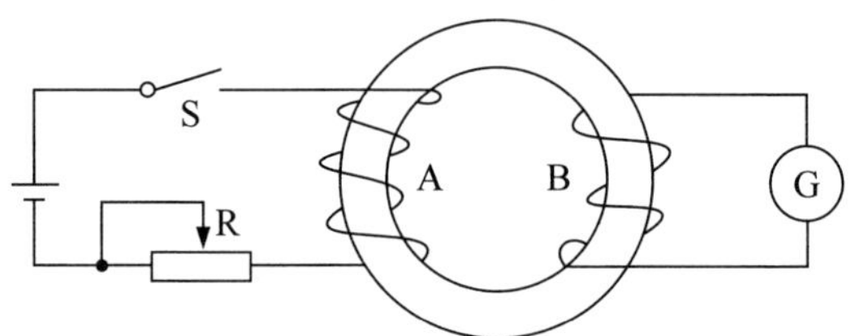

▲ 法拉第实验成功时的电路示意图。初级线圈 A 是可以通电的原线圈，与开关 S 和可变电阻 R 相连；次级线圈 B 是感应线圈，与电流计 G 相连。开关 S 启和闭的那一瞬间，线圈 B 上就有变化的电流流动，这时电流计指针就会转动。

啊，法拉第豁然开朗！是变化的磁场才能产生感生电流！接着他就有一个推理：如果用磁铁在次级线圈里上下插动，岂不也应该可以产生感生电流？

1831 年 10 月 17 日，最后的胜利终于来临了！当法拉第把一根磁棒猛地插进与电流计相连的螺线管时，指针摆动了！法拉第紧张极了，成功了吗？十年的探索，多少次的失败，多少次的失望，竟如此轻易地结束了吗？这可真是“踏破铁鞋无觅处，得来全不费功夫”呀。

极度兴奋的法拉第又猛地把磁棒抽出来，指针向相反的方向摆动了一下。他又把磁棒掉过头，又插进线圈，又抽出来；把磁铁掉一个头，再插进线圈，再抽出来……啊，胜利了！成功了！指针不断地来回摆动！人类终于随着指针的摆动迎来了电气时代！

滴水穿石，不舍昼夜。法拉第经历了无数次失败，终于靠他坚强的意志和智慧，在人类认识自然的历史上留下了光辉的篇章。

6 来源于实验者,亦可用实验去之

他那一贯的谦虚,他那承认别人功勋的坦荡胸怀,他那保持对老师忠实的感激心情,这一切对那些了解他的人来说将是不可忘却的。他本人渴望的只是真理,他凭着严肃认真的态度和全力以赴的精神追求真理。

——赫尔姆霍茨

▲ 德国著名物理学家海因里希·赫兹

在一次纪念海因里希·赫兹的演说中,量子论的创立者普朗克曾高度赞扬了赫兹,称他"是我们科学的领袖之一,是我们民族的骄傲和希望。"对这一崇高的赞誉,赫兹是当之无愧的,他所发现的电磁波,对于人类文明的贡献实在是太伟大了。

他的伟大不仅在于他杰出的贡献,而且也在于他那一贯的谦虚和富有自我批评的精神。他一贯反对把科学见解看成是不可动摇的僵死的东西,他在任何时候都不厌其烦地反复检验自己的实验观察,校准观察的结果。他有一句名言:

来源于实验者,亦可用实验去之。

在他短暂的一生中,尽管他也是一位卓越的理论物理学者,但他从来没有离开过实验室。那些众多的实验,有许多是成功的,并把他推向成功的顶峰;但更多的实验是失败的,也还有一实验使他得出了错误的结论。成功也好,失败也好,它们都给我们显示了赫兹的研究风格,这种风格具有重要的意义,它极大地影响了物理学后来的发展。

1873 年,赫兹还只有 16 岁。这一年,麦克斯韦发表了《电磁学通论》。当时德国物理学界，仍然坚信牛顿的学说是绝对正确的，认为力只能是一种超距作用，所以对于反对超距作用的麦克斯韦电磁理论，绝大多数物理学家持怀疑和否定的态度。但也有一些有见识的物理学家支持麦克斯韦的电磁理论，其中包括德国的玻耳兹曼（Ludwig Boltzmann，1844—1906）和赫尔姆霍茨（Hermann von Helmholtz，1821—1894）。非常幸运的是赫兹在读大学时，成了赫尔姆霍茨最欣赏的高才生。

1879年冬，柏林科学院根据赫尔姆霍茨的倡议，颁布了一项科学竞赛奖。竞赛题目是要求应征者证明麦克斯韦的电磁理论。赫尔姆霍茨希望赫兹能够应征参加竞赛。

▲ 德国著名物理学家赫尔姆霍茨

赫尔姆霍茨对赫兹说："这是一个很困难的问题，也许是本世纪最大的一个物理难题。你应该去闯一闯。"

年轻的赫兹受到老师的鼓动，很想试一试，但他毕竟太稚嫩，不知道该从哪儿下手。于是他问道："该从哪儿着手呢？"

老师回答说："关键在于找到电磁波！或者你能够证明永远找不到它。"

赫兹答应试试看。但当他作了一个近似计算以后，确信由于当时无法产生足够的快速电磁振荡，这个难题暂时还无法动手。他决定先从基础研究开始。

1883年，爱尔兰物理学家菲茨杰拉德提出了一个论断：如果麦克斯韦的电磁理论是正确的话，那么莱顿瓶在振荡放电的时候，就应该产生电磁波。

赫兹这时正为找不到神秘的电磁波而苦恼万分，菲茨杰拉德的思想给了他以极大的启发。莱顿瓶在那时是一件很普通的电学仪器，每个实验室都有。这就是说，如果菲茨杰拉德的推断正确，那么产生电磁波就不应该是不可克服的困难，关键问题是如何设计合适的仪器把电磁波侦测出来。

1885年3月，他应聘到德国西南一个边境小城市的卡尔斯鲁厄大学任物理教授。开始的一年多时间,由于忙于备课、考试以及各种事务性工作,使他没有时间从事科研,所以侦测电磁波的工作也没有顾得上展开。赫兹为此十分苦恼,他曾在信中向他父母诉苦:“难道我在获得教授职位后,立即成为停止任何创造性研究人群中的一员吗?”

幸好这种情形到第二年夏季后就改观了。1886年,赫兹经过多次试验,制出了一个可以探测电磁波的“接受环”(receiving loop)。它的结构非常简单,只不过是在一根弯成环状的粗铜线两端安上两个金属小球,小球间的距离可以进行调整。有了这个电波环以后,赫兹便开始了紧张的侦测电磁波的实验。

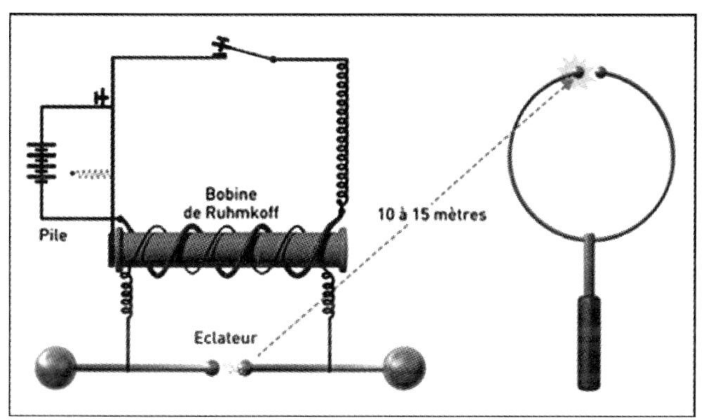

▲ 探测电磁波的实验设备。中间的“卢姆科夫(Ruhmkoff)线圈”是用来产生电磁振荡的,这一电磁振荡左下方 Eclateur 为产生火花的间隙,由此产生的电磁波跨越空间,传到右上方接收环产生火花。

但是实验进行得很不顺利。由于他开始用的电波的波长太长,而且在室内进行,虽竭尽全力想消除室内不利的影响,但仍毫无效果。有一段时间,他甚至误入歧途,得出了与麦克斯韦理论相矛盾的结论。无数次失败并没有动摇赫兹的信心。他仍然整日整夜地沉浸在实验之中。这期间他的艰苦可以从他写的一封信中看出:

> 无论从时间上还是从性质上,我都像一个工人在工厂里那样工作,我上千次地重复每一个单调的动作,一个接一个地钻孔、弯扁铁,接下来还要把它们涂上漆……

到 1888 年 1 月，赫兹终于宣布，他成功地证实了麦克斯韦的理论：电磁波不仅找到了，而且它还具有与光波相同的性质。

赫兹的实验公布以后，立即引起了全世界科学家的瞩目。使人信服的是赫兹的实验设备极其简单，任何怀疑的人都可以亲自动手进行证实。赫兹的成功，使他成了世界上最有名望的科学家之一，也使得科学界完全接受了麦克斯韦的电磁理论。

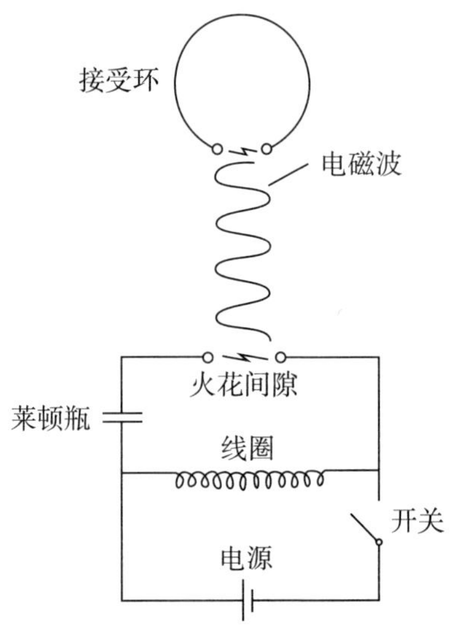

▲ 探测电磁波的实验设备示意图。

电磁波被证实以后，有一些工程界人士对其实用价值很有兴趣，但遗憾的是赫兹本人对这一点却持怀疑和否定的态度。

1889 年 12 月，他的一位工程师朋友曾写信问他，电磁波是不是可以用来进行通信联系，他回答说：

> 如果要利用电磁波进行通信联系，那非得有一面和欧洲大陆面积差不多大的巨型望远镜才行。

这一点赫兹可说错了！俄国科学家波波夫（А. С. Попов，1859—1906）在技术开发和应用上要比赫兹有远见多了。他在赫兹否定电磁波可以用来通信联系的同一年，就曾经在一次公开的演讲中明确指出：

> 人类的机能中还没有能够觉察电磁波的感觉器官，假如发明了这样的仪器，使我们能够觉察电磁波，那么电磁波就可以用来传播远距离的信号。

果然，到 1895 年 5 月 7 日，波波夫在彼得堡的一次公开表演中，用他发明的第一台无线电接收器收到了雷电的电磁波。1896 年 3 月 24 日，在俄国物理化学协会的年会上，他又用这个装置传送了世界上第一份有明确内容的无线电报,电文是“海因里希·赫兹”,传送距离为250米。

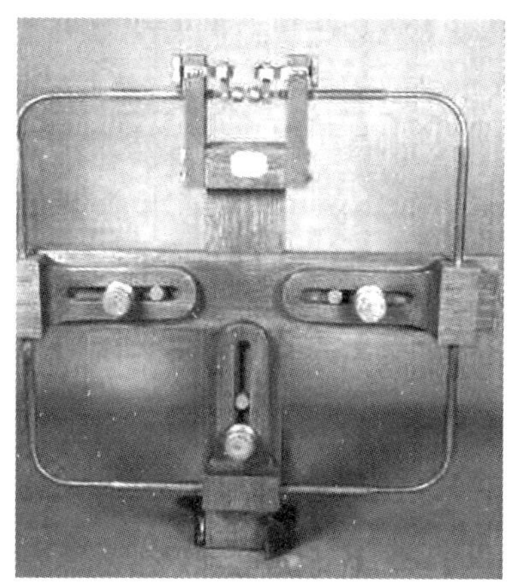

▲ 探测电磁波用的接受环

又过了五年,意大利的马可尼(G. W. Marconi, 1874—1937)在1901年12月12日,已经可以用无线电报将“S”字母带过大西洋,传到3700千米的远处。

如果说在预言电磁波能否传送远距信息方面赫兹失误了，可以说是由于他在技术开发上是外行,那么,在阴极射线的研究上他的失误,就不能归咎于此了。

赫兹很早就对阴极射线的研究很感兴趣，尤其那令人惊叹的色彩，使他感受到一种令人激动的美的享受。在研究电磁波的同时,赫兹一直没有忘怀那美丽的神秘莫测的辉光。当时研究的主要问题是:阴极射线到底是带电的微粒子流,还是像光那样只是一种波?

赫兹于1892年宣称,阴极射线不可能是粒子流,它们是一种电磁波。赫兹当然不会随便乱说,他的信条是结论应“来源于实验”。说阴极射线是一种波,他是有实验根据的。

为了验证阴极射线是否带电，他特意用一千个电池产生两千伏的电压，以得到连续发射的阴极射线。然后，他让阴极射线通过一个平行板电容器，其上下板加有240伏电压。如果阴极射线是带电粒子组成的粒子流,那它就应该在平行板电容器的电场中发生偏转。但实验的结果是,阴极射线并没有偏转。

过了7年之后,即1897年,英国杰出的物理学家J. J. 汤姆逊却用与赫兹差不多的实验设备，得出了与赫兹相反的结论：阴极射线是一种带负电的粒子流。而且,他还相当准确地计算出这种带电粒子电荷和质量的比值e/m。这样,阴极射线本质的争论就以汤姆逊的胜利而告终。

那么，赫兹的失误其原因何在呢？也许会有人问，汤姆逊的实验现在每所高中物理实验室都可以轻易做出来，为什么优秀如赫兹那样的实验家却做不出来呢？汤姆逊本人在他的回忆录中回答了这个问题：

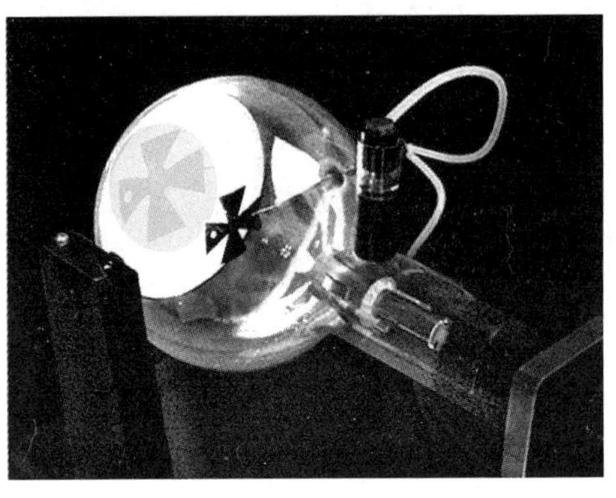

▲ 阴极射线管里那美丽的色彩，曾经让多少物理学家心荡神迷。

“我使一束阴极射线通过平行板电容器偏转的第一次尝试……没有产生任何持续的偏转。”

这和赫兹的实验结果一样。这是什么原因呢？汤姆逊解释道：

> 偏转之所以没有出现，是由于阴极射线管里真空程度不够，有比较多的气体。要解决的问题就是要获得更高度的真空。这一点说起来比做起来容易得多。当时高真空技术还处于发轫阶段。

汤姆逊正是在解决了高真空这一技术难题之后，才终于使阴极射线偏转成功。

诺贝尔奖获得者杨振宁教授在谈到赫兹的这一失误时曾说道：

> 这段插曲最清楚地表明了一个基本事实，技术的改进和实验科学的进展是相辅相成的。我们以后还会遇到这个基本真理的更多的例证。

“来源于实验者，亦可用实验去之。”

赫兹本人的失误，也同样必须用实验去之。

7 勒威耶的成与败

除了一支笔，一瓶墨水和一张纸外，再不凭任何别的武器，就预言了一个未知的极其遥远的星球，并能够对一个观测天文学者说，把你的望远镜在某个时间瞄准某个方向，你将会看到人们过去从不知道的一颗新行星——这样的事情无论什么时候都是极其引人入胜的。

——奥利弗·洛奇

18世纪英国西南都的一个城市巴兹出现了一位杰出的天文学家，他的名字叫威廉·赫歇尔（Friedrich Wilhelm Herschel，1738—1822）。赫歇尔是一位职业音乐家，但同时又蜚声于天文学界。他几年如一日，每天晚上都用他自己制造的10英尺望远镜在茫茫的夜空里，一遍又一遍地搜索着天空的每一个角落。1781年3月13日，对赫歇尔来这说是一个值得纪念的夜晚。这天晚上，他在进行例行的观测时，注意到一颗不太明亮的星在恒星间慢慢移动。他认为这是一颗彗星，因为这颗暗星的“样子是那样的与众不同”。他立即将这一发现通知英国皇家学会。格林威治天文台台长马斯基林（Neville Maskelyne，1732—1811）做了观测和计算后，认为这颗暗星可能是一颗行星，因为它的轨道似乎是圆形。后来，许多科学家，包括法国著名的科学家拉普拉斯（Pierre-Simon Marquis de Laplace，1749—1827），都纷纷向赫歇尔索取观测资料。经过许多人的计算和进一步观测，最终才确认赫歇尔发现的暗星是太阳系里

▲ 英国天文学家赫歇尔。天文学是他的业余爱好，他的职业是音乐家。

的又一颗行星。

这次发现的意义为什么重大？自远古以来，人类只知道五大行星，即水星、金星、火星、木星和土星，现在又发现了一颗新的行星，它的大小大约是地球的一百倍，它的轨道半径几乎是土星的两倍，与太阳的平均距离大约30亿千米，每84个地球年环绕太阳公转一周，这一来，太阳系的边界一下子就向外扩大了一倍。人们建议将这颗星命名为赫歇耳，但他本人为了向英王乔治三世表示敬意，提议起名为"乔治星"。最后，德国柏林天文台台长建议用希腊神话中的天空之神乌拉诺斯来命名，这就是天王星(Uranus)。

天王星的发现本身倒并没有引起人们很大的震惊，令人震惊的是天王星的轨道总是有些反常，与理论计算的结果不相符合，这使得当时的天文学家们很伤脑筋。当时牛顿定律的地位已经是不可动摇的了，所以除了极少数人认为牛顿的理论对天王星这颗太远的天体可能不适用以外，大部分天文学家认为，可能是因为天王星轨道外面更远的地方还有一颗行星；由于这颗未知行星的影响，才使得天王星的运行老是发生异常。

这颗假想中未知的行星在哪儿呢？这颗行星离开地球更远，如果盲目地在茫茫夜空中去寻找，那无疑是大海捞针，找到何年何月？唯一的办法是从理论上去推算这颗未知星的位置。但这又谈何容易！从一个已知行星的质量和运动以及另一个还是未知的行星对它运动的影响，来确定这个假设中的行星的质量和轨道，涉及的未知量很多，其中要解的一个方程组竟由33个方程式组成，其难度之大可见一斑。

1843年，正在剑桥大学念书的学生约翰·亚当斯(John Crouch Adams, 1819—1892)，对于这一艰巨任务十分感兴趣，决心利用牛顿的万有引力定律来找到这颗未知的行星。经过两年极其艰难的计算，于1845年9月，他把计算的结果交给英国皇家天文台台长，请天文台利用强大的天文望远镜在他所预言的某个位置上寻找这颗未知的行星。遗憾的是，由于亚当斯当时还是一个不出名的年轻人，资历太浅，天文台没有人重视他的建议。直到第二年，英国皇家天文台才慌忙决定对亚当斯的理论计算进行观测，可惜为时已晚。

▲ 英国天文学家约翰·亚当斯

▲ 法国天文学家乌尔班·勒威耶

原来，当亚当斯作出预言的前后不久，法国巴黎天文台台长阿拉果将寻找这颗未知行星的理论计算任务，交给了比亚当斯大8岁的乌尔班·勒威耶（Urbain Jean Joseph Le Verrier，1811—1877）。勒威耶比亚当斯迟了几乎整整一年才于1846年8月31日完成了理论计算任务。9月18日，他写信给柏林天文台助理员加勒（Johann Gottfried Galle，1812—1910）说：

“请您把你们的望远镜指向黄径三百二十六度处金瓶座黄道上的一点，你将在离开这一点大约一度左右的区域内发现一个圆而显明的新行星，它的亮度大约近于九等星……”

▲ 加勒是德国天文学家，当时在巴黎天文台工作。

9月23日，加勒收到了勒威耶的信，恰好加勒手边有一幅有助于寻觅这颗未知行星的新星图，当晚他就与他的助手根据勒威耶提供的数据，将他们的望远镜对准勒威耶预言的星区，不到半小时就在预定位置附近51′的地方找到了这颗小行星。第二天晚上继续观测，发现它的运动速度也与勒威耶根据牛顿引

力理论所作的预言完全符合！这一成功是万有引力定律又一次辉煌胜利。后来这颗新的行星被取名为海王星(Neptune)。

恩格斯曾高度评价了这一发现，在《路德维希·费尔巴哈和德国古典哲学的终结》一文中他写道：

> 哥白尼的太阳系学说有三百年之久，一直是一种假说，这个假说尽管百分之九十九，百分之九十九点九、百分之九十九点九九的可靠性，但毕竟是一种假说，而当勒威耶从这个太阳系学说所提供的数据，不仅推算出一定还存在一个尚未知道的行星，而且正推算出这个行星在太空中的位置的时候，当后来加勒确实发现了这个行星的时候，哥白尼的学说就被证实了。

后来人们又发现，新发现的海王星也出现了异常现象。由于有上次寻找天王星的经验，所以人们断定在海王星外更远处，一定还有一颗更不容易被人们察觉的行星。这颗星后来果然也被找到了，那就是冥王星(Pluto)。

看来，万有引力理论是一种战无不胜的理论了。可惜在水星(Mercury)的进动问题上，万有引力理论出了问题，勒威耶也遭受到了挫折。

水星是太阳系的行星中距太阳最近的一颗行星。按照牛顿的万有引力理论，水星在万有引力作用下，其运动轨道应该是一个封闭的椭圆形。但实际上水星的轨道却并非严格的椭圆，而是每转一周它的长轴就会略微有一点转动，长轴的这种转动就称为水星的“进动”(precession)。

根据万有引力理论的计算，水星的进动值应该是1°32′37″/百年。但勒威耶在1854年通过观测发现，其值是1°33′20″/百年。也许有人认为，每一百年仅仅只相差43″，用不着吹毛求疵。的确，这是一个很小的偏差量，但对于科学的问题这已经是一个不能容许的误差。这个误差成了当时天文学家们关注的主题。

根据以往发现海王星的成功经验，勒威耶又如法炮制，将这一误差归因于在太阳附近还存在一颗很小的未知行星，正是由于它的作用才引起了水星的异常进动。他还预言，这颗星将随太阳一起升落，所以只能在日全食时观测到，或者当它在太阳面前通过时被观测到，并认为由于这颗未知星距太阳太近，表面温度一定很高。正好在1959年12月，勒威耶接到一位业余天文学家勒斯卡尔博尔(Edmond Modeste Lescarbault，1814—1894)的信，声称他之前看到一颗未知行星的凌日现象[①]，以此证明有一颗新的行星存在。虽然其观测方法十分粗糙，没有任何天文仪器辅助，但是勒威耶却相信这颗行星的存在，还给这颗假设中存在的行星取了一个很气派的名字："火神星"(Vulcan)[②]。这个名称源自罗马神话的锻冶之神"Vulcanus"。

由于当时勒威耶的威望颇高，而且从1854年起，他又被任命为巴黎天文台台长，所以大家都十分相信他的预言，很多天文学家以及他本人都投入了寻觅火神星的工作中。但在几十年里，却毫无所获，在他预言的地方没有看到任何新行星的迹象。最后，大家只得承认并不存在这颗行星。

但是，每百年43″的误差，仍然是一个未知之谜。它对于牛顿力学来说是一个严重的挑战。

▲ 水星的照片

① 所谓"行星凌日"，是当地球，太阳，该行星在同一直线上时，就会出现的一种奇异天文景观。常见的有水星、金星凌日。

② 中国也称之为祝融星，祝融是中国上古神话人物，号赤帝，后人尊为火神。

问题亟待解决，可出路何在？

直到1915年爱因斯坦（Albert Einstein，1879—1955）建立了广义相对论之后，水星进动异常问题才获得了圆满的解决，原来这是相对论效应引起的。勒威耶失败的预言，到此才最终拉下了帷幕。

到了20世纪的70年代，本来已经盖棺定论的火神星问题，却又一次引起了人们的关注。1970年3月和1973年6月，在墨西哥和非洲发生日全食时，有人报告说发现了这颗行星。但是不久这一发现被证明是错误的。

对于这一事件，美国学者威廉姆·庞德斯通（William Poundstone）在他的《推理的迷宫：悖论、谜题，及知识的脆弱性》一书中写道：

> 海王星和火神星的历史展示了反例的两个特征。其一，一个反例有可能驳倒一条辅助性假说而不威胁原假说。鉴别出辅助性假说和原假说这二者之中哪一个有误是重要的。通常有很多理由令我们相信，立刻构成反驳是罕见的。其二，当一种理论被抛弃时，如果一种新理论既能像原理论一样做出许多成功的预言，又能包含更广泛的内容，则这个新理论居于有利地位。在太阳系的典型条件中，爱因斯坦广义相对论对引力效应的预言与牛顿理论完全相同，只是牛顿理论更加简单。只有在引力场非常强的情况下，两种理论才会出现分歧。在诸行星中，水星距太阳最近，引力效应最为明显。看来只有水星不服从牛顿法则的约束。[①]

① 《推理的迷宫：悖论、谜题，及知识的脆弱性》，威廉姆·庞德斯通著，李大强译，北京理工大学出版社，2006年，37页。

8 奥斯特瓦尔德在什么地方失误?

虽然现在我们授予奥斯特瓦尔德教授的诺贝尔化学奖是表彰他在催化作用方面的贡献,但他在化学的其他方面的贡献也是不可磨灭的。通过演讲和著述,他成为现代理论迅速发展的主要推动者,数十年间在普通化学领域发挥了主导作用。同时,他还以他的多才多艺的实践和在实验与理论上的大量发现与改进大大地推动了化学的进步。

——瑞典皇家科学院院长希尔德布兰德颁奖词

德国著名的化学家弗里德里希·奥斯特瓦尔德(Friedrich Wilhelm Ostwald, 1853—1932)由于在催化研究、化学平衡和化学反应率方面功绩卓著,于1909年荣获诺贝尔奖化学奖。

▲ 德国化学家奥斯特瓦尔德,1909年获得诺贝尔化学奖。

奥斯特瓦尔德一生对于化学和物理学的贡献是很大的。尤其是他在使物理和化学这两门学科的结合方面,做了很多开拓性的重要工作。大约从1835年起,物理和化学这两门学科就被分开了,研究化学的专门研究化学,研究物理的则专门研究物理,彼此老死不相往来。到了19世纪80年代,这两门学科再结合的趋势又变得明显起来。以奥斯特瓦尔德、德国化学家沃尔特·能斯特(Walther Hermann Nernst,1864—1941,1920年获得诺贝尔化学奖)和瑞典化学家斯万特·阿伦尼乌斯(Svante August Arrhenius,1859—1927)为首的"莱比锡学派",在加速化学和物理的结合方面,是当时颇为闻名的。

但是,这么一位闻名于世的大科学家却在1906年因遭到许多著名科学家激烈的批评，而使他实际上已经无法继续在大学里教书，只好于1906年辞去莱比锡大学教授的职务。此后，直至他去世，都一直住在莱比锡郊外格罗斯鲍滕村的取名为“能”的别墅中。

▲ 德国著名大学莱比锡大学的雄姿。

这有点令人迷惘了：奥斯特瓦尔德到底出了什么毛病，居然连大学都待不下去了呢？要想说清楚这个问题，还得从19世纪末叶经典物理所面临的形势讲起。在后面开尔文的一节中，我们将提到机械学派，他们极力设法把物理学中的一些新发现纳入旧理论的框架中去。但是，有一些思想敏锐、勇于探索的科学家则已经发觉，旧的理论框架根本容不下新的发现，应该对经典物理的基本概念和基本原理进行批判。这一派后来被人们称为批判学派，奥地利物理学家马赫（Ernst Mach，1838—1916）、法国数学家彭加勒（Jules Henri Poincare，1854—1912）、法国物理学家迪昂（Pierre Maurice Duhem，1861—1916）和奥斯特瓦尔德属于这一个学派。就整体和主要方面而言，这个学派是站在革新的立场上，对经典物理学进行了大部分属于正确的批判，从而推动了物理学的发展。但这个学派由于认识上的局限性,曾错误地否定过原子的存在。显然,这是一个严重的失误。奥斯特瓦尔德也正是在这儿失足。

1884 年,奥斯特瓦尔德在里加综合工业大学(Riga Polytechnicum)任化学教授,当时他致力于研究能量在化学反应过程中的作用。1881 年,奥斯特瓦尔德发现了催化作用,那时他还未到里加综合工业大学。到了里加综合工业大学后,他进一步研究了催化作用,并断然认为催化不能用原子理论说明,而只能将催化视为能量在质和量上转换的结果。1884 年,他还做了一件当时许多著名科学家不能理解的事情,一时传为美谈。

这年的 8 月,瑞典乌普萨拉车站有一位身材粗壮的年轻人,正在从下车旅客中辨认出久闻其名而未见其人的奥斯特瓦尔德。这个年轻人就是瑞典化学家阿伦尼乌斯。

前不久,阿伦尼乌斯将自己两篇关于离子理论(ion theory)[①]的文章寄给了奥斯特瓦尔德,希望得到他的支持。在瑞典,阿伦尼乌斯的理论得不到任何支持和承认。但是奥斯特瓦尔德看了阿伦尼乌斯的文章以后,大为赏识,并立即复信希望访问瑞典,并同他见面。

阿伦尼乌斯突然看见一位学者打扮的人,急忙迎上去。

"如果我没有搞错,您就是奥斯特瓦尔德教授吧?"

得到了肯定的答复后,他就作了自我介绍:"我就是斯万特·阿伦尼乌斯。您的来访对我来说,是很大的荣幸和快乐。我多么希望得到您的帮助啊。"

以后,阿伦尼乌斯就到奥斯特瓦尔德那儿工作,"离子论者同盟"就这样形成了。又过几年,荷兰化学家范霍夫(Jacobus Henricus van't Hoff,1852—1911,1901 年获得诺贝尔化学奖)也成了同盟的一员干将。当时,几乎所有的大化学家和大物理学家都反对离子理论,但奥斯特瓦尔德坚持认为这种理论

---

① 离子理论认为,盐溶于水中之后即刻自发地大量离解成为带正、负电的离子(ion),例如,食盐 NaCl 放入水里,就离解为带正电的钠离子 Na^+ 和带负电的氯离子 Cl^-;并认为,离子带电而原子不带电。两者可以视为不同物质。把同量的盐溶在为不同量的水中,溶液愈稀则电离度越高,同时分子电导率也就越大。

有无限的生命力。后来，离子理论终于在胜利中得到了承认。阿伦尼乌斯由于奥斯特瓦尔德的帮助和支持，终于成为闻名世界的大化学家，并于1903年，比奥斯特瓦尔德早六年，因电离理论获诺贝尔奖化学奖。奥斯特瓦尔德慧眼识俊才，受到人们高度评价。但后来当爱因斯坦大学毕业后，正为生活发愁而苦恼不堪时，爱因斯坦本人以及他的父亲都曾冒昧写信给"伯乐"奥斯特瓦尔德求助，希望奥斯特瓦尔德也能帮助爱因斯坦摆脱困境，但这次不知是什么原因，爱因斯坦和他的父亲却连回信都没收到。

1887年，奥斯特瓦尔德到莱比锡大学(University of Leipzig)任教，在那儿他创立了物理化学。他此后的许多研究工作都是以阿伦尼乌斯的电离理论、范霍夫的溶液渗透理论为根据的。

▲ 瑞典化学家范霍夫，1901年获得诺贝尔化学奖。

当他研究将热力学第二定律应用于溶液中的化学平衡问题后，他认为分子、原子和离子只不过是一些数学虚构，并没有提供任何物质本性的东西，只不过是为了方便地进行能量运算而已。所以他更进一步认为，自然界变化万千的现象，倒不如用"能量的变换"这个术语来解释更为明确。

奥斯特瓦尔德第一次公开提出以"唯能论"(energetics)代替原子论(atomism)，举起反原子论的旗帜，那还是在1887年他到莱比锡大学后不久的事。他在一次讲演时，概括地描述了他的唯能论观点。1892年，他在刊物上正式将唯能论发表了。1895年秋天，他在卢比克一次自然科学家会议上作了《克服科学唯物论》的报告，这次报告遭到德国物理学家普朗克等人的激烈反对。

奥斯特瓦尔德在报告中，进一步阐述了他的唯能论的自然观。他说："物质只不过是一个方便的术语，我们利用它使得变化的事件具有某种恒定性。"

那时，他的唯能的观点还只限于物理学和化学原理之中，但到20世纪后，他又在《自然哲学讲义》(1901 年)、《价值的哲学》(1913 年)等书中,极力将这种观点扩展到一切领域,成为一种哲学体系。在这一发展过程中,开始还具有的某些唯物论成分逐渐失去,而唯心论的特征则日益明显突出。1906 年,当他在美国任客座教授时,他甚至认为大脑中能级的变化是人类意识的基础。

为什么如此优秀的一位自然科学家,会被唯心主义所俘虏呢?

奥斯特瓦尔德是属于对自然科学基本的认识论感兴趣的科学家之一。这样的自然科学家喜欢对自然科学的问题作哲学的概括。在奥斯特瓦尔德之前,有笛卡儿、莱布尼兹;在他之后,就更多了,例如爱因斯坦、玻尔、玻恩等。在 20 世纪初,新发现不断涌现,这时,奥斯特瓦尔德认识到,机械论的世界观根本无法解释新的发现。从前认为质量是绝对不变的,现在发现,当运动速度很大时,运动物体的质量将随运动的速度变化而变化,从前认为只有“力学”质量,现在发现还有“电磁”质量,在诸如此类的新的物理事实面前,物理学困难重重。

▲ 德国物理学家普朗克年轻时的照片。他在与奥斯特瓦尔德唯能论的辩论中非常坚决,受到爱因斯坦的高度赞扬。

为了打开这一难堪的局面,寻求摆脱困难的道路,奥斯特瓦尔德就从经典力学的质量这一概念着手。因为这个概念在物理学发展中暴露出很多缺陷,而且它又是经典力学中一个最重要,最基本的概念。他根据动能公式:$E=\frac{1}{2}mv^2$,把质量定义为能量:$m=2E/v^2$。于是,质量消失了,剩下来的只有能量。他还认定,从能量定律中可以引出自然科学的一切定律;世界上只有能量,质量只不过是为了便于计算引进的一个系数,一个虚构的符号。奥斯特瓦尔德以为这样一来,困难就被摆脱了,唯物论和唯心论的一切矛盾都消除了。但这样一来,他不仅没有摆脱困难,却实际

上滑进了唯心论的泥坑。

唯能论在1895年刚一出笼，就立即遭到大部分物理学家的激烈反对，其中尤以玻耳兹曼和普朗克最为激烈。普朗克曾在《反对最新的唯能论》一文中，全面批判了奥斯特瓦尔德的唯能论。他指出：

> 现在，唯能论在实证成果方面没有或者说绝对没有提供任何东西……一个理论，为了维持自己的存在而回避现实问题，这不是植根于科学之中，而是植根于形而上学之中，在那里它可以逃避经验主义的攻击。

后来，爱因斯坦在1913年曾高度评价普朗克的这篇文章：

> 对每一个真正科学思维的捍卫者来说，读读这篇激烈论战的简评，是对他在阅读这篇简评中所反对的那些文章时所经受的懊恼的补偿。

不过，奥斯特瓦尔德还是很明智的，他没有一味坚持错误的观点。1909年，当他看到法国物理学家佩兰（Jean Baptiste Perrin，1870—1942，1926年获得诺贝尔物理学奖）测出阿伏加德罗数的值为6.8×10^{23}以后，就立即在新版《普通化学基础》的序言中承认了物质结构的不连续性，爽快地接受了原子论。他在序言中写道：

> 我现在确信，我们目前已经具有了物质分立性或颗粒性的实验证据，这是千百年间原子假说苦苦求索而未获结果的证据……这一切使那些最审慎的科学家现在也理直气壮地谈论物质原子论的实验证明了。

当科学处于重大转变的关头，即科学革命的关头，各种新的理论就一定会蜂拥而出，以试图解决旧的矛盾。这时最容易出现优秀的科学思想，也同时容易出现很多错误的思想。这是常态。优秀的科学家倒不是永远不出错，而是能够迅速接受正确的实验事实和被证实为正确的新理论。

9 开尔文怎么会以保守著称?

> 物理学家的最高使命是要得到那些普遍的基本定律,由此世界体系就能用单纯的演绎法建立起来。要通向这些定律,并没有逻辑的道路;只有通过那种以对经验的共鸣的理解为依据的直觉,才能得到这些定律。
>
> ——爱因斯坦

19 世纪末,经典物理学历经 200 多年的发展,已经取得辉煌的成就。它以牛顿力学、麦克斯韦电磁理论和经典统计力学为支柱,形成了完整严密的理论体系。面对此境,当时绝大多数物理学家深信,物理学的发展已经至善至美,剩下的不过是把实验做得更加精确,把实验误差提高到小数后更多的位数,以及解解微分方程和开拓更加广泛的应用,如此而已岂有他哉! 正如德国物理学家马克斯·劳厄(Max Theodor Felix Von Laue, 1879—1960, 1914 年获得诺贝尔物理学奖)所说,经典力学和经典物理学已"结合成一座具有庄严雄伟的建筑体系和动人心弦的美丽的庙堂"。美国物理学家迈克耳逊(Albert Abraham Michelson, 1852—1931)更踌躇满志地说:"绝大多数重要的基本原理已经牢固地确立起来了;下一步的发展看来主要在于把这些原理认真地应用到我们所注意的种种现象中去。"

▲ 美国物理学家迈克耳逊,1907 年获得诺贝尔物理学奖。

正当大多数物理学家陶醉在物理学辉煌胜利之中时,历史的辩证法又将危机引入了经典物理学中。当时,危机主要来自于物理学一系列新的发现,这些新发现与经典物理学理论存在着尖锐

的矛盾。

当时，闻名世界的英国物理学家开尔文勋爵（即威廉·汤姆逊）年事已高。他毕生致力于经典物理的研究，并且硕果累累，在英国他可以说是最具有影响力的科学大师。现在却眼看毕生热爱的经典物理将被一些新的学说所更替，他的心情十分矛盾。他对劝他继续担任教授的人说："请不必感情用事吧，我已经没有什么用处了。"还说："我只不过是一个睡在过去的怀抱中的梦中人而已。"而且他在1899年还同大学本科生一道去报名注册："开尔文勋爵，研究生。"这说明他知道，在新的形势下他应该继续努力学习。

但是，一生与经典物理打交道的开尔文，毕竟与经典物理有深厚的情感，根深蒂固的见解不是那么轻易就会放弃的，他希望有一天矛盾会消除，一切又纳入牛顿力学的框架。

正是怀着这种矛盾的心情，开尔文勋爵于1900年4月27日在皇家学会发表的《新年献词》中，一方面宣告物理学的大厦已经建成，以后只需对这座大厦作点小小的修补工作就行了；另一方面他又认为，"动力学理论断言热和光都是运动的方式，可是现在，这种理论的优美性和明晰性，被两朵乌云遮蔽得黯然失色了"。

开尔文所说的两朵乌云，其中一朵与迈克耳逊—莫雷实验有关，另一朵与黑体辐射有关。对第一朵乌云他有点忧心忡忡："恐怕我们还必须把第一朵乌云看作是很浓密的。"而对第二朵乌云他则十分放心，"人们在20世纪初就可以使其消失"。

开尔文毕竟身手不凡，在别人还陶醉于成就之中时，他已看到了这两朵乌云；但他万万没料到的是他的乐观估计大错特错，这两朵乌云不但没有消失，反倒引起了一场深刻的物理学革命。其中第一朵乌云引来相对论，第二朵乌云引来了量子论。而这两个理论正是构成现代物理学的两大支柱。

开尔文不仅这次估计失误，他还在很多场合错误地反对过新的理论，力图把一切都重新归结于力学现象，坚持认为自然界只能用纯粹力学来解释，

▲ 英国著名物理学家威廉・汤姆逊，即开尔文勋爵。

甚至认为物理学无非是比较复杂的力学。在19世纪末,持这种观点的并不只开尔文一个,还有不少人支持这种观点,所以有些学者把持这种观点的人称为机械学派(或力学学派)。开尔文是这一学派的中坚人物。

当伦琴发现X射线时，开尔文竟说伦琴冒充内行，说所谓的X射线完全是一场“精心设计的骗局”；卢瑟福和索迪发现元素嬗变时，他硬说那是巧妙捏造出来的；当迈克耳逊—莫雷实验宣告以太论破产后,他到1907年去世那年，还赞成“空间中每立方毫米的宇宙以太其质量为一千吨”的观点;说“比空气重的飞行器是不可能飞上天的”。甚至于在物理学以外的领域,他也横插一手:他坚决反对达尔文的进化论,他用“不可反驳的事实”证明地球的年龄根本来不及让生物进行任何进化和演变。当居里夫妇发现新元素镭获得1903年诺贝尔物理学奖时,开尔文在1906年写信给《泰晤士报》，公开质疑居里夫妇的信誉和名誉。他说镭应该是铅和氦的分子化合物,指责居里夫妇把它称为一种新的元素是错误的。这封公开信暗示居里夫妇以不实的研究结论获得诺贝尔奖。卢瑟福抱打不平,积极证明开尔文的指责毫无道理。居里夫人不愿意逞口舌之能,经过持之以恒的实验努力,最终制得纯净的氯化镭。但开尔文已经无法亲自道歉,因为他已经在1907年去世。

总之,开尔文看不到物理学危机及其严重性,对一切新的发现都持怀疑、反对的态度,正因为如此,在物理史上,开尔文常常被视为一个保守的典型。

现在我们把历史暂时倒推到19世纪30年代，我们将发现，那时的开尔文和老年的开尔文,形象竟是完全相反。

开尔文从小就表现出非凡的智力与极其坚强的意志。17 岁他就进入剑桥大学,进大学的前一年,开尔文就写过一首诗:

科学领路到哪里,就在哪里攀登不息,
前进吧,去测量大地,衡量空气,记录潮汐;
去指示行星在哪一条轨道上奔跑,去纠正老皇历,
叫太阳遵从你的规律。

这首诗表现了年轻的开尔文血气方刚,初生牛犊不怕虎,进取劲头十足,没有一点保守的气息。

22 岁时,他就锋芒毕露,当上了格拉斯哥大学(University of Glasgow)的物理教授。这位年轻的教授,精力充沛,锐意创新,简直使那些温文尔雅的老教授们受不了。他一来到物理系就决定在系里发动一场革命;他要进行课堂以外的实验。在当时,这可是从来没有的事情!实验从来就是在课堂上进行的呀。开尔文不管这一套,他是不达目的誓不罢休的人。不久,英国的第一所现代物理实验室,在格拉斯哥大学诞生了,虽然只能暂时屈身于一个酒窖里。

学生们非常喜欢这位年龄比他们大不了多少的教授,上课时他常常会突然做一些意想不到的实验,使学生大开其心。有一次德国物理学家柏林大学教授赫尔姆霍茨参观他的实验教学。开尔文让陀螺仪快速旋转,这时陀螺仪的轴垂直不动,开尔文以此证明地球的轴心也是应该固定不动的。大家正看得十分有趣时,他却突然用钉锤对陀螺的圆盘猛地击了一下,结果那圆盘失去平衡迅速斜飞出去。幸亏圆盘没有击中实验室的人,但不幸将赫尔姆霍茨挂在衣帽架上的帽子打破了。学生们开心地大笑起来。赫尔姆霍茨无可奈何地摇了摇头,也陪着学生们一起笑起来。

开尔文认真地向赫尔姆霍茨道歉:“我赔你一顶新帽子。”

由于开尔文数学根底深厚,思想敏捷,敢于打破旧框框,再加上他父亲一再训诫他要把数学和物理学的实际问题结合起来,所以他很快就在物理学不同的领域里获得了相当出色的成就。1848 年,当他才 24 岁的时候,他就发表

了一部热力学专著，在书中他根据卡诺原理，在热力学基础上建立了温度的“绝对热力学温标”(Absolute Thermometric Scale)，这种温标不依赖于任何一种特定物质的特殊性质；1851年，他又发表《热力学理论》一书，建立了热力学第二定律，使其成为物理学重要的基本定律；1853年到1854年，他和焦耳(James Prescott Joule，1818—1889)合作，共同发现了气体扩散时的焦耳—汤姆逊效应。开尔文在电磁学方面的研究，对麦克斯韦建立电磁场理论和赫兹发现电磁波具有重大意义。还有，从1857年到1866年前后共九年的时间，经历了无数次惨重的失败，终于将一条大西洋海底永久性的电缆铺设成功，维多利亚女王因他“建立欧美之间电报通讯的功绩”，授予他贵族称号……

▲ 英国物理学家焦耳。他测量出热功当量，用实验证实了热运动的理论。

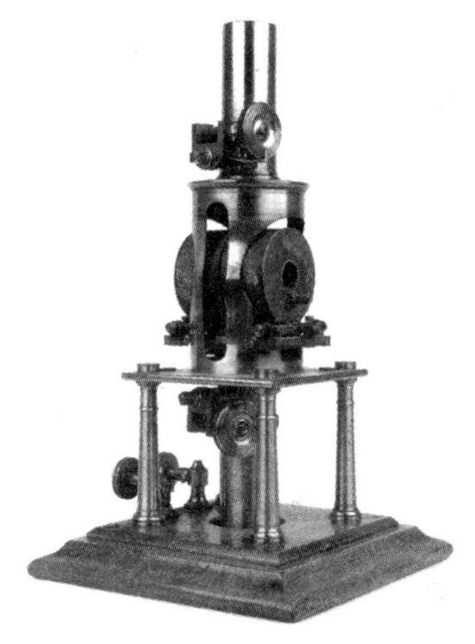

▲ 威廉·汤姆逊为铺设大西洋海底电缆线设计的电缆检流计。

他一生总共发表了600多篇学术论文，获得了70多种发明专利权，这就足以说明他是多么富有创新、开拓的精神。但到了老年，他却又日趋保守，这其中的原因是很值得探讨一番的。人一进入老年，旧框框多了，的确会阻碍人们接受新的思想，但这不是唯一的原因。对开尔文来说还有一个更重要的原因。这要从他研究电磁学谈起。

1845年开尔文大学毕业以后，对电磁学非常感兴趣，如同比他小7岁的麦克斯韦一样，他感到自己掌握了数学工具，在电磁学领域里一定大有可为。

就在他毕业后到法国留学的日子里，他就根据光学倒影原理分析了静电感应的电荷分布；更令人钦佩的是，他还提出用数学方法来分析法拉第的静电感应现象，这比麦克斯韦提出同样的分析方法要早十年！

1845 年夏天他从法国回到英国，在一次许多著名学者出席的会议上，21 岁的开尔文不畏权威，大胆谈到他如何用数学公式来表示法拉第的磁力线。

当开尔文讲完后回到自己座位上时，旁边一位学者高兴地对他说："年轻人，讲得很好呀！"

"您过奖了，"开尔文感到不好意思。

"您刚才讲到光线在带电极板间极化的问题，我也一直在考虑。"

"请问您贵姓？"

"迈克尔·法拉第。"

▲ 铺设跨大西洋电缆的现场照片

开尔文真是大吃一惊，想不到自己非常敬佩的法拉第竟这么和蔼可亲、平易近人！

后来，开尔文在法拉第磁和光相互关系的实验启发下，探讨了用数学方法统一电磁的性质。1846 年 11 月 28 日，开尔文"终于成功地利用'力的活动影像法'，来表示电力、磁力和电流了"。

这时，开尔文已经走到了电磁理论的边缘，但他没有走下去，他的兴趣被另一位大名鼎鼎的焦耳引上了另一门学科——热力学。

1853 年，开尔文在热力学研究方面已经取得了相当可观的成绩以后，他又掉回头来研究电磁学。通过精确的实验和数学的论证，他证明了莱顿瓶的放电具有一种振荡的性质，他还用数学公式写出了这一振荡过程的方程，计算在什么条件下振荡频率是多少。在同年发表的《瞬间电流》这一光辉论文中，开尔文还认为，如果放电频率太高使肉眼无法判断时，可以利用惠斯通

(Charles Wheatstone, 1802—1875)的“转镜法”进行观测。

这样,开尔文就又一次面临重大发现,可惜他又在成功的边缘停下了,没有更进一步从理论上弄清楚:振荡电流作为振源,是怎样把电磁振荡传播出去的。像上次一样,他把兴趣又转向另一个领域,这次是长距离电缆传递电报时信号混乱的理论问题。

开尔文两次都已经快抓住了真理,但他又都没抓住。前一次由麦克斯韦接着干下去,建立了电磁场理论;后一次由赫兹接下去干,发现了电磁波。两次人类重大的发现,都从他面前溜过去了。这显然不是偶然的事件,其中必定有值得探讨的原因,而且我们将发现,这些原因与他老年时的保守也有一定关联。

开尔文禀赋极高,加之早年得志,这些给他带来了一个严重的缺陷,那就是他缺乏刻苦钻研的精神,他很少认真去阅读别人的著作,他似乎过分相信自己的天才。这样,他就不善于吸收别人的长处。法拉第曾在 1845 年的学术会上送给开尔文一本《电学实验研究》,并客气地建议他抽空读一读,但他从没有系统地读过一次。据说,他几乎没有认真读过一本书。这种传说也许过于夸张,但他不认真读书的确是一个严重的毛病。他常常做一些别人早就做过的实验,就是一个证明。

▲ 1892 年元旦,为了表彰威廉·汤姆逊铺设海底电缆所做出的杰出贡献,他被授予开尔文勋爵的称号。图为开尔文夫妇在授勋仪式上。

另外,由于经历、性格、教育等方面的原因,他身上具有较多工程师的气质,对应用工程兴趣更大,他缺乏理论物理学家的某些气质,尤其缺乏卓越物理学家所必不可少的直觉,以致几次他已朦胧感到真理之光即将穿透浓雾洒在他的身上，但由于缺乏这种物理上的直觉，而与真理失之交臂。英国著名传记作家克劳塞(J.G.Crowther)曾这样评价开尔文：

> 开尔文就因为对科学思想缺少健全的直觉，所以不能在科学上完成更伟大的功绩。他能够翻过科学上崇山峻岭的一般障碍，可是一到达山巅，就不能想象云雾以外的情景了。他只知道近旁的一切，他在科学上没有远大的洞察力。他不能察觉光的电磁波属性已经孕育在自己的研究里了。

正因为他缺乏这种洞察力，在自然观上坚持机械论观点，再加上又不喜欢认真读别人的文章，所以在世纪之交物理学革命大潮涌来之时，他怎么可能正确预见乌云以外的天空将是什么天气呢？更不幸的是，由于他崇高的威望，人们习惯于征询他的意见，而他也习惯于发指令、讲意见、谈看法，所以一顶保守的帽子不落到他头上那才怪呢！

埃及化学家艾哈迈德·泽维尔(Ahmed Zewail，1946—1999年获得诺贝尔化学奖)在他的自传《穿越时间的航行——我的诺贝尔奖之路》里写过一段话：

> 预言未来是不聪明的，很多将要做出的新发现并不能从以前所做的工作直接推出来。我还记得由某些名人做出的预测，结果与预言相去甚远。在大约1885年，著名的开尔文爵士说过："无线电没有前途，X射线是一种骗局。"另一位著名的科学家瑞利(Rayleigh)爵士1889年说过："除了气球之外，我对其他航空飞行一点信心也没有。"最后，在美国，IBM的奠基人托马斯·沃森(Thomas J. Watson)在1943年说过："我认为计算机的世界市场大约仅为5台。"

因此，我们需要清醒的头脑，不要过分迷信名人作出的预言。现代的一位名人斯蒂芬·霍金(Stephen Hawking，1942—　)，就是一位作过许多错误预言的伟大的物理学家和宇宙学家。

1896 年开尔文 72 岁。这年为纪念开尔文勋爵在格拉斯哥大学执教 50 周年举办了一次祝贺盛会,有 2000 多名宾客与会。开尔文在会上讲了话,他的话出乎大家意料之外,他告诉大家的是他内心深处是一种失败的感觉:

> 55 年来,为了科学进步,我坚持不懈地努力奋斗。用一个词汇概括我这些年的奋斗,那就是失败。今天我对于电力和磁力、以太与电以及有重量的物质之间的关系的了解,对化学亲和力的认识,与我五十年前,作为自然哲学教授在这里第一次给学生上课时候的认识相比,并没有什么进步。

▲ 开尔文在格拉斯哥大学讲课的照片

开尔文真不愧是一位伟大的科学家!他的侄孙女玛格丽特当时也在会场,她记下了她的感动:

> 当晚,汤姆逊用来形容自己一生奋斗结果的话语——“失败”,以其半是伤感,半是怀旧的重音萦绕在大厅。一些人不相信,试图把这当成玩笑话,但这确实是他的肺腑之言。话虽如此,但他并不

悲观。很明显,工作是他的享受。此外,他也感受到了同事们的热情帮助和友爱之情……

当我回味威廉伯伯讲话的时候,他说话的语调以及他面对赞誉时平静、严肃而又恭敬的表情让我永生难忘。我深感惊叹——世上竟有这样的好人。我衷心祝愿他做得更好,无愧于这一切。

10 瑞利恪守了他的处世格言吗?

英国人边走路边思考,法国人想好了后就跑起来,而西班牙人跑完了才去思考。如果用这种笔法描述的话,德国人像法国人一样,想好了才跑。

——笠信太郎

1913 年,玻尔发表了他那闻名于世的三部曲《论原子和分子的结构》以后,立即引起了各国物理学界的注意。玻尔为了解决卢瑟福有核原子模型中出现的"不可解释的"矛盾,他在三部曲中提出了两个著名的假设。这两个假设与经典物理学的理论,根本不能相容。因此,反应是各式各样的:有的赞成、有的反对;有的钦佩,有的摇头。

在一次学术会议上,有人请瑞利勋爵(John William Strutt Rayleigh,1842—1919)对玻尔的理论表态。这位早期对热辐射理论做过卓越贡献的杰出物理学家的回答,却令人讳莫如深。他说:

我年轻的时候,对许多观点是深信不疑的。其中有一个观点就是:人在六十岁后,就不应该对现代的一些新观点随便地说七道八。

尽管我承认自己今天并不这么笃信这一观点,但它还足以使我超然于这场争论之外。

瑞利真的恪守了他的这一处世格言,超然于这场量子理论与经典物理理论的争论之外了吗? 其实没有,他只不过是用含糊其辞来表示他不赞成的态度而已。这方面,他比开尔文圆滑老到,他不随便明确表态,所以尽管他对量子理论和相对论也持怀疑态度,他却没有被认为是保守的典型。

▲ 英国物理学家瑞利,在他父亲去世后,继承了瑞利勋爵的称号。瑞利曾经出任卡文迪什实验室主任,剑桥大学校长。1904 年获得诺贝尔物理学奖。

有一次,他儿子问他;"爸爸,你到底看过玻尔关于氢光谱的论文没有? "

瑞利回答:"我看过。不过我看出它对我没有用处。我并不认为按这种方式就做不出发现来;相反,倒是很有可能做出发现的。但是,它不合我的脾胃。"

为什么不合瑞利的脾胃呢? 这也许和英国的经验论传统有关。下面我们将引用英国著名哲学和科学史专家贝尔纳(J. D. Bernal,1901—1971)的一段话,这段话比较长,但说得真是非常精彩。看了这段话,你也许会明白开尔文和瑞利为什么在物理革命中总是站在怀疑、反对的行列之中。贝尔纳在他的《科学的社会功能》一书中,对英国科学的特征作了如下的描述:

英国科学的特点是从 17 世纪就延续下来的。它同德国或法国的科学不同,特别讲求实用和着重类比。在英格兰,人们比在任何其他国家都更是通过感觉达到科学,而不是通过思维达到科学的。英国人的想象是具体而形象化的。法拉第把力看作是一种管状的东西。照他们的想象,力很像一种橡胶制品。卢瑟福把原子当作乡村集市上一种投掷椰子的游戏来加以研究。他把粒子投到原子上面去,然后看看有什么碎片落下来……英国科学取得如此巨大成功的主要原因,正是这种爱讲实际的习惯和健全的常识。

接着,贝尔纳又分析了英国科学的缺点:

英国人的缺点是他们几乎完全缺乏有系统的思维。在他们看来,科学只是几次对未知世界的成功的突袭。它不能提供一个前后连贯的全貌;英国人以怀疑的态度看待理论,而且不鼓励人们去思考。这些缺点在目前要比在上一个世纪更为明显。英国人的方法在容易解决的科学问题中最能奏效,大部分这样的问题都已经解决了。现在要解决的大多数科学问题,只有依靠和粗浅的常识大不相同的一些思维方法和工作方法。机械的模型已经帮不了多大的忙了。在物理学上的这场伟大的革命中,除了狄拉克一人外,英国比其他国家大为落后了,虽然这场革命的根本实验基础主要是在英国奠定的。

正是由于相对论和量子理论发展所需要的思维方法,与机械模型有很大的不同,才使得瑞利明知它们可能出成果,但却硬是横挑眉毛竖挑眼,怎么看都令他不舒服、倒胃口。但如果谈到经典物理领域,那瑞利勋爵的贡献确也非同凡响。下面我们不妨先将他在经典物理领域内做的工作回顾一下,然后再来看他是如何对待量子理论的产生。这样,我们对于他以及贝尔纳所说的英国科学特征,了解得就会更清楚了。

约翰·威廉·斯图列特·瑞利勋爵,1842 年 11 月 12 日出生于英格兰塞克斯郡(Essex)一个小镇 Langford Grove,。像英国许多物理学家一样,他也是剑桥大学三一学院的毕业生。毕业那年他 19 岁。1873 年,他被选为英国皇家学会会员;1879 年担任教授,并成为卡文迪许实验室主任;1890 年至 1914 年,任剑桥大学校长。

▲ 剑桥大学三一学院。

瑞利毕生主要是从事经典物理学的研究,其成就也是相当惊人的。他在声学、波动理论、光学、电磁学、流体力学以及摄影方面,都做出了重要的贡献。

1871 年,他提出了光学上的著名的“瑞利散射公式”(Rayleigh scattering formula),解决了光学理论中一个重大课题。这个课题对每一个人来说,也是饶有趣味的。如果我问你:为什么晴朗的天空是蓝色的? 为什么汽车的尾灯、交通指示灯、铁路上的信号灯又都采用红色呢? 你能回答吗? 这个问题过去很多科学家都研究过,但都解释不了。瑞利对各种形式的波动一直怀有兴趣,他根据电磁波方程式导出,散射光的强度与散射方向有关,并与波长的四次方成反比,这就是“瑞利散射公式”。我们知道,阳光的七种可见光中,红光的波长最长,蓝光波长较短。这样,蓝光在空气中悬浮灰尘的细小微粒的散射能力,比红光强十几倍。晴朗的天空之所以呈现蔚蓝色,就是因为可见光中的蓝光受到强烈的散射的缘故;而汽车尾灯之所以用红色,则是由于红光不易于被散射,容易被人们看见的缘故。

在化学领域里,他的贡献更大。1894 年他发现在分离氮气时,在气体光谱中有一条以前没见过的新的谱线。经过一段时间的努力,他终于同他的同胞威廉·拉姆赛(William Ramsay,1852—1916)一起发现了化学元素氩。因为这一伟大发现,瑞利于1904年获诺贝尔物理奖,而拉姆赛则获同年的化学奖。

在经典物理领域里。瑞利与开尔文一样，无论研究哪一个领域的难题，他都得心应手。但到了世纪之交,一种被称之为"紫外灾难"的难题,却使他受到了意料不到的挫折。开始他和开尔文一样,对这一"灾难"并不放在心上,以为用不着费多大劲就可以安然渡过这场"灾难"。他们万没料到,"紫外灾难"孕育的是一场物理学领域的大革命,他们所熟悉的"机械的模型已经帮不了多大的忙了"。

▲ 英国化学家威廉·拉姆塞,1904年获得诺贝尔化学奖。

▲ 德国物理学家维恩,1911年获得诺贝尔物理学奖。

事情还得从开尔文提到的第二朵乌云讲起。这朵乌云是指黑体辐射研究中所遇到的困难。

什么是黑体(black body)? 黑体并指的是可以吸收一切照射到它的光,不作任何反射。这原来只是一个理想的模型。后来德国物理学家维恩(Wilhelm Wien,1864—1928)设计出一个可以提供实验的黑体。它是一个内部极光滑的,开有很小孔的一个空盒子,盒子里还安置一些挡板。光线由小孔进入盒腔，要想重新反射出来很不容易，光的能量可以看成是全部被吸收了。光线被全部吸收了，那个小孔不就“黑”了吗？于是黑体研究从此可以用实验来研究黑体辐射了。这是一个了不起的进步。物理学家研究的是在不同温度下物体热辐射的能量分布与波长的关系。这个问题对当时炼钢工业十分重要，是急待解决的问题之一。但是，理论的研究与实际情况之间却存在着严重的矛盾。是什么地方不对头呢？许多物理学家试图解决这一难题，但都没有获得成功。开尔文当时曾哀叹道：

“热力学理论看来是走到了尽头，这真是伤透了脑筋的事！”

1896 年，年方 28 岁维恩提出了一个惊人的设想，他把分子运动学的理论用到光学的现象里。玻尔兹曼曾经指出，气体分子被加热以后会产生激烈的运动，并由此详细解释了热现象。维恩正是标新立异，把这个想法也应用到黑体辐射中，想以此来解决面临的困难。

但他的这种方法却没有被人们接受，因为那时光的波动理论由于麦克斯韦电磁理论的被确证，正处于其鼎盛时期，现在维恩又把光看作像分子那样，这岂不是一种严重倒退到光微粒说的行为？而且，维恩提出的公式，在开始虽然比较符合实验结果，但随着实验精度的提高，他的公式的弱点也暴露出来了。在波长短的部分，公式与实际符合得很好，但在波长长的部分就与实际相差很大。因此，人们更不能接受维恩的观点。过了几年之后，人们才明白维恩公式已经很接近真理了。

▲ 英国物理学家金斯，他曾经在剑桥大学、普林斯顿大学任教。

这一困难后来终于传到了英吉利海峡对岸的英国。瑞利也不喜欢维恩的观点，他决心用经典物理的方法来解决这一难题。1900 年，年近花甲的瑞利终于通过经典的能量均分定律(energy equipartition theorem)，以及光在黑体腔中的驻波特性，也推出了一个黑体辐射定律，这一定律后来被英国物理学家金斯（James

Hopwood Jeans, 1877—1946)作了修正，所以这一定律被称为瑞利—金斯定律。根据这一定律，能很好地说明维恩定律所不适用的长波部分光的能量分布情况。

但这并不代表持经典物理观点的瑞利就大获全胜。他不但没有获胜，反而引起了一场“灾难”。原来这个定律在可见光谱的长波部分与实验非常一致，但是在接近蓝、紫、紫外光等短波部分，它即宣告失效。不仅如此，更令瑞利不能自圆其说的是随着波长的缩短，理论计算的数值越来越大，甚至可以无限增大。这种现象显然是不允许出现的。如果某个物理定律引导到无限性，则它注定要失败，除自然界本身外，理论上不能有任何无限的东西。

经典物理的这个荒唐局面，因为主要发生在紫光以外短波的区域，所以被荷兰物理学家埃伦菲斯特(Paul Ehrenfest, 1880—1933)称为“紫外灾难”(ultraviolet catastrophe)。

对英国物理学家来说，这是一场真正的灾难，因为此后物理学的探索进入了一个新的领域，在这个新领域必须应用新的思维方法和研究方法，开尔文和瑞利习惯和喜欢的方法，已经是越来越不灵光了。

边走路边思考的英国人，不久就被想好了再跑的德国人甩在后面。

面对此种情境，瑞利竟悲叹地说：

> 在这样的时期，真理已经没有标准，不知道科学是什么了，我很悔恨我没有在这些矛盾出现的五年前死去。

足见瑞利勋爵受机械模型的思想束缚是何等的严重，已经到了不能自拔的地步！

11 他为何冷淡年轻的玻尔?

智慧是宝石,如果用谦虚镶边,就会更加灿烂夺目。

——高尔基

杨振宁教授在《基本粒子发现简史》一书开篇第一页就写道:“这里我不能不给你们看一下一位最先打开通向基本粒子物理学大门的伟人的庄严的半身像照片。”

▲ 这就是杨振宁向人们所展示的汤姆逊雕像。

这张照片就是英国著名物理学家J.J.汤姆逊的照片。

汤姆逊在1897年用他那著名的使阴极射线在电场和磁场中偏转的实验,为人类找到了第一个基本粒子——电子,所以,在物理学史中,人们常称汤姆逊为“电子之父”。1908年,他将气体方面研究的成果,写成《气体电行为》一书,后来,汤姆逊因此而获1906年诺贝尔奖物理奖。

当汤姆逊发现电子后,他开始对原子结构这样一个非常困难而又非常重要的问题开始进行探索。在这样一个全新的、完全不同于以往宏观的研究领域里,汤姆逊碰到了许多意料不到的困难。现在我们当然可以明显看出,汤姆逊当年的研究实际上是进入了一条死胡同。

汤姆逊首先想解决的问题,就是他所发现的电子在原子里处于什么样的位置。要想回答这个问题,又先得解决原子里正电物质如何安置。原子里面有一个小小的核,即原子的“有核模型”,其实早就有人提出,但由于这种有核模型无法解释原子力学的稳定性问题,而且又没有强有力的实验支持,所以

被物理学家们抛弃了。

1903 年 3 月，汤姆逊在美国耶鲁大学作学术报告时，正式提出了所谓原子的“洋葱头”式模型。这一模型是在 1902 年开尔文提出的“葡萄干面包”模型的基础上发展而成。开尔文认为，面包中的面粉好比是带正电荷的核，电子就像面包中的葡萄干一样，零散地夹在其中。这种模型虽可以解释原子平衡时不带电这一事实，但无法解释元素周期律和化学反应中的化合价。为了解决这一问题，汤姆逊用完全机械模拟的方法，提出了洋葱头模型。这一模型与开尔文模型不同之处在于电子分布方式不同。汤姆逊认为，原子中的电子应该以同心圆环的方式，一层一层排列、镶嵌在带正电的球体空间之中，如像洋葱头一般，而且这些电子或者静止不动，或者在圆环上运动。层数的多少依原子中电子数目多少而定，有的只有一层，有的可有三层、五层等等。尽管这一模型还有很多原子现象不能解释，但它对元素周期表和价键理论可以做出一定程度满意的解释，而且他所用的方法纯粹是正统的力学方法，这使他十分放心。因此汤姆逊对他的这个模型比较满意。

1911 年，当丹麦年轻的物理学家尼尔斯・玻尔（Niels Bohr，1885—1962）来到剑桥大学留学时，汤姆逊大约认为这个研究课题已经不是太急迫重要，所以对这个课题的兴趣已不是很大。而玻尔正是带着进一步研究这个课题的雄心，来到汤姆逊身边。时机的不当，决定了玻尔到剑桥大学一定会受到汤姆逊的冷遇。

▲ 英国文艺复兴时期的诗人斯宾塞。

1911 年秋，刚在哥本哈根完成大学学业的玻尔来到了剑桥。玻尔的心情非常激动，他终于来到了他日夜思念、梦回萦绕的人类知识的中心，来到了达尔文、牛顿和麦克斯韦的剑桥！英国文艺复兴时期诗人斯宾塞（Edmond Spenser，1552—1599）的诗句他早就记熟了：

剑桥，我的母亲！
在她那顶冠冕上，
缀有多少睿智，多少冥思……

玻尔到剑桥来的目的就是想在汤姆逊的帮助下，继续研究电子理论。他的博士论文《金属电子论探讨》就是关于电子的纯理论性研究。他在到剑桥来以前就已经清楚地知道，他在研究金属电子理论所遭遇到的一些困难，主要是由于经典电动力学原理本身的缺陷所引起的。他还坚信，在描述原子现象时，必须彻底从经典电动力学中摆脱出来，因该把眼光瞄准新兴的量子理论。但这不是一件轻而易举的事情，所以他迫切期望能得到当时年已 52 岁的汤姆逊的指教。

▲ 英国物理学家 J. J. 汤姆逊正在做实验。

到了剑桥的当天晚上，玻尔就去找汤姆逊。面孔清癯、蓄着仁丹胡的汤姆逊亲切地接见了他。玻尔那时英语水平不高，讲起话来结结巴巴，不能准确地表达自己的意思。他天真地认为，解决交谈困难和引起汤姆逊注意的唯一方法，是指出汤姆逊论文中的几处错误。他甚至于深信，汤姆逊一定会急切地想知道错在何处，会急急忙忙翻开自己的论文，迅即寻找错误。可是，使玻尔大为失望，汤姆逊似听非听、哼哼唧唧地不时点点头。玻尔似乎感觉到汤姆逊对他指出的“错误”不那么关心，于是他中止了谈话，把自己的论文递给了汤姆逊，并且希望它值得在英国发表。汤姆逊客气地收下了玻尔的论文，然后把它放在一大叠论文上面。

玻尔希望或者说相信汤姆逊会很快与他进一步交换意见，对他的论文进行推敲，并且会与他一起讨论等等。但他的愿望没有实现。一方面因为汤姆逊对电子论已经失去了兴趣，另一方面对于玻尔用那令人难懂的英语重提以前的错误，并不会像玻尔自己事先想的那样，会引起汤姆逊的注意。相反，这倒使讲究绅士风度的汤姆逊隐隐地不高兴。

玻尔那时还很年轻，而年轻人多半相信自己的看法是正确的，所以玻尔根本没想到他所敬仰的汤姆逊，根本就没有打算看自己的论文。当玻尔硬着头皮第三次去见汤姆逊时，他一眼看见他的论文已经在汤姆逊的书桌上一厚叠文稿的最下面了。玻尔简直伤心透了。汤姆逊也许感到有点不好意思，就说他正想读一读玻尔的论文，还说他将把这论文送去发表，等等。

▲ 丹麦物理学家玻尔，这是他年轻时的照片。后来他在 1922 年获得诺贝尔物理学奖。

玻尔听了，大为振奋，马上给他的未婚妻玛格丽特写信说：“我可真幸福！”

可是，玻尔高兴得太早了，他的论文后来由于汤姆逊建议他压缩一半，终于未能发表。

当玻尔成名以后，每次回忆起这段往事时，对自己当时的天真想法常常会大笑不止，并劝告年轻人：不要轻易去拜见一位外国知名人物，更不要鲁莽地指出他们的错误。

由于在汤姆逊手下干得不愉快，而且玻尔也不喜欢当时剑桥大学的教学计划和教学方法，于是在1912年4月，他决定转到曼彻斯特大学卢瑟福（Ernest Rutherford，1871—1937）的实验室工作。在卢瑟福实验室里，玻尔如鱼得水，感到非常痛快。卢瑟福凭着他对人的敏锐的判断力，很快发觉这位腼腆谦虚的丹麦年轻人有着惊人的天才，而玻尔也从卢瑟福那非同一般的精力、富于想象的见识和平易近人的风度中，受到极大鼓舞。玻尔很快干出了成绩。卢瑟福那时刚好提出原子的有核模型，把原子比喻为小小的太阳系，太阳就是原子核，带有正电，而行星就是绕核旋转的电子。玻尔一直坚信卢瑟福的模型是正确的，因为有“大角散射”实验证实，不容怀疑。①

▲ 玻尔与卢瑟福相处犹如如鱼得水。这是玻尔新婚后与卢瑟福夫妇（左）合影的照片。

1913年，玻尔发表了使他从此闻名于世的关于原子的分子结构的三部曲，这实际上是用他的原子模型向汤姆逊的模型进行了公开的挑战。不久，玻尔的新模型获得了胜利，而汤姆逊的十分古怪的原子模型则被放进了卢瑟福所说的“科学古董博物馆”。

玻尔之所以能迅速获得成功，恰好在于他接受了被汤姆逊否定的有核模型。前面已经提到，由于有核模型不能满足经典电动力学所要求的稳定性，所以汤姆逊拒

① 1909年卢瑟福的助手H. 盖革和E. 马斯登在卢瑟福建议下做了α粒子散射实验，用准直的α射线轰击厚度为微米的金箔。结果他们发现绝大多数的α粒子都照直穿过薄金箔，偏转很小；但有少数α粒子发生角度比汤姆逊模型所预言的大得多的偏转，大约有1/8000的α粒子偏转角大于90°，甚至观察到偏转角为150°的散射，因此称之为“大角散射”（large-angle scattering）。这种散射无法用汤姆逊模型说明。1911年卢瑟福提出原子的有核模型，并由此导出α粒子大角散射公式，解释了大角散射的机制。这一散射公式后来被盖革和马斯登改进了的实验系统地验证。而且，根据大角散射的数据可得出原子核的半径上限为10^{-14}米。此实验开创了原子结构研究的先河。

绝了这一模型。我们知道，有核模型中，所有的正电荷（Ze）和绝大部分质量都集中在中心的一个小小的体积里，卢瑟福称它为核。核又被Z个电子包围，电子则绕核高速旋转。这种结构最致命的缺陷就是它无法回答原子的力学稳定性问题。因为按照经典电动力学的观点，电子在绕原子核旋转时，由于它在做加速运动，就必然在运转过程中不断向外辐射能量。随着能量的耗散，电子将沿螺旋线轨道迅速坠落到核上，原子也就坍缩了。如果真是如此，我们所生活的整个宇宙也就坍缩而无法存在。可是，这种可怕的事情并没有发生，宇宙一直都非常稳定。

玻尔在这种困难面前，表现得非常冷静和睿智。他认为，有核模型因卢瑟福的α粒子散射实验已被证明是无可怀疑的；但是按经典理论，原子的“毁灭”又是不可避免的，那么物理学家该怎么决定取舍呢？汤姆逊的选择是经典理论不可违背的，因而有核模型应该被否定。玻尔则采取了相反的道路，他认为经典的理论固然是十分宝贵的，其成就也是任何人抹煞不了的，但这些经典规律极有可能不能用于原子结构，原子属于另一个层次。在这个层次里，普朗克和爱因斯坦已经证明，很多经典规律是不适用的。普朗克用能量子理论解释黑体辐射之谜，和爱因斯坦用光量子理论解释光电效应之谜，就是典型的例子。这些例子鼓励玻尔勇敢地向经典的原子结构理论挑战。

那么，原子将受什么规律的支配呢？玻尔读大学时，曾经仔细研究过普朗克和爱因斯坦的量子理论，于是在1912年春天，他“开始觉得卢瑟福原子中的电子是全然受作用量子支配的”。此后不久，他就提出了自己的模型。

玻尔模型要解决的问题就是原子的稳定性同题。对此，他引入了著名的三个假设。

其一，绕核转动的电子不能采取任意轨道，只有满足与普朗克和爱因斯坦关系式相关联的量子条件的轨道才是容许的；

其二，当电子在这些容许轨道上运转时，它不辐射能量；

其三，只有当电子从一个容许的轨道上“跳跃”到另一容许轨道上时，它才辐射电磁波，其辐射的能量由爱因斯坦的光电方程确定。

玻尔模型由于完全违背经典理论，所以一提出来之后，即遭到思想保守的物理学家激烈反对，J. J. 汤姆逊就是激烈反对者之一。他曾公开指责玻尔的量子条件的假设，说这根本不是物理学，只不过是掩盖无知而已。1913年9月，汤姆逊在英国科学发展协会上说，大概没有一件能比以正统的力学方式得到的结果更使人放心的事情了。

为了恢复旧观念，汤姆逊还做了许多努力，但都没有任何价值，而玻尔的模型却不断地被新的实验证实，取得了一个又一个的胜利。第一次世界大战后，汤姆逊承认自己跟不上时代了，于是辞去了卡文迪许实验室教授的职务，推荐他的学生卢瑟福担任。

▲ 玻尔后来回到丹麦哥本哈根玻尔理论物理研究所任职。这是玻尔夫妇在哥本哈根街头推着自行车行走的照片。

1937年，汤姆逊已是81岁的老翁，终于承认了玻尔的有价值的贡献。三年后，这位伟人溘然去世。在去世前一个时期，汤姆逊内心有一些纠结。每当成名了的玻尔来看望他的老师卢瑟福时，汤姆逊就不出席实验室每天下午四点钟的茶话会。据说，这是因为汤姆逊感到懊恼，因为如果当初他重视玻尔的才能，接受了他的模型，那他就不仅仅只是电子的发现者，而且又是原子模型发现者之一。

我国物理学家、科学院院士余瑞璜教授说得好：

“从这件事可以领悟出一个道理：即使已经取得重要的成就，但若看不起青年人，抱住经典理论不放，不敢动它的一根毫毛，主观片面地自以为是，那就会推迟科学的发展，自己也会成为落伍者。”

汤姆逊还有一次失误，也很值得我们注意。

1894年，汤姆逊错过了X射线的发现。汤姆逊在利用阴极射线管做实验时注意到，放在“距离阴极射线管一两米”处，一个玻璃管受到阴极射线轰击时发出了荧光。但他太过于专心于研究阴极射线本身，结果这一重要事件没有引起他的注意，更没有去思考其中的缘由。

但是伦琴在发现同样的事情的时候，非常重视这一偶然的发现，结果发现了轰动世界的 X 射线。

还有一位牛津大学的物理学家弗雷德里克·史密斯（Frederick Smith）更是可笑，他发现放在阴极射线管附近的照相底片容易变得模糊不清（即感光了），但是他完全没有关注这一偶然发现的事件，却不幸地只是告诉助手：“把底片移到别的地方去！”

12 贝克勒尔的幸运

贝克勒尔的发现充满着传奇和曲折。一方面，他的研究工作很有计划，但在分析解释研究成果时他却犯了错误；另一方面，贝克勒尔的科研行为与伦琴完全相反，伦琴在发现 X 射线后，不急于向世人炫耀，而是独自花了整整 7 个星期，对 X 射线的所有细节进行反复推敲论证，直到确认无疑后才公布于世。而贝克勒尔则不然，他公开所有阶段性成果，所以人们可以跟踪了解他的每一个研究步骤和细节。

——（德）贝恩德·舒：《大科学家 50》

1895 年 11 月 8 日，这天是星期五。在德国维尔茨堡（Würzburg）美丽的普拉尔公园不远处，有一幢石造的二层楼房，这就是后来闻名于世的维尔茨堡大学物理研究所。在这深秋寒冷的夜晚，研究所静悄悄，除了树叶沙沙的落地声，真是万籁俱寂。但这个寒冷的秋夜对伟大的德国物理学家伦琴(Wilhelm Conrad Röntgen，1845—1923)来说，却是终生难忘之夜。因为就是在这个晚上，伦琴发现了X射线。20世纪初的物理学革命序幕，也因X射线的发现而从此拉开。

▲ 在德国中南部美因河边有一座美丽的城市维尔茨堡。市内多古迹，有中世纪建造的美因河桥等，还拥有众多巴洛克风格建筑物以及维尔茨堡大学。

X射线的发现一公布，迅即引起了全世界强烈的震动。其迅速、强烈的程度，在整个科学史上真可谓空前。世界各地的物理实验室，都立即日以继夜地干起来，以证实伦琴那令人瞠目结舌的新发现。当全世界物理学家都确信这一发现是千真万确以后，紧接着对X射线的物理性质展开了激烈地争论。当时有两种针锋相对的看法，一种看法认为X射线是一种粒子流，如英国物理学家J. J. 汤姆逊认为的阴极射线是带电粒子的运动，形成一束粒子流；另一种看法则认为X射线是一种电磁波。非常有意思的是，这两种对立的看法，大致上是以国家分界的：英国物理学家大多支持前一种看法，而大陆国家如德国的物理学家则大多支持后一种看法。

当时法国有一位伟大的数学家叫彭加勒(H. Poincaré,1854—1912),他那出类拔萃的才华、渊博的知识以及广泛的研究和卓著的贡献,使他闻名世界。如同许多世界第一流的数学家一样,他非常关心当代物理学的进展,在物理学领域里他发表的文章和书籍达70多种。当X射线本质的争论在物理学家中激烈进行时,彭加勒也积极参加了争论。他倾向于英国物理学家的观点,认为X射线是一种粒子流。现在我们知道,彭加勒以及英国物理学家的观点是错误的,因为德国物理学家劳厄(Max von Laue,1879—1960)同他的两位助手弗里德里希(Walter Freidrich,1883—1968)和克尼平(Paul Knipping,1883—1935)于1912年用精巧的实验证实了X射线可以产生衍射,于是它的波动性得到了证实,这是后话,这里就不多讲了,还是回到彭加勒参加争论的事情上来。

▲ 发现X射线的德国物理学家伦琴。他因为这一发现1901年获得第一个诺贝尔物理学奖。

说起来也许令人觉得奇怪,任何一个法国物理学家都没有像彭加勒那样为X射线的发现所激动。1896年1月20日在法国科学院周会上,彭加勒把奥丁(Paul Oudin,1851—1923)和巴赛勒米(Toussaint Barthélémy,1850—1906)两位物理学家带给法国科学院的X射线照片(那是一张活人手骨的照片)给大家看。当时在场的法国物理学家贝克勒尔(Antoine-Henri Becquerel,1852—1908)问彭加勒:X射线从管子的哪一部分发出来的?彭加勒回答说,看来是从阴极对面的玻璃管壁发荧光的地方发出的。

1903年,贝克勒尔对这次报告会的讨论作了如下描述:

> 我向我的同事彭加勒提出问题:人们能够确定这种射线从哪儿发射出来的吗?……我被告知,射线是从阴极射线击在阴极对面管

壁上产生荧光的亮点处发射出来的。

贝克勒尔还记下了他对彭加勒回答的反应。他写道：

> 我立即想到这种新的发射(X 射线)会不会是引起荧光振动的一种表现？是不是所有发荧光的物体都能发射相同的射线？我把这种想法告诉了彭加勒，接着第二天我就沿着这一思路开始了一系列的实验。

贝克勒尔立即作出推断：可见光与非可见光产生的机理应该是一样的，X 射线可能总是伴随有荧光现象。贝克勒尔一贯的研究方法是描述性的，他基本上只信赖观测，尽可能小心地回避推理，但这一次他却非常相信 X 射线与荧光之间很可能有一种关系的推理，并决定立即用实验来证实这一推理。

贝克勒尔是很幸运的，他有极优越的条件可以立即着手进行实验，因为他祖父曾研究过荧光，在祖父写的六本书中有两本是荧光方面的专著；他的父亲更是荧光方面的专家，而且特别熟悉铀。贝克勒尔继承父业，也非常熟悉荧光物质，而且实验室里还有现成的硫酸铀酰钾。他决定用这种铀盐开始实验。

实验的构思是这样的：用黑色厚纸严密包好照相底片，使其不受阳光作用，但可受到 X 射线作用。在纸封附近放两块铀盐的晶体，其中有一块铀盐晶体用一枚铜十字与纸封隔离，然后，用阳光照射这两块晶体，使它们发出荧光。如果发荧光的物体可以产生 X 射线，那么底片上将留下明显铜十字的痕迹。

当贝克勒尔把底片冲洗出来以后，一切和预料中的完全一样，用铜十字隔着铀盐晶体的那张底片上，留下了铜十字分明的轮廓。看来，贝克勒尔对自己的推断一定非常满意——发荧光的铀可以发射 X 射线很可能是正确的。不过贝克勒尔的信条是要不厌其烦地反复实验，他决不会轻易相信一两次实验的结果。

1896 年 2 月 26 日，他想重复做一次上面的实验，但是很扫兴的是天气阴沉，没有阳光。这是巴黎二月份常有的事。他只得把铀盐晶体和密封的底片一起锁到抽屉里，等待天气转晴。贝克勒尔当时万万没有想到，二月底的几天阴沉的天气，竟给他带来了新的伟大发现，给人类的科学前景带来了新的光明！

▲ 法国物理学家贝克勒尔。他后来因为铀射线的发现与居里夫妇共同获得 1903 年诺贝尔物理学奖。

3 月 1 日天气晴朗，贝克勒尔开始实验。不知出于什么原因（有的说是由于他严谨的工作作风，有的说他可能要换做另一个实验，还有人则说是为了第二天报告的需要），他把 2 月 26 日放进抽屉的底片冲洗出来了。他原以为由于抽屉里几乎没有光线，铀盐晶体只可能有极微弱的荧光，因此估计底片不会感光，即使感光也一定十分微弱。但冲洗出来的底片却使他大吃一惊，底片上感光的程度竟与上次在阳光下晒的一样明显！

贝克勒尔立即敏感地意识到他发现了一种非常重要的现象：铀盐晶体即使不受太阳照射，也就是说不发荧光，也可能发出 X 射线。这一预想在后继的实验中多次被证实。但这些并没有使贝克勒尔十分激动，因为他一直认为他做的实验，都是在进一步研究 X 射线，他到这时还不知道自己是在一系列错误的假设下进行实验。

接下去的研究，贝克勒尔发现所有的铀盐晶体，不论它们是否发荧光，都使底片感光；而其他矿物晶体即使是发出极强荧光，却根本不能使底片感光。这一发现才真正使他激动起来，连他那一小撮胡子也因激动而不断地抖动。贝克勒尔这才明白，使底片感光的不是什么荧光，而是一种新的射线，其射线源就是铀。他把这种射线称之为“铀射线”，后来一般称之为“贝克勒尔射线”。

贝克勒尔射线的发现，对物理学有极为重大的意义，因而 1903 年他荣获了诺贝尔物理学奖。在这以前，科学家们坚信原子是最小的，是不可再分割的粒子，现在，铀原子却可以放射出一种射线来。还有更使物理学家迷惑不解的是：铀盐晶体不断放出射线的能量是从哪儿来的呢？当时有一位物理学家问英国物理学家瑞利勋爵：

“如果贝克勒尔的发现是真的，那能量守恒定律岂不遭到了破坏？”

瑞利十分幽默地回答说：“更糟糕的是，我完全相信贝克勒尔是一位值得信任的观察者。”

现在我们再回过头来回想一下贝克勒尔得到这个重大发现的过程。我们将会惊异地发觉，这一发现竟然是建立在三个错误的假定上：

第一，X 射线是由发荧光的玻璃产生；

第二，其他发荧光的物质也发射 X 射线；

第三，当铀盐不发荧光时也仍然发射 X 射线。

难怪连瑞利勋爵都发出了感慨：“一个如此奇妙的发现，竟然起因于一连串虚假的线索，这真是惊人的巧合。科学史上大约很难再出现与这相似的发现。”

▲ 贝克勒尔在实验室的照片。左上方为铀盐辐射的著名照片。

这种巧合虽然令人惊奇，但是我们不能据此就认为贝克勒尔的重大发现完全是他运气好。如果我们持这种看法，那我们就不能从中得出有益的结论。我们知道，造成错误最常见的原因就是在实验证据不足的情况下作出普遍性概括。贝克勒尔在开始研究 X 射线与荧光之间的关系时，他大概明白自己是在证据不足的情况下作了一些尚需证实的推断，不然他为什么一再告诫他的助手，要不厌其烦，反反复复地做实验呢？贝克勒尔是一位十分严谨的实验物理学家，他平生最厌恶的就是轻率地作出概括，和在证据不足的情形下就急急忙忙地提出假说。这一次他能提出几个推断，对他来说几乎是空前绝后的事情了。所以，我们可以想见他将如何谨慎地用实验来证实自己的推断。在没有十足的实验证据时，即使是他自己的推理，他也不会轻易相信。正因为如此高度重视实验对理论建立的作用，所以他的发现就具有一定的必然性了。

此后，贝克勒尔对放射线还继续作了几年研究，但未取得实质上的进展，在这方面继续做出贡献的是玛丽·居里(Marie Curie，1867—1934)。贝克勒尔之所以落在居里夫人之后，是因为他只局限于把铀作为他的放射源。铀是他知道得最清楚的物质，它曾经帮助过他作出了重大发现，现在却又阻碍他继续前进。另外，他的思想方法的缺陷，也不能不是原因的一个方面。他重视实验观察，对假说持谨慎、怀疑的态度，这无疑是他发现贝克勒尔射线重大原因之一。但是对假说在理论建立中的重大作用却常常为他所认识不足，这又使他没有能够乘胜扩大战果，进而研究放射性的普遍性。

在多年之后，他不无遗憾地说：

> 因为新射线是通过铀认识的，所以我有一种先验的观点，认为其他已知物体的放射性可能比这个还要大很多是不可能的，于是，对这个新现象普遍性的研究，似乎就没有对它的本质的物理研究来得紧迫。

关于贝克勒尔的发现，物理学家派斯(Abraham Pais，1918—2002)在他的名著 *Inward Bound* 里有一段话，对于了解贝克勒尔的这一重大发现很有意思。派斯写道：

> 关于这次偶然的发现已经有各种各样的说法：是天才的发现或仅仅是运气？或是为了检验期望中的零结果？也许各种因素都有一点。贝克勒尔自己似乎感到这是命中注定的："他(亨利·贝克勒尔)说，这种研究在60年里一个接一个地在这个实验室里进行着，因而形成了一根链，到了适当的时机，它将不可避免地以发现放射性而终止。"

英国物理学家汤普森(Silvanus Phillips Thompson, 1851—1916)的情形也许可以与贝克勒尔的实验相比较。汤普森由于命运不佳曾经两次失去机会:19世纪70年代他几乎发现了电磁波;1896年他几乎发现了放射性。大约与贝克勒尔在同一时间里,汤普森曾独自观察过某些铀盐使底片变黑的反应,他所用的方法实际上与贝克勒尔的丝毫不差。他也曾经将不同的荧光物质放在一张铝箔上,铝箔下放置照相底片。他的安排是"把整个装置放到朝阳的窗槛上,让它受到从伦敦中心后街射进来的2月阳光的照射"。在他用这种方法研究的物质中,发现只有硝酸铀和硫酸铀铵对底片产生了效应。汤普森迅速告知了斯托克斯爵士,后者也立即复信,催促汤普森公布这一实验。但没过几天,斯托克斯再次写信说:"恐怕你已经被别人占了先……",在信中他提到了贝克勒尔2月24日的论文。汤普森最终还是发表了他的报告,那是1896年7月。但他没有作出关键性的观察,他的正确的发现没有与荧光联系到一起。

▲ 英国物理学家汤普森

13 洛伦兹的古堡

洛伦兹……对爱因斯坦的理论从来没有说过一句不客气的话,有时只是叹息不理解由他自己想出来的那些相对性变换的真正意义;但是,他因此至死也没能抛弃静止以太的观念和绝对同时性的观念。他同相时论朝夕相处地生活了 20 年,却还是不理解它,这可能令人觉得非常奇怪,然而,事情就是这样。

——B. И. 雷德尼克:《场》

▲ 英国著名的数学家和物理学家惠特克爵士

读者都知道,相对论是阿尔伯特·爱因斯坦建立的,而且爱因斯坦也因此而获得了科学家最高的评价,成为 20 世纪最伟大的物理学家。但是,1953 年却出现了一件"引起人们注意"的事情。这一年,英国杰出的数学家和物理学家惠特克爵士(Sir Edmund Taylor Whittaker,1873—1956)写了一本著名的书《以太和电学的历史》(*A History of the Theories of Aether and Electricity*)。这部书专门讨论以太和电学的历史,共有两卷。惠特克在书中评价爱因斯坦的功绩时,很不公正,全书只用了一句话谈到爱因斯坦的贡献,而且把主要的功劳归于法国伟大数学家彭加勒和荷兰物理学家洛伦兹(Hendrik Antoon Lorentz,1853—1928)。该书第二章的标题是:"彭加勒和洛伦兹的相对论";而在谈到爱因斯坦时,那口气也是非常的轻蔑:

> 同年(1905 年秋)……爱因斯坦发表了一篇论文,把彭加勒和洛伦兹的相对论稍加扩充而重新提了出来。这篇论文引起了许多人的注意。

惠特克这种提法极其轻率和不公正。是的,1900 年爱因斯坦提出相对论的那一篇论文《论运动物体的电动力学》中,几乎所有的概念和许多公式同洛伦兹和彭加勒的著作有关,但他们两位的理论与爱因斯坦的理论,有着根本性的区别,惠特克把他们混为一谈毫无道理。而且正如苏联物理学家 B. И.雷德尼克所说，无论是洛伦兹还是彭加勒，都没有彻底弄懂相对论所涉及的全部深刻含义。

为了说明这种情况，我们这儿主要讨论洛伦兹的理论与爱因斯坦理论的不同之点，并回顾一下洛伦兹对待相对论的态度，下一节我们再专门讨论彭加勒。

▲ 荷兰著名物理学家洛伦兹，1902 年获得诺贝尔物理学奖。

1853 年 7 月 18 日，洛伦兹出生于荷兰格尔德兰德（Gelderland）一个以印刷业著称的小城安恒（Arnhem），他父亲是三代祖传的眼镜店老板。洛伦兹自幼聪慧，喜欢物理学，而且和许多杰出科学家一样，他能非常迅速地掌握外语。在上大学以前，他就已经精通英文、德文和法文。

1870 年，洛伦兹被莱顿大学（University of Leiden）录取。在大学里他的主要兴趣是数学和物理，在这期间天文学家弗雷德利克·凯瑟（Frederik Kaiser, 1808—1872）教授对他有很深的影响。1875 年，年仅 22 岁的洛伦兹得到了博士学位。他的论文题目是《关于电磁波的反射和折射问题》，内容是用麦克斯韦的观点来处理物理光学的问题。我们知道，麦克斯韦在 1873 年才出版了他的《电磁学通论》，在 1875 年，能看懂麦克斯韦理论的人并不多，所以洛伦兹的博士论文，在当时连评审的教授也不敢妄加评论。

▲ 爱因斯坦和洛伦兹是很要好的朋友，爱因斯坦一生都非常尊敬洛伦兹。这是他们的合影。

1878 年，25 岁的洛伦兹被荷兰皇家学会破例任命为莱顿大学教授。按规定只有年满 35 岁以上的人才能获得这一极不易得到的头

衔。此后,洛伦兹一直在莱顿大学任教,直到 1923 年。

1902 年,他和他的学生彼得·塞曼(Pieter Zeeman,1865—1943)因 1896 年发现塞曼效应,共享诺贝尔奖物理奖。在 20 世纪前期,洛伦兹是世界上最负盛名的科学家之一。他一生因丰硕的科学成就,除了诺贝尔奖以外还得到很多荣誉。例如 1908 年获得英国皇家学会的伦福德奖章(Rumford Medal),1917 年获得美国富兰克林研究所的富兰克林奖章(Franklin Medal),1918 年获得伦敦皇家学会柯普莱奖章(Copley Medal)等等。

1928 年,74 岁的洛伦兹去世了,那时他已被誉为荷兰现代史上最伟大的文化巨人。下葬那天,荷兰全国的电报、电话暂停三分钟以示哀悼。非常崇敬洛伦兹的爱因斯坦代表后一辈物理学家和普鲁士科学院,在葬礼上致悼词,称洛伦兹为"我们时代最伟大和最高尚的人"。

洛伦兹是相对论的先驱,这是因为他积极参与了解释迈克耳逊—莫雷实验反常结果的科学研究。

19 世纪末,麦克斯韦建立的电磁理论获得了奇迹般的成功。这一理论需要一种传送电磁波的媒质,即以太(aether),关于这一点麦克斯韦曾在他发表在《大不列颠百科全书》上的文章中写道:

> 发现了光和其他辐射的新现象之后,有关以太存在的主张获得了坚实的支持。以太的性质是基于光的各种现象推论出来的,而这些性质与解释电磁现象所要求的性质完全一样。

另外,由于法国物理学家菲涅耳用静止以太的学说圆满地解释了光行差现象(light aberration phenomenon,即由于地球公转,恒星的表观位置在一年内不同的观测会发生变化),因而物理学家尽管是十分勉强地但仍然普遍接受了以太是绝对静止的这一观点。

可惜好景不长。美国实验物理学家迈克耳逊(Albert Michelson,1852—1931)于 1881 年和 1887 年两次用极精巧的实验,希望能证实菲涅耳对光行差的解释,但结果却是否定的。面对实验事实,迈克耳逊不得不承认:

“静止以太的假设被证明是不正确的,并且可以得到一个必然的结论:该假设是错误的。”

这一否定的结果使得当时的每一个物理学家都感到迷惑不解。洛伦兹在 1892 年给瑞利的信中写道:

> 我现在不知道怎样才能摆脱这个矛盾,不过我仍然相信,如果我们不得不抛弃菲涅耳的理论……我们就根本不会有一个合适的理论了。

为了挽救以太,摆脱这令人迷惑的局面,洛伦兹于 1892 年提出了一种纯机械解释的“收缩假说”(contraction hypothesis)。他认为,如果承认物体均由带电粒子组成,并且这些粒子间的相互作用服从麦克斯韦方程,则物体运动时由于电子间相互作用的变化,物体将在运动方向上缩短 10^{-8} 倍的长度。这样一来,迈克耳逊实验的否定结果便可以在保留静止以太的情形下,仍然能得到圆满的解释。

洛伦兹一生都十分重视“简单性原理”(simplicity principle),他主张各种基本理论应该同时由不同的研究者加以研究,因为只有这样物理学家才能在各种理论的比较中,找到最简明的基本原理。现在,用收缩假说虽然可以使当时的矛盾缓解,但洛伦兹是不会因此而满足的,因为这一假说和他的理论体系还没有本质上的联系,还体现不出他终生推崇的“简单性”这一美学的要求。

为了上述原因,洛伦兹决心对收缩假说作出根本性解释。经过努力,于 1904 年 5 月他发表了《速度小于光速运动系统中的电磁现象》一文,这篇论文立即引起了普遍的好评。论文中的大部分方程式直到今天看来也仍然是正确的。正如诺贝尔奖物理奖获得者 L. N. 库珀(Leon Neil Cooper, 1930—, 1972 年获得诺贝尔物理学奖)教授所说:

“除了对世界的看法的根本性变化(我们把这一点归功于爱因斯坦)以外,洛伦兹的论文几乎包括了一切。”

洛伦兹在论文中假设一切力的作用都与电磁力类似,成功地描述了固体棍棒在运动系里收缩的物理图像。棍棒在运动时，由于质点间相互作用力发生了变化，所以棍棒就缩短了。而且他还惊讶地发现，当电子运动时，电子的质量应当随速度增大而增加。他还发现，如果在他的理论中引入一个与不动系统中时间 t 不同的另一个时间 t'（洛伦兹称之为运动系统中的“本地时”——local time），那么他的理论就可以呈现出一种特别简单的美。

▲ 爱因斯坦在荷兰讲学时与洛伦兹（前排右 1）、爱丁顿（前排左 1）和埃伦菲斯特（后排中）合影。

一年以后，爱因斯坦创立了狭义相对论，这一理论彻底消除了动体电动力学发展道路上的障碍，成功地向人们展示了时间与空间、物质和运动，能量和质量、动量和能量的统一性。尽管相对论的很多结论，与洛伦兹理论有相似之处，但他们之间有着本质上的不同。洛伦兹的理论是以以太为基石，虽然他十分巧妙地引入了地方时 t' 这一概念，但他自己也认为 t' 充其量只不过是一个数学辅助量而已。他的收缩假说开始没有任何理论根据，后来虽然试图用电子论来解释这一收缩，但却需要人为地引入 11 个特殊的假没，从而失去理论应该显示的简洁性，显得非常牵强。而且，其预言的其他结果也与实验事实也不相符合。而爱因斯坦的理论由于提出了崭新的时空观，实际上成了物理史上一次重大革命；而且爱因斯坦理论的预言，不断为新的实验所证实。

有一位作家非常形象地将洛伦兹的理论比喻为欧洲的一座古老的城堡，虽然非常华丽，但却仿佛有幽灵出没其中。这个幽灵就是洛伦兹至死也不肯抛弃的以太。而爱因斯坦在相对论中，则把以太这个幽灵彻底清除出去了。我们完全有理由说，洛伦兹为了挽救经典理论，费尽了苦心想把这条触礁的破船修补得可以继续航行，而爱因斯坦则干脆建造了另一条新船。惠特克把二者等量齐观，甚至轻率地认为爱因斯坦只是把洛伦兹理论“稍加扩充而重新提了出来”，是完全不合事实的。

惠特克的说法，不仅一般人不能同意，即便是洛伦兹，恐怕也很难赞成。虽然洛伦兹至死都不肯放弃静止以太和绝对同时性的观念，但他也已经意识到爱因斯坦在时空观上与他自己是大不相同的。这可以在 1915 年他为他的著名教科书《电子论》中加的一条注脚看出。在那条注脚里他写道：

> 假如我现在来写最后一章的话，我一定会给爱因斯坦的相对论以极为显著的地位。应用相对论，运动系统中的电磁现象的理论获得了我一直未能完成的简化形式。我的失败的主要原因，在于我一味认为变量 t（在以太参照系中测得的时间）只能被当作实时，而地方时 t' 只能看作是一个辅助的数学量。而在爱因斯坦的理论中正好相反，t' 起的作用与 t 相同，若我们要用 x', y', z', t' 来描述现象，我们就必须完完全全地像运用 x, y, z, t 那样来运用这些变量。

读者可能已经注意到，写这条脚注的时候洛伦兹已经是 62 岁了，即“耳顺”之年，在这个年龄的人，旧的理论知道得太多，要他完全抛弃旧理论并非易事。普朗克不是说过一句话吗，“科学的重大革新很少通过说服反对者并使他们改变立场来实现，扫罗是难以变成保罗的。[①]事实上倒是，反对者

№ 068

prof einstein haberlandstrasze 5

berlin =

Telegraphie des Deutschen Reichs.

Berlin, Haupt Telegraphenamt

Telegramm aus bln sgravenhage 0046 21/19 22/9 10.40 m =

eddington fand sternverscheidung am sonnenrand vorlaeufig grusse

zwischen neun zehntel sekunde und doppeltem = lorentz.+

▲ 洛伦兹在 1919 年 9 月 22 日发给爱因斯坦的电报。上面的文字就是“爱丁顿在太阳边缘发现了恒星位移”。

---

① “把扫罗变成保罗”（change from Saul to Paul）是《圣经》中的一个典故。保罗系《圣经》中的人物，他原名扫罗。

逐渐死去，新生的一代一开始就熟悉新思想。”这句话后来被称为“普朗克原理”。洛伦兹能有这样的认识就已经说明他比起他同代人来说，已算是相当开放和灵活的了。

1919年，英国物理学家爱丁顿爵士(Sir Arthur Stanley Eddington，1882—1944)率领的日蚀考察队，证实了爱因斯坦相对论的星光弯曲预言时，有一位物理学家在爱丁顿爵士的数据分析结果尚未公布前，就在1919年9月22日第一个打电报给爱因斯坦表示祝贺。电文是：“爱丁顿在太阳边缘发现了恒星位移。”

这位物理学家是谁呢？就是至死不能理解相对论深刻意义，但又非常赞誉爱因斯坦的洛伦兹。

14 彭加勒为什么对相对论长期保持缄默

英费尔德这样对爱因斯坦说：“在我看来，即使您没有建立狭义相对论，但它出现也不会等很久。因为彭加勒已经很接近构成狭义相对论的那些东西了。”

爱因斯坦回答道：“是的，说得对……”

1904年，即爱因斯坦发表狭义相对论的前一年，法国数学家朱利斯·彭加勒(Jules Henri Poincaré，1854—1912)在圣路易国际艺术与科学大会上作的题为《数学物理学的原理》讲演中，已经相当明确地提出了“相对性原理”(principle of relativity)。在演讲中他指出：

相对性原理，(就是)根据这一原理，不管是对于一个固定不动的观察者还是对于一个均匀平移着的观察者来说,各种物理现象的规律应该是相同的;因此,我们既没有,也不可能有任何方法来判断我们是否处在匀速运动之中。

▲ 法国大数学家彭加勒。他在物理学中也有十分重大的贡献。

在物理思想发展史上,涵盖"各种物理现象的"相对性原理,是彭加勒在这次会议演讲中首次明确提出的。如果只涉及力学现象的相对性原理,那伽利略早就已经提出。

谈到相对性原理的思想,那彭加勒早在九年以前就在一篇文章中论述过:"要证明物质的绝对运动,或者更确切地讲,要证明可称量物质相对于以太的运动是不可能的。"1900 年在巴黎举行的一次物理学会议上,他再次指出:"除物体的相对位移以外,我们还会通过更严密的方法观察到什么其他的东西。"

不仅如此,彭加勒在 1898 年发表的论文《时间之测量》中,还提出了假设光速对所有观察者都是常数的意见。他指出:光速不变并在所有方向上均相同"是一种公设,没有这一公设,就无法测量光速。"

我们在学习相对论时已经知道,爱因斯坦的相对论是以两条基本原理为基础的,即:1. 相对性原理;2. 光速不变原理。可见,在 1900 年以前,彭加勒就已经具备了建立相对论的基础。即使是狭义相对论最难为人们接受的"同时性的相对性"(Relativity of simultaneity),彭加勒在 1898 年那篇文章中也阐述过:

“绝对时间是没有的，所谓两个历时相等，只是一种本身毫无意义的断语。不但我们没有两个相等的时间直觉，并且我们对于两地所发生的两事件的同时性也没有直觉。”

最令人吃惊的是，他还清楚地认识到，需要一个全新的力学去代替牛顿力学的理论。在1904年圣路易斯会议上他说：“也许，我们应该建立一个全新的力学，在这个力学中，惯性将随着速度而增大，因而光速将变成不可逾越的极限。不过，我们目前只窥见这个力学的一斑。”

彭加勒已经走到相对论的门口，只需再迈出一步越过门槛，他就会成就物理学中的伟业！可惜由于下面我们将要分析的原因，彭加勒只是对他设想中的“新的力学”窥见一角，而未能深刻理解其中的物理意义，更没有将其付诸实现。

▲ 德国大数学家高斯，他被称为“数学王子”。

彭加勒主要是一位数学家。这位堪与“数学王子”高斯（Johann Carl Friedrich Gauss，1777—1855）相媲美的大数学家，1854年4月29日出生在法国东北部的一个城市南希（Nancy）。他的父亲莱昂·彭加勒（Leon Poincaré，1828—1892）是一位第一流的生理学家兼医生，还是南希医科大学的教授。彭加勒有一个堂弟叫雷蒙·彭加勒（Raymond Poincaré，1860—1934），曾于1913—1920荣任法兰西第三共和国的总统。这两个在法国都很有名气的彭加勒，曾经闹过一个很有意思的笑话。第一次世界大战时，英国的一些军官问他们国家的大哲学家罗素：“谁是当代法国最伟大的人？”罗素迅即回答：“彭加勒!”英国军官以为罗素指的是当时任法国总统的那个彭加勒，都欢叫起来。罗素十分奇怪，问他们欢呼的原因。当罗素知道他们是为法国总统而欢呼时，便纠正道：“我指的不是雷蒙·彭加勒，而是他的堂兄——数学家朱利斯·彭加勒!”

彭加勒的童年是十分不幸的，疾病一次又一次侵害他，使他遭到巨大痛苦。幼年时期，他运动神经的共济官能就不够协调，5 岁时白喉病又把他折磨了 9 个月，最后落个喉头麻痹的后遗症。由于疾病折磨，他不但视力极差，而且连手指也不大听使唤。在学校上课时，既看不见老师在黑板上的板书，又不能记笔记。但由于彭加勒生性聪慧，意志又极坚强，他在学校学习期间，功课总是好得令人吃惊，无论是老师还是同学，常常纳闷："他究竟是怎样完成这些困难的作业的呢？"

1873 年，彭加勒进入高等工业学校学习，1879 年 8 月，他获得数学博士学位。1881 年，彭加勒到巴黎大学任教。1884 年，他因发表有关自守函数（automorphic function）的五篇论文，使刚到 30 岁的彭加勒一下子闻名世界。1887 年，彭加勒被选入巴黎科学院，对于 33 岁的学者来说，这实在是法国少见的事情。

彭加勒涉猎极广，不但在数学、天文、物理这些自然科学上贡献极大，而且他在文字上的造诣在科学家中也是极为罕见的。他曾被认为是法国的散文大师，还被法国文学研究院纳为会员。在科学哲学上，他的贡献是我国读者比较熟悉的，他的三本科学哲学著作《科学与假设》（1902 年）、《科学的价值》（1905 年）和《科学与方法》（1908 年）在全世界流行极广，都有中文译本。

▲ 彭加勒著作《科学的价值》中译文封面。

由于这位卓越科学家通晓物理学的历史和现状，而且又有哲学头脑，所以他能比一般物理学家更早地预见到物理学的革命即将到来，而且他还积极投身到这一革命之中。尽管他的一些哲学观点值得商榷，但总的来说，他对相对论和量子论的建立起了重要的作用。作为经典物理最后一代

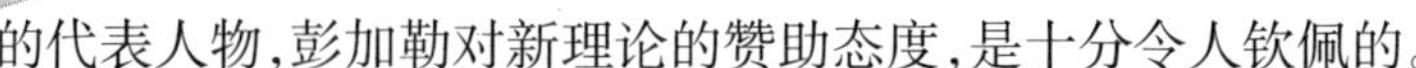

的代表人物，彭加勒对新理论的赞助态度，是十分令人钦佩的。

1911 年 10 月 30 日到 11 月 3 日，在比利时的布鲁塞尔举行了第一次索尔维会议（Solvay Conference）。这次会议是由比利时工业化学家恩斯特·索尔维（Ernest Solvay，1838—1922）资助召开的，会议的目的是把欧洲大陆和英国第一流的物理学家聚会在一起，共同讨论由于量子论的提出而引起物理理论的危机。彭加勒在这次会议上深受年轻一代物理学家的激赏，并且发表了一些很好的意见，同时还提醒与会者注意一些基本问题。与会者对彭加勒不仅有深刻印象，而且对他评价亦相当高。洛伦兹回忆说：

"人们钦佩在研讨那些对他来说是全新的物理学问题时，他照样侃侃而谈。"

普朗克在谈到人们对他提出的量子假设的态度时说：

> 老一辈人都将倾向于不理睬这一假设，热心人将毫无批判地欢迎它，怀疑论者将寻求否定它的根据，多产的人将检验它并使它富有成果。在一篇论述量子论的意义深远的论文中，彭加勒证明自己是富有青春活力的、有批判力的和多产的。

我们知道，早期量子论的中心问题之一就是能量是不是不连续的？甚至连提出量子概念的普朗克都十分犹豫，在 1911 年索尔维会议上表现出想退回经典物理的倾向，而把自己一生大部分工作都贡献给经典物理的彭加勒，却坚持认为能量不连续的概念注定要清除经典物理学的偏见，量子论将被证明"是自牛顿以来自然哲学所经历的最伟大、最深远的革命"，为此，他呼吁必须拯救量子假设。

在 1911 年以前，量子理论还几乎是德国物理学家所专有，其他国家大多不了解或者怀疑这一新的理论，尤其是英国物理学家，大多持十分冷淡的态度。当声名卓著的彭加勒转而支持量子论后，人们对量子论的兴趣才急剧增长。原来激烈反对量子论的英国著名物理学家詹姆斯·金斯（James Jeans，1877—1946），受彭加勒的影响迅速转变了立场，积极支持量子论。英国著名的量子物理学者 C. G. 达尔文（Charles Galton Darwin，1887—1962）在谈及彭加勒对他的科学研究的影响时,曾满怀深情地说:“他必须被看作是起主宰作用的天才人物——或者我要说,他是我的守护神!”

▲ 第一届索尔维会议。坐者左 3 为索尔维,左 4 为洛伦兹,右 1 为彭加勒,右 2 为居里夫人;站立者右 2 为爱因斯坦,右 4 为卢瑟福,左 2 普朗克。这时爱因斯坦还不是最重要的物理学家。

由以上简单的回顾可以看出,彭加勒对 20 世纪初创立的新理论之一——量子论,给予了热情满怀的支持。但非常令人奇怪的是,对另一个新理论,即爱因斯坦提出的相对论,彭加勒却长期保持缄默。彭加勒有极高的德语水平,他不可能没有看到爱因斯坦的论文。那么,这到底出于一种什么原因呢?

彭加勒是一位闻名世界的数学家,他曾经全面地研究过洛伦兹的力学理论,认为洛伦兹的理论虽然有缺陷(特殊假设太多,失去了理论的简洁美),但仍不失为当时最好的理论。他对洛伦兹理论充满了信心,还从数学上改造了洛伦兹理论,并由此获得了爱因斯坦相对论中所有主要的数学方程式。所以,在某些方面他不仅超过了爱因斯坦的工作,甚至还超过了 1908 年数学家闵可夫斯基(Hermann Minkowski,1864—1909)的工作。所以,彭加勒很可能认为,相对论只不过是他和洛伦兹已经完成了的理论中的一个小小部分,不值一提。但也有另一种可能,那就是彭加勒并不认为相对论是一种好的理论。

不论那一种原因,从彭加勒长期对相对论保持缄默本身,就反映出他一

直到去世都没有彻底理解相对论里有关时空的深邃思想。

在爱因斯坦的相对论里，相对性原理和光速不变原理，并不是某种从理论推导出来的东西，而是整个相对论理论的公理基础。而在彭加勒那里，相对性原理被解释为“数学家们今天不得不竭尽全力去追求的东西”，只是一个“事实”。而一个经验定律在任何时候只需一个反例即可被否定。正因为如此，所以当德国物理学家考夫曼（Walter Kauffmann，1871—1947）在1906年宣布，他的高速电子荷质比测定的实验的结果，“与洛伦兹—爱因斯坦的基本假设并不相符”时，彭加勒立即怀疑相对性原理的价值，认为“它似乎表明相对性原理并不具有诱使我们给予它的精确无误的价值”。

对于光速不变原理，彭加勒的认识与爱因斯坦也有原则的区别。彭加勒并没有把光在真空中的速度看成是一个普适常数，光速不变只是相对于他无法舍弃的参照系，即静止以太参照系而言，才是不变的。而且，光速的这种不变性，是由于洛伦兹收缩而引起的一种“表观上”的不变。

正由于以上时空上基本观点的不一致，所以尽管彭加勒在1900年以前就已经完全具有建立相对论的所有条件，却一直未能上升到相对论的高度。甚至到他去世前不久，他还没有承认他所猜想的“新的力学”已经被爱因斯坦建立起来了。他在给爱因斯坦写的推荐信中写道：

▲ 年轻时的爱因斯坦。

爱因斯坦先生是我曾经认识的最富创见的思想家之一。他虽然年轻，却已经在当代第一流科学家中间居有最崇高的地位。我们应当特别赞赏他的是他善于适应新的概念，并知道如何从这些概念引出各种结论的灵巧。他不受古典原理的束缚，而且每当物理学中出现了问题，他很快就想象出它的各种可能性。这一点使得他在思想中立即能预言一些日后可由实验证实的新现象。我的意思并不是说，所有这些预言都会满足实验的检验，如果有可能做这些检验的话。相反的，既然他是在各方面进行探索，我们就应当想到他所走的道路之中大多数是死胡同……

如果彭加勒能像很多长寿的物理学家那样活到80岁，他就会发现，他在推荐书中所说的爱因斯坦的“这些预言”先后都被实验证实，而爱因斯坦“所走的道路”，几乎都是通向新物理学的光明大道。年轻时代的爱因斯坦简直是所向披靡。

可惜，彭加勒只活到58岁就因病在动手术时不幸去世了。

15 布伦德洛的N射线事件

傻子自以为聪明，但聪明人知道他自己是个傻子。

——莎士比亚

▲ 发现γ射线的法国物理学家维拉德

1895年，德国物理学家伦琴发现了X射线，接着，英国物理学家卢瑟福于1897年发现了α射线和β射线，1900年法国的维拉德（Paul Ulrich Villard，1860—1934）又发现了穿透性更强的γ射线。这个时期，真是激动人心而又令人眼花缭乱的时期，物理学几乎是每天都有进步，时刻都有人把以前那些恍惚不定的真相更明

朗地显示出来。

1. N 射线的发现

在γ射线被发现三年之后，即 1903 年，法国科学院院士，南锡大学教授 R. 布伦德洛（Prosper-René Blondlot，1849—1930），在法国科学院的年刊上公布了他的又一激动人心的发现——“N 射线”（N rays）。接着，至少有 14 位法国科学家声称，他们也观察到了“N 射线’。于是“N 射线”一时成了科学界最热门的研究课题，甚至为发现的优先权引起了激烈的争论。

1904 年，法国科学院授予布伦德洛荣誉级别极高的拉兰德奖（Lalande Prize），其中包括 5 万法朗的奖金。虽然科学院比较慎重，在 3 页纸的奖状上只在末尾提了一下“N 射线”的发现，但总的来说是对布伦德洛的“N 射线”表示肯定，并鼓励他继续研究下去。

由于科学院的这种鼓励，“N 射线”的研究就更加活跃了。1903 年上半年，在法国科学院的院刊上发表了四篇有关N射线的研究报导，到 1904 年的上半年，就突然爆炸式地上升到 54 篇。而与此同时，关于 X 射线的报导却只有 3 篇。接着，N 射线的报导又突然急剧告终。一场灾难降临到布伦德洛院士头上，法国科学院也为此狼狈不堪。原来，N 射线被证明完全是一种虚假的现象。

▲ 布伦德洛曾经是一位著名的法国科学家，但是因为 N 射线事件而名声扫地。

这到底是怎么一回事呢？难道布伦德洛是一个江湖骗子？布伦德洛院士决不是一个骗子，实际上他曾经是法国很杰出的一位物理学家。

1849 年，R. 布伦德洛诞生在一个知识分子家庭里。他的父亲 N. 布伦德洛是法国著名的生理学家和化学家。布伦德洛本人则是一位在电磁理论与实验方面有很深的造诣，他曾经因为用实验验证麦克斯韦的理论，获得过三次法国科学院颁布的重要的奖项。

1875年，苏格兰物理学家约翰·克尔(John Kerr,1824—1907)发现在一定强度的电场中，玻璃以及其他某些介质可以产生双折射(double refraction)。布伦德洛进一步研究了克尔的这一发现，并得出了一个定量的结果。他是一位实验技巧十分高超的物理学家，1891年他设计了一种与迅速旋转镜相似的技术，测得电磁辐射传播的速度为297600 km / s；后来他又确定X射线传播速度与光速一样，从而认为X射线应该是电磁辐射的一种。为了进一步证实这一结论，布伦德洛又设计了一个巧妙的实验，试图用电磁波的偏振(polarization)来证实X射线是一种电磁辐射。

如果X射线是电磁波，它就必然有偏振(电磁波是横波)，这种偏振可以用下述方法检测：在X射线传播的途径上，安置由两根削尖的金属丝做成的可以跳火花的检测器。调置检测器的方位，如果X射线是电磁波，它必有某一确定的偏振方向，那么当检测器的方位与偏振方向吻合时，跳动的电火花的强度将会明显增强。结果，实验证实了布伦德洛的推测，火花亮度确实在某一特定方向上有明显增强。这使布伦德洛十分兴奋。

在这次实验中出现了一件令人布伦德洛感到十分奇怪的现象：当X射线通过电火花缝隙后，再让它通过一个石英棱镜时，某些射线发生了折射。由于当时人们认为X射线通过石英棱镜不会发生折射，因而布伦德洛对这一现象甚为惊讶。惊讶之余他在概念上作了一个"灾难性的飞跃"：这种发生折射的射线既然不可能是X射线，那一定是某种尚不为人所知的"新射线"。他把这种"新射线"命名为"N射线"，以纪念他供职的南锡大学(University of Nancy)。

布伦德洛并非物理新手，他深知要使N射线被物理学界公认，还需要排除许多偶然和人为的因素，所以在"发现"N射线以后，他立即对实验设备作了进一步改进，其中包括照相设备和使用低强度气体火焰(a low-intensity gas flame)作为检测器等等。利用新的设备，布隆德洛不仅进一步"证实"了新射线的存在，而且还对N射线的性能和辐射源作了广泛的研究。1903年初，他

开始将自己的研究结果连续发表在法国科学院院刊上。

后来由于法国科学院的鼓励和支持，研究N射线的人越来越多，不仅有许多物理学家参加研究，而且还有许多生理学家和心理学家也加入了研究的行列。很多科学家，其中不少是知名科学家都证实“N射线”是存在的。其中有让·贝克勒尔(Jean Becquerel，1878—1953，发现放射性的贝克勒尔的儿子)和受人尊敬的医学物理教授卡奥古斯丁·卡彭蒂尔（Augustin Charpentier，1852—1916)。

这种大规模的研究一开始，“N射线”各种惊人的性质迅即为人们先后“发现”。人们“发现”，几乎所有可被“N射线”穿透的物质，都不透可见光，如木头、纸、薄铁板，云母等等；但水和盐能阻挡这种射线。

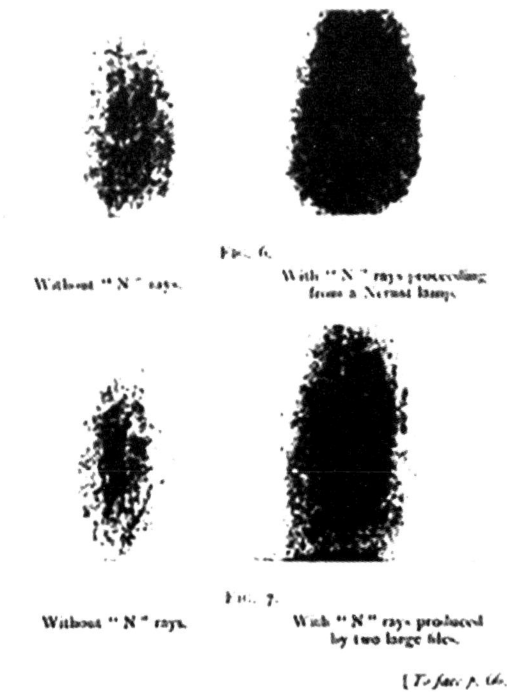

▲ 布伦德洛在N射线实验中得到的照片。左边是没有N射线时火焰的照片，右边是有N射线的照片，右边亮度的显然大得多。这就是他关于N射线存在的证据之一。

不久,对“N射线源”的研究又有了很大的进展,除了阴极射线管外,还有不少物体可以作为“N射线源”。一种名为威尔斯巴赫的煤气灯被证明是一种丰富的“N射线源”,还有一种名叫能斯特灯(Nernst burners)的白炽电灯也可作为“N射线源”。更令人惊奇的是布伦德洛还发现了太阳是一个天然的“N射线源”。

生理学家不甘落后,也展开了紧张的研究工作。其挂帅人物是南锡大学医学院生物物理学教授卡彭蒂尔。在1904年5月的一个月里,他发表了7篇关于N射线的文章。他发现人体的神经和肌肉可以发出特别强的N射线,他甚至测出尸体发出的N射线。他还发现N射线可以提高人的视觉、嗅觉和听觉的敏感性,不久又发现生物发出的这种射线与N射线有些不同,于是他称它为“生理射线”(physiological rays),并声称实验已“证实”这种射线与N射线均可沿导线传播。

面对如此丰富多彩的发现,卡彭蒂尔信心十足地宣称:N射线作为一种有效的人体探测手段,将迅速应用于医学临床。除了卡彭蒂尔,还有许多科学家作出了生理上N射线的“重大发现”。索尔本大学一位物理学家发现,N射线是从人脑部控制语言的“白洛嘉氏区”①发出的;一个名叫兰伯特的科学家发现,从人体分出的酶也能发出N射线……

当时,有一位名斯特瑞德林(G. F. Stradling)的人用了59页的篇幅,才简要列举和综述了三年时间内所作的有关N射线的发现。有趣的是,像其他一些重大发现一样,N射线发现的优先权之争也随着研究的取得“进展”而激烈展开。

在布伦洛德宣布N射线发现不久,一位名叫古斯塔夫·勒·朗的物理学家立即宣称,他在7年前就早已发现N射线,到1903年底,一位叫P.奥多勒

---

① 1861年,法国医生保罗·白洛嘉(Paul Broca,1824—1880)向同行们介绍了一个鸡蛋大的部位发生病变,病人无法讲活,但似乎仍能理解别人对他说的话。白洛嘉得出结论说,这名患者的大脑病变部位正是大脑中的清晰语言区。这个区域后来被人们命名为“白洛嘉脑回”。

特的人向科学院申诉，说他比卡彭蒂尔先发现人体发射N射线。更有讽刺意味的是，一位名叫卡尔·胡特尔的唯灵论者，也提出了同样的要求。

2. 伍德来到南锡

正当法国国内为“N射线”以及为优先权闹得不可开交的时候，在国外却产生了普遍的怀疑。因为，一个真正的发现，例如X射线、电磁波等，是可以在任何国家的实验室重复产生的。但“N射线”却不能满足这一起码的要求。英国的开尔文勋爵，威廉·克鲁克斯(William Crookes，1832—1919)，还有德国杰出的实验物理学家卢梅尔(Otto Lummer，1860—1925)、鲁本斯(Heinrich Rubens，1865—1922)都对“N射线”极感兴趣，但他们按照布伦德洛的方法安排实验，却无论怎样努力，也得不到一点“N射线”的影子！美国霍普金斯大学物理系教授罗伯特·伍德(Robert Williams Wood，1868—1955)是一位闻名世界的光学和光谱学专家，他听说布伦德洛发现了N射线，十分兴奋，便立即实验想重现N射线，但也失败了。这使国外科学家们感到迷惑不解。正如伍德所说，法国“似乎有存在着出现这种最难以捉摸的辐射形成所必需的、显然是特别的条件。”在法国国内也有持不同看法的人，例如著名物理学家朗之万（Paul Langevin，1872—1946）。

▲ 美国物理学家罗伯特·伍德，他不仅是一位优秀的实验物理学家，还是一位喜欢恶作剧的人物。

国外科学家决定去法国看一看，到底是怎么回事。大家都推举伍德去，伍德亦欣然允诺。伍德是一位非常有趣的物理学家，让他担当这一任务，可说是再合适也没有了。为什么呢？让我们先简略介绍一下他的情况吧。

伍德是美国哈佛大学的毕业生。他早期的工作就显露出他具有超群的实验才华。他擅长用最简单的方法揭示隐秘的现象。他一生主要的贡献是在物理光学领域里，尤其是光谱学，他的实验结果对原子物理学的进展，起了重大作用。1905年出版了他的《物理光学》，这本书后来成为一本权威性教材。伍德具有一种不可遏止的好奇心，这使他进入了许多科学和技术的领域，如声波摄影、超声波辐射特性、彩色摄影、高精度衍射光栅的制作、荧光、科学的犯罪侦查等等。除了在学术上他适合担当此任以外，他还有一个喜欢恶作剧和捉弄人的习惯，这可是一般人不具备的条件！有一次，一个巫师说他能够同已经去世的英国物理学家瑞利勋爵保持联系。伍德为了揭露骗局，就编了一些电磁学的难题请这位巫师去向死了的瑞利请教，结果巫师大丢其丑！伍德的这些特点，在考察N射线是否真实一事上，起了重要作用。

伍德来到了法国南锡大学，布伦德洛非常友好而热诚地接待了他，并立即为他做了一系列的实验以显示"N射线"的存在和各种性能。

伍德是一位极高明的物理实验学者，当布伦德洛为他做完第一个实验后，伍德立即就觉察出他的法国同行极可能误入歧途，因为布伦德洛"竟用极不可靠的眼睛来判断光的强弱，以辨别"N射线"的存在与否。我们这儿将第一个实验的情况大致讲讲。

布伦德洛将能斯特灯发射的"N射线"作射线源，用一个棱镜将"N射线"集聚并射到一个电火花间隙做成的检测器上。当"N射线"射到正在闪火花的间隙上时，强度应该增加。如果观察者把手放到射线源和火花之间时，由于"N射线"受到阻拦，火花亮度将减弱。也就是说凭人眼观察火花亮度的强弱，以判别"N射线"的存在。

但遗憾的是，伍德怎么样睁大眼睛凝视着火花，仍然看不出火花亮度的变化。当伍德把自己观察的结果告诉主人时，主人说这是由于伍德眼睛的灵敏度太差！伍德当然十分生气，一气之下他开始捉弄主人了。伍德说，既然我的眼睛不够灵敏，就请你们说出我把手指伸进射线路径的正确时刻吧，结果，主人们一次也没猜对。伍能像逗小孩子一样，故意把手放在射线路径上不动，然后问主人们，他们一会儿说亮了，一会儿又说暗了；而当伍德移动手

的时候，他们所说的亮度起伏，又同手的进出运动毫无关系。

伍德在下面几个实验里，也同样用恶作剧的方法，证明“N 射线”实际上根本不存在，它只不过是实验者相信实验是正确的一种愿望所导致的一种幻觉罢了。回到英国后，伍德在英国《自然》杂志上报道了他的考察，并彻底否定了布伦德洛的“新发现”。在法国之外对“N 射线”的研究就到此结束。

但是在法国国内，布伦德洛和支持“N 射线”的人并不善罢甘休，他们还为“N 射线”起劲地辩护了一阵子。伍德访问后，布伦德洛还极力争辩说：

“承蒙几位杰出的科学家盛情光临我的实验室，亲眼看了（照相检测实验）。在完成的 40 个实验中，只有一个失败了。”他甚至还宣布了一个观察“N 射线”的指南；观察时不能紧张，不能有意识地盯着光源，不能抽烟，甚至观察者应该具备印象派画家观察风景的方式来观看火花，等等，说穿了，观察“N射线”的本领不那么容易学到，有的人可能永远没有眼福饱览“N 射线”。

到 1905 年，“N射线”的争论已经不属于科学争论范围，而属于感情用事、蛮不讲理了。法国的一些“N 射线”拥护者竟然说只有拉丁人种才有这种观察的灵敏性，而非拉丁人则可能不具备这种灵敏性。盎格鲁撒克逊人由于长期生话在浓雾中，丧失了这种能力，而条顿人则因为啤酒喝多了，灵敏性大大降低。

总之，法国科学界已经被弄得狼狈不堪，某些科学家因为沙文主义已经失去了科学的判断能力。但大多数法国科学家还是十分明智的，迅速以批判的眼光来看待“N 射线”这一“新发现”了。法国《科学评论》杂志编辑部根据大多数法国物理学家的意见，提议让布伦德洛做一个实验，以判定 N 射线的真实性。实验是这样的，交给布伦德洛两个大小一样的小木盒，一个盒内装一块回火钢片（即所谓的 N 射线源），另一个盒内则装一块重量相同的铅块（非 N 射线源），盒子封好后人们将无法区分达两个盒子。然后要求布伦德洛用他的“可靠的”实验来确定哪个盒子是发射 N 射线的源。

布伦德洛不敢应战。编辑部最后作了结论，所谓 N 射线的肯定性实验结论，只不过是一种自我暗示的幻想作用而已。最终，布伦德洛撤回了自己原先的发现N射线的声明。但是布伦德洛到1919年还声称：

“我从未对我命名的N射线……有丝毫的怀疑，并且我还将尽我的一切力量证明它们将被我从未停止的无数观察所确证。”

但几乎已经没有人相信他的话。也许只有心理学家对他的话感兴趣：这毕竟是科学创造心理学一个不可多得的典型例证。

3. 几点分析

轰动一时的N射线事件早已被人们遗忘，也许现在连知道这件事的人都很少。但也有几位物理学家和科学史家对这事颇感兴趣。他们访问了所剩无几的几位知情人，翻阅积满灰尘的档案，希望能挖掘出隐藏在这一事件背后更深一层的启示。美国作者W. 布劳德和N. 韦德在《背叛真理的人们——科学界的弄虚作假》一书中谈到N射线事件时，尖锐地指出：

> 整个领域的科学家居然都被非理性的因素引入了歧途，这是一种值得深思的现象。用“病理的问题”作搪塞，无异是胡乱贴标签。实际上，N射线事件极为突出地暴露出科研过程中广泛存在的几个问题。

▲《背叛真理的人们——科学界的弄虚作假》一书的中译本封面。

那么，到底“广泛存在”一些什么问题呢？这当然是一个仁者见仁、智者见智的问题，各人看法很可能不会完全一致。本书作者试图提出两点分析，以此引起更多人的重视。

（1）科学创造心理学是一门很重要的学科

直到今天，还有为数不少的人仍然认为，科学研究要求的是准确的计算、精密的实验、无懈可击的逻辑论证和至高无上的客观性，与研究感觉、情绪、动机、气质等心理因素没有什么关联。这种看法实际上是历史留下来的一种偏见，而且正是由于这种偏见才使得有些作者认为，N射线事件只不过是一场地道的骗局，布伦德洛和卡彭蒂尔只不过是两位“超级科学骗子”而已。用这种观点来对待N射线事件固然痛快淋漓，慷慨激昂，但它是不科学的，它无法解释许多令人惶惑的现象。法国科学家罗斯丹(Jean Rostand)就曾指出：

> (N射线事件)最令人吃惊之处在于受骗人数之多，简直到了令人难以相信的地步。这些人当中，没有一个是假科学家和冒充内行的人，没有一个是梦想家或故弄玄虚的人；相反，他们熟知实验程序，头脑清醒，思维健全。他们后来作为教授、咨询专家、讲师所取得的成就就是明白无误的证明。

用骗局、学术骗子来对待这些人和N射线事件，显然有失偏颇；而且对科学史的研究也会带来不良的影响。相反，如果我们放弃这种偏颇的看法，而从心理学的角度来研究这一事件，它也许会给我们带来许多有益的启示。

布伦德洛是在五花八门的射线(如X射线、α射线、β射线、γ射线、阴极射线、阳极射线等等)不断被发现时，“发现”了N射线，并且迅速为众多科学家接受。这一事件在事后看起来似乎有点令人迷惑，但实际上它与一种心理定势和崇拜权威的心理现象有密切关系。

到1903年，科学界早已熟知了各种各样的射线，对于再出现一种新的射线，无论对布伦德洛还是对其他科学家来说，早就有了心理上的准备，已经是“见怪不怪”了。正如一位学者所说：

“如果这种射线先于X射线和放射性十年……那么它就没有其他射线作先例，因而布伦德洛几乎肯定会对他的发现作更严格的分析。”

造成N射线的另外一个不可忽视的心理因素，是一种似乎与科学毫不相关的情感，即民族自尊心。法国科学的兴盛期是1770年至1830年，到了19世纪初达到盛期以后就急转直下地走向衰落；而德国则由于1848年德国资产阶级革命和1871年的德国统一，科学日渐昌盛，并取代法国成为世界科学的中心。到20世纪初,德国科学达到了极盛期,法国科学的国际声望则继续下落。在这种情形下,在贝克勒尔和居里夫妇发现放射性之后,又发现了N射线,这着实让法国科学界兴奋得难以自已。在这种对于科学理智有害的情绪和感情的支配下,本来可以防止的错误发生了;本来可以做到的严格自我约束放松了。正如莎士比亚在《威尼斯商人》一剧中所说:

"理智可以制定法律来约束感情,可是热情激动起来,就会把冷酷的法令蔑弃不顾……"

情感如果不用冷峻的理智来约束,就往往会给科学研究带来失败和灾难。

个性,也是科学心理学应该深入研究的课题。布伦德洛带来的灾难,肯定与他的个性有关。如果说在N射线事件刚开始时,布伦德洛的错误还可以原谅的话,那么后来他仍然一味坚持自己是正确的,就无论如何也无法原谅了。1969年诺贝尔生理学及医学奖获得者、意大利生物学家卢里亚(Salvador Edward Luria,1912—1991)曾尖锐指出:

▲ 意大利生物学家鲁里亚

> 在科学界,正像人类其他活动一样,个性和竞争一直存在着,甚至是决定性因素……在哥伦比亚读着像"丰富的机会"这种优美的叙事诗的学生们,需要多长时间才能了解科学史上大量的嫉妒和争斗呢?

(2)观察的可靠性问题

有一个小故事,它或许有助于我们了解N射线事件。

我们知道,卢瑟福是一位伟大的物理学家,他所领导的卡文迪许实验室对于实验结果,要求有非常严格的检验。卢瑟福经常强调,正确的实验结果必须能用多种方法重复出来。本世纪初,卢瑟福的实验室在作元素嬗变实验研究时，他们的结论与奥地利科学院院士梅耶（Stefan Meyer，1872—1949）领导的镭研究所得到的结论有重大的差异，这使卢瑟福十分吃惊。梅耶在放射性和核物理方面有许多重要贡献，而且是卢瑟福的好朋友。卢瑟福虽然对自己的研究结果充满信心，但毕竟梅耶也不是平庸之辈，于是卢瑟福请查德威克（James Chadwick，1891—1974）去梅耶实验室去考察一下，弄清差异产生的原因。考察的结果使查德威克大吃一惊，梅耶实验室竟然采用了一种极不可靠的观察方法，正是这种不可靠的观察方法导致梅耶的失误。

原来，梅耶实验室专门找一些斯拉夫姑娘来读粒子轰击元素后引起荧光屏上的闪烁数目，据说斯拉夫姑娘眼睛大，读数准确。这当然无可非议，即使斯拉夫姑娘眼睛不大也没有关系，但糟糕的是他们在向姑娘们交代任务时，先把预想的结果告诉了她们。而卡文迪许实验室在这方面的做法就明显不同，他们专们找那些不懂行的人来读数，并且事先绝不告诉他们结果“会怎么样”。后来，查德威克向梅耶建议，由他亲自用卡文迪许实验室的办法来安排姑娘们进行观察，他连放射源、屏幕等都不作交代，只让她们见闪亮就读数。结果，实验结果与卡文迪许实验室的结果一样。

那么，布伦德洛的实验助手对N射线事件起了什么样的作用，有没有什么影响呢？这是许多考察N射线事件的学者十分关心的事情。伍德认为，布伦德洛的助手“还没有足够的科学知识来制造这样一个骗局”，而且据考察N射线事件的一位学者皮瑞特（E. Pierret）的调查，布伦德洛“从未以欺骗的原因责备他以前的助手”。但是，有根据认为，由于以下两方面原因，布隆德洛的助手仍然对N射线事件的发展起了推波助澜的作用。

一是当时实验物理学家们多有梅耶实验室的不良习惯，在布置助手们做实验时，常常作过多的指示，有意无意地道出“实验结果出现什么结果最理想”……等带有“启发性”的暗示。这种暗示，肯定会使助手们“观察”到超出实验所能提供的一些“结果”，正如梅耶实验室的斯拉夫姑娘所作的一样。皮瑞特在考察中明确指出，“布伦德洛也有这种习惯”。这样，布伦德洛的助手肯定布隆德洛提供了一些失真而又被作为真的信息。

另一原因多少带有一点猜测了。皮瑞特指出,在N射线“发现”以前,布伦德洛曾两次获得奖金,他的助手因实验的成功也获得了奖金的一部分。那么,期望N射线实验成功以获得更多的奖金,很可能影响了助手的观测。著名教授的“暗示”,再加上名利的追求,的确会很容易使观测者有一种“偏爱”某些数据的心理。这并不是什么罕见的现象,问题是科学家应该了解这一情况,并采取有效措施防止这种偏向带来的虚假结果。也许布伦德洛正是在这上面出了问题。

美国物理学史研究中心的威尔特(S. Weart)在对各国为物理学提供基金倾向进行考察时,在法国发现一份没人注意却十分有趣的文件。这份文件是布伦德洛在宣布N射线被发现后两周写的一封推荐信,目的是想提高助手的薪金和地位。信是这样写的:

“……如果我能完成(我的工作),那应该感谢一个非常有献身精神的合作者的得力帮助,他就是我们实验室的技师菲尔兹先生(Mr. L. Virtz)。他不仅制造了所有的设备,而且对于它的安装也提出了不只一个聪明主意;另外,他重复了我所有的实验和测量,以及一个精密研究中不可缺少的控制过程。”

如果说勒杰曼在他的文章中只是暗示“布伦德洛的助手或许扮演了一个对N射线过分热心的促进者的角色”,那么,在引述了上面的推荐信后,威尔特就有理由叹息说:

“布伦德洛过分信赖一个依赖他的人的科学辨别力了。”

总的看来,布伦德洛犯下了严重的错误这是无可否认的,他犯错误的原因也是多方面的。在他之后,这些产生错误的原因还一再使其他科学家犯下了许多同样的错误。

英国著名侦探小说家阿加莎·克里斯蒂在《死亡草》一书里有一句话:

“心理学和想象力是作家的专利……”

这句话恐怕不很准确。我们分析布伦德洛失败的事件,就可以非常明显地看出,这儿心理学和想像力可以说也发挥得淋漓尽致!

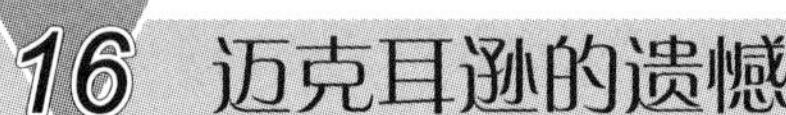

16 迈克耳逊的遗憾

我尊敬的迈克耳逊博士，您开始工作时，我还是一个小孩子，只有一米高。正是您，将物理学家引向新的道路。通过您的精湛的实验工作，铺平了相对论发展的道路。您揭示了光以太理论的隐患，激发了洛伦兹和菲兹杰诺的思想，狭义相对论正是由此发展而来。没有您的工作，这个理论今天顶多也只是一个有趣的猜想，您的验证使之得到了最初的实际基础。

——爱因斯坦

美国物理学家阿尔伯特·迈克耳逊(Albert Abraham Michelson，1852—1931，1907 年获得诺贝尔物理学奖)是物理学史上最有天才的实验物理学家之一，爱因斯坦对他一直非常崇敬。1931 年，正是迈克耳逊去世的那一年，爱因斯坦有机会访问美国，终于见到了他崇敬已久的前辈。本节开始的引言，就是在那一次，也是他们仅有的一次会见时爱因斯坦说的话。话中充分表露了爱因斯坦对这位物理界前辈的尊敬。但终生怀疑相对论、喜爱以太的迈克耳逊却对爱因斯坦说，他的实验竟然对相对论这样一个"怪物"的诞生起了作用，他对此甚至感到有些遗憾。

▲ 美国物理学家迈克耳逊(左 1)，与爱因斯坦见面时与密立根(右 1)合影。

读者也许会感到奇怪，79 岁的迈克耳逊是不是老糊涂了？早在 20 世纪 20 年代，相对论就已获得了极高的声誉，被绝大部分物理学家接受了，而对相对论的发展做出重大贡献的迈克耳逊，却为自己的贡献感到遗憾，这到底是怎么回事呀？要想弄清这件事的来龙去脉，我们还得从头说起。

19 世纪中期，欧洲由于经济危机和政治上的动乱，许多欧洲人向美国逃亡。只有两岁的迈克耳逊也于 1854 年随双亲离开了他的诞生之地——普鲁士的斯特哲罗（Strzelno，现属波兰），漂泊到了美国纽约，最后来到旧金山。迈克耳逊读中学时，寄宿在一位中学校长布雷德莱的家中。由于布雷德莱的引导，迈克耳逊对科学发生了兴趣，他的优异的数学成绩常使老师和亲人感到吃惊。当迈克耳逊 17 岁时，他的双亲开始考虑他今后谋生的职业。他的母亲是德国一位生理学家的女儿，希望他学习医学；但他父亲则认为到美国海军军官学校学习更适合他的志向和才干。在布雷德莱的帮助下，他在 1869 年参加了海军军官学校的选拔考试。但迈克耳逊没有被录取，另外一个与他考试成绩不相上下的学生被录取了。迈克耳逊在一位众议院议员的帮助下，决心去找总统申诉。虽然旅途既遥远又艰苦，而且，总统会不会接见或接见了能不能帮助解决他的入学问题，都是无法预先知道的。但从小在艰苦生活中磨炼惯了的迈克耳逊认为，这件事是值得一干的。他长途跋涉来到了华盛顿后，格兰特总统（Ulysses S. Grant，1822—1885）接见了他。在总统的帮助下，他终于到海军军官学校报了到。后来当迈克耳逊成为世界闻名的物理学家以后，他常常得意地说，他的整个科学事业就是从这桩“违法行为”开始的。

▲ 迈克耳逊穿美国海军军官服的照片

1873 年毕业后不久，迈克耳逊被任命留校任物理教师。这时，他对于在地面上测量光速产生了强烈兴趣。他曾说：

光速的数值大大超越了人们的想像力，而且我们可以用极精确的方法将它测量出来，因此测量光速是一件十分吸引人的工作。

1877年的11月，他想用一个旋转镜改进付科测定光速的方法，但迈克耳逊没有钱购置必要的设备。幸好，他的岳父是一位富商，而且对迈克耳逊的实验很感兴趣，就赠送给迈克耳逊两千美元。有了这笔不小的赠款，迈克耳逊才顺利地在1878年7月利用他改进的方法，在人类史上第四次在地面上精确地测出了光速。当时迈克耳逊估计，他测量的精确度已达到10^{-4}。

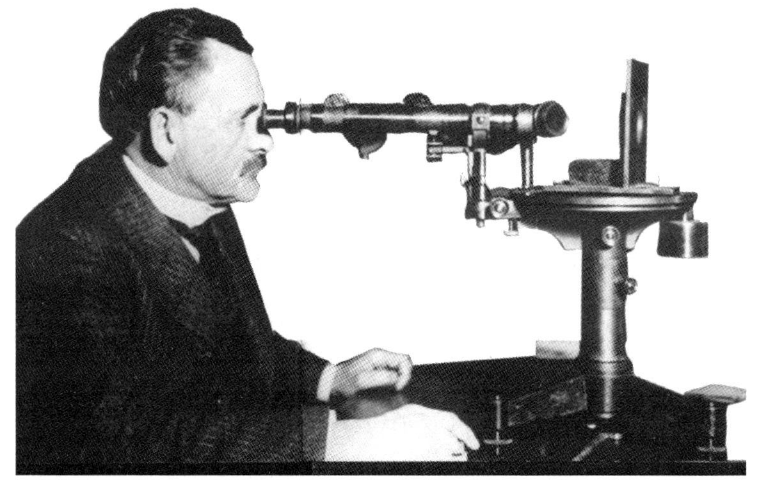

▲ 迈克耳逊在做光学方面的实验。

迈克耳逊的精密的实验，立即引起了科学界广泛的注意，连他父亲所居住的弗吉尼亚市的地方报纸也刊登了这一了不起的成功。报上写道："本市布商S. 迈克耳逊儿子海军少尉A. A. 迈克耳逊由于在测定光速方面有惊人的发现，引起了全国的注意。"

当时任美国航海历书局局长的西蒙·纽科姆（Simon Newcomb，1835—1909）对迈克耳逊的工作产生了兴趣，因为纽科姆当时也正在测定光速。于是纽科姆就设法把迈克耳逊调到了航海历书局（Nautical Almanac Office）工作。正是在航海历书局的工作，对迈克耳逊的一生起了重大作用。这不仅只是指在纽科姆的帮助下，迈克耳逊能到世界最先进的实验室学习，而更重要的是他在历书局看到了麦克斯韦 1879 年 3 月 14 日写给美国历书局美国天文学家戴维·托德（David Peck Todd, 1855—1939）的一封信。在这封信里，麦克斯韦询问当地球运行在不同轨道的部位时，能不能通过观测木星的卫蚀来精确确定地球的绝对运动。在信的末尾，有一段话引起了迈克耳逊的特殊兴趣。这段话是这样写的：

▲ 美国航海历书局局长、数学家西蒙·纽科姆

> 地面上一切测量光速的方法，都是使光沿同样的路径返回，因此测不出地球相对于以太的速度。但是，只有地球速度与光速之比的平方，才会影响往返的时间，但这是一个极小的量，无法观测出来。

麦克斯韦的这段话，对当时年方 27 岁的迈克耳逊，无疑是一个挑战。气血方刚的迈克耳逊决心要测出麦克斯韦认为"无法观测出来"的二级效应，即与$(\frac{v}{c})^2$有关的效应，以确定以太的漂移速度。

什么是"以太的漂移速度"呢？我们在这里简略介绍一下。18 世纪以后，人们逐渐发现了光的波动性质。到 19 世纪后，光的波动说已经取代了牛顿的光的微粒说。当时人们认为，光既然是波，当然得有某种介质来传播它，但人们又知道光可以在真空中传播，那么到底是什么样的一种介质来传播光呢？为了解决这个难题，物理学家们引入了"以太"这个概念，并根据当时所知道的事实，赋予了以太一些彼此矛盾的性质，例如它充满宇宙所有的空间，包括物体的内部；它极其稀薄但又有很大刚性；它还是绝对静止的。到麦克斯韦的电磁理论证明光是一种电磁波以后，以太的存在并没有因此被否定，只不过将电磁以太的模型代替了机械以太的模型。但奇怪的是，这个如此不可缺少的以太从它诞生之日起，虽然有不少高明的实验物理学家设计了许多实验想找到它，却一直找不到。其中有一个实验就是想测出地球相对以太的速度，即所谓“漂移速度”(drift velocity)。人们认为，既然以太是绝对静止的，而地球又以每秒30千米的速度绕太阳公转，那么以太就应该有一股“以太风”(aether wind)向地球刮来，正像在无风时乘高速运动的汽车，人们会感到空气急速向人扑来形成一股风一样。

看了麦克斯韦的信以后，迈克耳逊决心要向这个难题挑战，他坚信宇宙一定存在着这种以太。事实上，他终生都没有怀疑这一点。

1881年4月，当迈克耳逊带着妻子和一儿一女到欧洲学习时，在德国波茨坦天文观测站的地下室里，他用自己发明的干涉仪完成了第一次实验。但结果使迈克耳逊非常失望，因为实验结果表明根本不存在什么以太风。面对事实，迈克耳逊不得不承认：

“静止以太的假设被证明是不正确的，并且可以得到一个必然的结论：该假设是错误的。”

在1881年8月的美国《科学》杂志上，迈克耳逊以《地球与发光以太的相对运动》为题，公布了这一实验结果。

但由于当时科学界的巨擘如英国的开尔文勋爵、洛奇爵士(Oliver Joseph Lodge, 1851—1940)都不相信这个结论，加上洛伦兹等人指出迈克耳逊在计算中的错误和实验的误差，所以，无论是迈克耳逊本人还是其他人，都没有十分看重这次实验。迈克耳逊本人甚至认为实验失败了，以后也很少再提到这次实验，也没有接着再做这一实验，他的兴趣转到精密测定光速值上。

1884年秋天，英国著名物理学家开尔文和瑞利访问美国时，迈克耳逊就1881年的实验与他们作了详细交谈，开尔文和瑞利极力鼓励迈克耳逊继续作以太漂移实验。这两位以坚持经典的机械模型而闻名的物理学家，绝对不怀疑以太的存在。迈克耳逊受到鼓励后，又有了继续实验的勇气。

1887年7月，迈克耳逊和西保留地大学的莫雷教授（Edward Williams Morley, 1838—1923）一起重新做了实验。莫雷教授是一位非常擅长做实验的科学家，而且他有一个设备很好的实验室。这次，他们充满了信心，认为有极大的把握获得成功。他们将光走过的路程增加了十倍，而且为了减少转动的摩擦，他们把安装光学仪器的大石板浮在水银面上。

▲ 美国物理学家爱德华·莫雷

然而，经过 5 天的实验，结果仍然与 1881 年的实验结果一样，以太漂移的速度仍然测不到，想象中的“以太风”还是不存在。迈克耳逊和莫雷对实验结果非常失望，原来还打算在不同季节继续实验的想法，也就此取消了。

▲ 迈克耳逊和莫雷实验用的干涉仪，为了稳定起见，装在一个巨大的水泥台上。

对迈克耳逊和莫雷来说，以太漂移实验虽说“失败”了，但他们很快就忘记了他们的失望，因为他们的干涉仪是一种精度极高的测量仪器，其灵敏度可达四亿分之一，这本身就是一个了不起的收获。1892 年到 1893 年，迈克耳逊测出保存在巴黎国际度量局的标准米是镉光谱红线波长的 1553163.5 倍。这样，他就为长度基准找到了一个非实物标准。1907 年迈克耳逊就是由于他

在"精密光学仪器和用这些仪器进行光谱学的基本长度"方面的工作，荣获诺贝尔物理学奖。

但理论物理学家们的失望，却是忘却不了的。迈克耳逊实验的结果，与占统治地位的光以太观念是如此不相符合，这使得他们简直不知所措。洛伦兹说："我现在不知道怎样才能摆脱这个矛盾。"他对1887年的实验结果仍然疑虑重重：

"在迈克耳逊先生的实验中，迄今还会有一些仍被看漏的地方吗？"

瑞利则认为迈克耳逊的结果"真正令人扫兴"。开尔文更认为这一结果是物理学晴朗天空中的两朵乌云之一。总之，当时的学术权威并没有承认迈克耳逊实验的历史意义，所以当迈克耳逊获诺贝尔奖时，关于以太漂移实验只字未提。

迈克耳逊本人直到去世都没有放弃以太。在他晚年时，他还经常提到"可爱的以太"。直到他去世前四年他出版的最后一本书上，他还表示：虽然相对论已被"普遍接受"，但他个人仍然保持怀疑。

▲ 迈克耳逊正思考着什么。

迈克耳逊是一位伟大的实验物理学家，这是无可怀疑的。他终生从事光学精密实验，为科学发展做出了卓越的贡献，这也是否定不了的。但在对待物理发展的看法上，他所持的观点影响了他对新物理思想的接受。他认为物理学的发展只能通过精确测量得到，只能在小数点后面第六位数上寻找。这样，他对于理论和假说对物理学发展的重大意义认识不足。对物理学在发展中产生的新思想和新见解，他由于不感兴趣，所以常常显得很无知。有一次，他问威尔逊天文观测站的安德逊（J. Anderson）：

"爱丁顿的恒星理论是怎么一回事？"

安德逊向他解释说："物质可以凝缩到其密度比水大三万倍。"

迈克耳逊急忙打断安德逊的话:“你是说比铅的密度还大一些吗?”安德逊同意地点了点头,迈克耳逊肯定地向安德逊指出:“那么,他的理论一定是在什么地方出了毛病。”

正是因为迈克耳逊对理论和假说不感兴趣,又加之他不喜欢与自己的研究生合作研究,只热衷于自己一个人埋头实验,用一句中国常用的话就是“只顾埋头拉车,不抬头看路”。所以他对20世纪初期发现的新理论始终不能理解,以至于到去世那年还亲自向爱因斯坦表示了他自己的“遗憾”。

那么,爱因斯坦会怎么想呢?可以肯定地说,爱因斯坦一定会对迈克耳逊的“遗憾”深表遗憾。

17 独特的保守主义者——密立根

决不要陷于骄傲。因为一骄傲,你就会在应该同意的场合下固执起来;因为一骄傲,你就会拒绝别人的忠告和友谊的帮助;因为一骄傲,你就会丧失客观方面的准绳。

——巴甫洛夫

▲ 美国物理学家密立根,1923年获得诺贝尔物理学奖。

很多杰出的物理学家从很小的时候起,就热爱物理科学,常常思考一些令人神秘莫测的物理现象。最后终于如愿以偿,成了伟大的物理学家。这似乎是合乎情理的事情。但是,也不尽然。1923年荣获诺贝尔物理

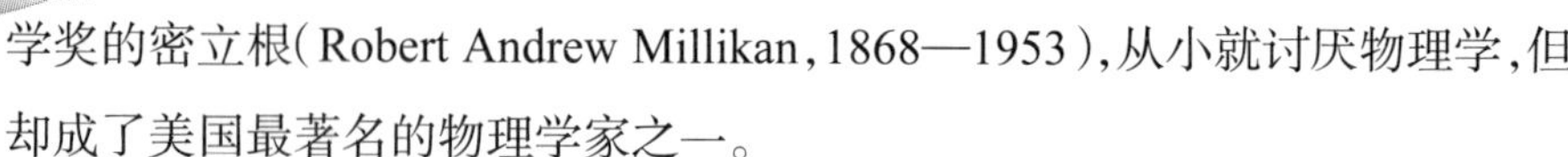

学奖的密立根(Robert Andrew Millikan,1868—1953),从小就讨厌物理学,但却成了美国最著名的物理学家之一。

1. 早年奇特的经历

密立根并不是天生讨厌物理学,而是因19世纪70年代前后,亦即密立根在小学、中学读书的时候,美国的科学还非常落后,何况他又是在美国中西部落后、偏僻的依阿华州。上高中时,教他物理课的老师大约就根本没有学过物理,他上课时真正讲物理是绝无仅有的事,更多的时间倒是大骂书上胡说一些乱七八糟的东西。“声音怎么能由空气传播?胡说!孩子们,相信我的话,这完全是胡说八道!”

这样的老师怎么能够培养学生爱好物理学呢?

但是,也许正是得益于这种物理学教师的匮乏,密立根竟不期然地闯进了物理学的殿堂。世界上的事,真是无奇不有!

1889年春,密立根正在奥柏林学院(Oberlin College)念书,这时他的希腊语学得不错,而对物理课程仍然敬而远之,也许还有点讨厌。学院当局这时需要找一名教师给预科学生讲物理课程。可是,找一名物理教师在那时的美国真是谈何容易!由此大家可以想见那时美国的科学比欧洲落后多少年。正在院方为难之时,希腊语教授佩克(John Fisher Peck)忽然提出了一个惊人之见,他建议让希腊语学得好的密立根来教这门课。他的理由是:“任何一个能够学好希腊语课程的人都能够教授物理学!”

佩克教授的话肯定不能算做真理,但这次推荐密立根,他总算是为美国科学的发展立下了一大功。

密立根可不像佩克教授那么有信心,他是在说了下面一句话以后,才勉强答应接受这一任务的:“好吧,我尽力试一试,但您必须承担后果。”

后来密立根在自传中非常感激佩克教授这一非同寻常的推荐:“除了我的家庭,我最感激的是佩克。因为他帮助我确定了人生方向。”

1891年,年已23岁的密立根读完了大学。这时,他一面继续教预科的物理课程，一面顽强地自修大学物理学。当他真正懂得了物理学的知识以后，他改变了从中学以来对物理学的不好的看法，开始热衷于这门学科了。毕业后的两年中，他自学完了汤普逊(Sylvanus Thompson，1844—1896)的《动力电机学》(Dynamo-Electric Machinery)一书。由于这本书当时在奥柏林学院还没人能看懂，所以密立根能自学完这本书，使同事们颇感惊诧。奥柏林学院为此于1893年授予他硕士学位，并推荐他到哥伦比亚大学成为物理系的研究生。

在哥伦比亚大学当研究生期间，他听过刚从德国学成归来的迈克尔·浦平教授(Michael Pupin，1858—1935)的讲课和当时美国物理学界的大明星迈克耳逊的演讲，这些都给他留下了终生难忘的印象。浦平教授特别强调数学方法的重要性，他本人也善于利用熟练的数学知识解决复杂的物理学问题。在浦平教授的这种严格训练下，密立根获得了以后从事精密实验所必需的数理分析能力；而迈克耳逊对他的影响则可由他自己的话清楚看出，他说：

▲ 在芝加哥大学工作时的密立根

> 迈克耳逊观测技巧高超，分析的精美，描述的精辟——这一切给我们所有这些有机会看到他的实验工作并听到过他的介绍的人留下了极为深刻的印象。

由于迈克耳逊的影响，他决心成为迈克耳逊式的实验物理学家。

1895年，在获得了哥伦比亚大学哲学博士学位后，由浦平教授资助，密立根有机会去德国留学。这时正值X射线、放射性现象先后发现之时，物理革命到来的迹象日趋明显。新的世界，新的思想，常常使密立根热情激荡，促使他决心要在物理学研究中干出惊人的成绩。他很快做出了惊人的成就。

1910年，他用油滴平衡法，测得电子的基本电量 $e=4.891\times10^{-10}$ 静电单位。1917年，测得 $e=4.774(\pm0.005)\times10^{-10}$ 静电单位。这后一个值，在科学界使用了长达30年之久。

电子基本电荷的精确测定，使原子物理学有了坚实的基石，对坚持经典理论观点、反对原子论的物理学家如奥斯特瓦尔德、马赫等人，是一次有力的反驳。密立根由于这项工作，也成了世界闻名的物理学家之一。

2. 为了反对爱因斯坦的光量子假说，完成重大的光电效应实验

接着，密立根又开始了第二项科研课题。他要用实验彻底地检验爱因斯坦的光电效应理论。不过，在开始这项工作时，他并不是因为同意爱因斯坦的理论才决心做这个实验，恰好相反，他激烈地反对这一“天才的猜测”，他要用实验彻底否定爱因斯坦的“关于能量为 $h\nu$ 的电磁光微粒假说”。他认为爱因斯坦的光量子理论是一种“不可思议的”“大胆的”和“粗枝大叶的”学说。作为一个正统的光的波动说的拥护者，密立根要求人们：“抛弃这种学说吧！”

密立根是1912年正式开始这项实验工作的，但是经过两年艰苦的工作，密立根不仅没有能够否定爱因斯坦的理论，他的实验反而成了证实该理论的强大实验基础。1916年，密立根曾在一篇文章中写道：

“我有时想，我有与那个方程不相容的证据，但当我工作的时间越长和我排除错误的来源越彻底，我发现那个方程能够更好地预言观察的结果。”

与此同时，密立根还第一次由光电效应方程求出了普朗克常数 $h=6.624\times10^{-34}$ 焦耳·秒。这是当时所能达到的h的最好测量值。

尽管如此，密立根坚持认为他只是证实了爱因斯坦的光电效应方程，但“产生它（爱因斯坦方程）的物理理论在我看来都是站不住脚的”，并认为该方程肯定是建立在一个错误而又卓有成效的假设的基础之上。他甚至坚信爱因斯坦本人都不会相信这些假设，他说：

尽管那时爱因斯坦方程显然获得完全的成功，但是这个物理理

论是这样的站不住脚，以致爱因斯坦本人——我相信——也不会再坚持它。

密立根似乎过分自信了，自己不相信光量子理论，就以为别人也不会相信它。这大约是保守主义者所独有的一种心理状态。

读者可能会奇怪了，密立根不是因为电子电荷的测量和光电方程的实验而荣获 1923 年度诺贝尔物理学奖吗？他怎么会是一个保守主义者呢？这的确是一个不太容易回答的问题，这是因为在密立根身上集中了很多矛盾的思想。他的一生，正处于物理学发生革命的时代，一方面他在美国接受了长期经典理论的训练，另一方面他于 27 岁时又到德国的柏林和哥廷根接受了使他非常激动的新物理思想。尽管他受到彭加勒、普朗克、能斯特等持激进见解人的熏陶，但迈克耳逊给他的影响毕竟是谁也无法抵消的。迈克耳逊在 19 世纪末，曾一再告诫他的学生说，物理学的最重要的基本原理已经“牢固地建立”起来了，当前的任务是精确性，是将这些原理严格地应用于一切现象。1894 年，迈克耳逊在芝加哥大学这样说：“正是在这里，测量科学显示了它的重要性——定量的结果比定性的工作更为重要。一位杰出的物理学家指出：未来的物理学真理将不得不在小数点后第六位去寻找。”

▲ 罗伯特·卡巩写的密立根传记英文版封面

迈克耳逊这种盲目乐观的情绪，影响了很多美国物理学家，其中也包括密立根。正因为密立根对科学的进步持这种观点，所以他对现代物理最伟大的革命理论相对论和量子论，一开始就持激烈的反对态度。从这方面来看他确实堪称一个保守主义者。

但密立根并不是顽固地维护经典物理的保守派。总的看来,他对 19 世纪和 20 世纪之交的物理学革命还是起了不可忽视的促进作用。正如 1923 年在授予他诺贝尔物理学奖仪式上,会议主席指出:“如果密立根关于光电效应的研究给出了不同的结果,爱因斯坦方程可能就没价值了,玻尔理论也就失去了支持。”

密立根一生做了三件大事。前面说了两件。如果说油滴实验使得密立根获得世界性声誉,那么在光电效应实验里他虽然获得重大的实验成就,但是他却坚决不肯承认被他证实了的爱因斯坦的光子理论。

他做的第三件大事是研究“宇宙射线”。

3. 宇宙射线研究中的成与败

1912 年,在维也纳镭研究所工作的奥地利物理学家赫斯(Victor Hess,1883—1964)把一个载人的气球升到 5000 米的高空,结果发现在该高度处的辐射强度竟为地面的 9 倍,因此赫斯认为应该提出一种新的假说:

“这种迄今为止尚不为人知的东西,主要在高空发现……它可能是来自太空的穿透辐射。”

▲ 密立根施放气球探测宇宙射线。

1925 年 11 月 9 日,国家科学院在威斯康星州的麦迪逊(Madison)召开的会议上,密立根报告了他们测量的结果。他的结果表明,这些射线不是起源于地球或低层大气,而是从浩渺的宇宙射来的,密立根还把这些射线取了一个名字:宇宙射线(cosmic rays)。

宇宙射线到底是什么组成,在当时有两种意见:一种意见认为它是一种高频电磁辐射,还有一种意见认为它是高速带电的粒子流组成。根据密立根的测定,他认为宇宙射线是一种高频电磁辐射,其频率远高于 X 射线，是后者平均频率的 1000 倍。在密立根看来，这种射线的穿透力既然比最硬的γ射线还强许多，当然不会由带电粒子组成。如果宇宙射线是高速电磁辐射，那么宇宙射线在辐射到地球上时，其飞行路线将不会受地磁场的影响；相反，如果宇宙射线是由带电粒子组成，它将肯定受到地磁场的影响，飞到高纬度地区的宇宙射线带电粒子将多于低纬度的地区。这被称为“纬度效应”(latitude effect)。而密立根的测量发现，宇宙射线不受大气层或纬度效应的影响。

1928 年 3 月 6 日，在加利福尼亚研究协会的一次会议上，密立根根据他对宇宙射线的测量和观点提出了他的宇宙学理论和 “原子构造理论” (atom building theory)。这可是一直以物理实验闻名的密立根第一次提出一个物理学假说，他本人当然非常重视自己的这一非凡的创举。美国物理学家当时很少在物理学理论上有什么贡献，因此密立根的假说受到公众广泛的注意，新闻界更是沸沸扬扬，作了大量报导。1930 年 12 月 30 日，《纽约时报》首版在大标题“密立根发现了创生还在继续，同时创物主还在指导着宇宙”下，详尽报道了密立根的最新“成就”。

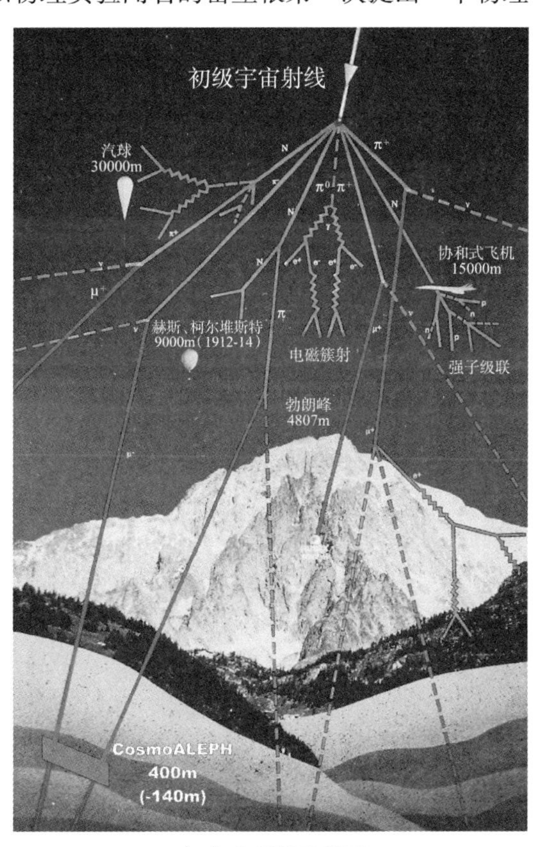

▲ 宇宙射线示意图

正在这一时期，美国物理学家康普顿(Arthur Compton，1892—1962，1927 年获得诺贝尔物理学奖)加入了宇宙射线的研究。1932 年 3 月 18 日，康普顿离开芝加哥，开始了他本人行程 5 万余英里，遍历五大洲跨越赤道的 5 次远征。康普顿非常自豪地将自己这次南到新西兰的杜恩廷、北到北极圈，上至 6000 多米的高山、下至海平面的远征测量，比作马可 · 波罗的东方旅行。他曾对俄克拉荷马大学的听众说：

“正如马可 · 波罗打开新世界一样，现在科学也在打开新的世界。”

在这次远征测量的开始，康普顿还是倾向于接受密立根的（光子）假说，但到了 7 月份，他的观点开始发生根本性的变化。在广泛测量之后他断定：宇宙射线的强度随高度连续地增大。9 月份以后，康普顿陆续收到 60 多位科学家在分布范围极广的 69 个观测站测量到的数据，由这些非常有代表性的数据中，康普顿宣布宇宙射线的纬度效应无可辩驳。据此他声称：宇宙射线肯定是带电的高能粒子，密立根肯定错了。

在两种意见相持不下的情形下，美国物理学会决定于 1932 年 12 月最后几天，在新泽西州大西洋城（Atlantic city）召开会议，会上将对宇宙射线的研究情况作充分讨论。显然，这次会议将是关于宇宙射线本质的一场大论战。在一定程度上，这将是一场决定不同假说命运的决战。

▲ 康普顿在测量宇宙射线。

密立根十分重视这次会议的召开，他希望在这次会议上能成功地捍卫自己的假说。11 月 30 日，密立根在给康普顿的信中充分表露出他的自信。他写道：

“我提议在大西洋城避免作纬度效应的讨论……因为就我们两人都寻求的纬度效应来看，没有什么东西可以争论。”

从这封信中我们可以明显看出，他根本没有把康普顿的反驳意见放在心上。他信中表达的自信让人震惊。

1932 年 12 月底美国物理学会如期召开。这是一次非常瞩目的会议，因为两位诺贝尔物理奖获得者密立根和康普顿将要就宇宙射线的本质进行一场决定胜败的争论。由于新闻界在这之前已经对这场争论作过许多挑逗人们兴趣、好奇心和相当夸张的报导，所以参加这次会议的人达600多人，还有许多报纸、杂志的记者没算在内。

尽管密立根在会议上列举许多“实验事实”来证明他的观点，但最终人们发现他的所谓“事实”是根本站不住脚的。会后不久，密立根终于在无计可施的情形下开始退却，有限度地承认自己在某些方面不够细致。但他的策略是人们没想到的，他以“退一步，进两步”的手法，对以前拒绝承认的“纬度效应”提出了优先权，说“首先，我不相信纬度效应；但是如果真有这种效应的话，那是我首先发现了它。”

▲ 美国物理学家阿尔瓦雷兹

密立根不仅坚持自己的错误观点，而且对不同意见的人采取了很不公正的态度，他甚至于骄横到说自己好比是大象，而康普顿只才过是一根胡萝卜，意思是说康普顿根本没有资格跟他争论。他的这种顽固的态度，激怒了许多物理学家。

这种文过饰非、瞒天过海的行径，激怒了国内外许多著名的科学家。1968年诺贝尔物理奖获得者路易斯·阿尔瓦雷兹（Luis Walter Alvarez，1911—1988）曾尖锐地批评说密立根的辩护手法：

> 法拉第说过一句非常中肯的话，在这儿引用，一定能十分说明问题：“上帝如果想让你死亡，就先让你骄傲得不自量。”

以不科学的态度对待科学问题，必遭失败。古往今来，概莫能外。

18 普朗克观望徘徊十四年

毫无疑问,普朗克的量子理论是牛顿以后自然哲学所经受的最巨大,最深刻的变革。

——普恩凯莱

我现在所做的事,或者毫无意义,或者可能成为牛顿以后物理学上最伟大的发现。

——普朗克

量子理论的提出和应用,对现代自然科学的发展产生了重大的、革命性的影响。但是,量子概念的提出和确立,却经过了一段长达 14 年之久的迂回曲折的经历。

前面我们已经讲过开尔文的"两朵乌云"说。其中一朵乌云就是所谓"黑体辐射问题"。黑体辐射问题是在研究热辐射过程中提出来的。当时热辐射是一门年轻的物理学分支。瑞典化学家 K. W. 舍勒在研究光谱时发现,物体因自己所具有的一定温度,可以向外辐射不同波长的电磁波。这种现象就叫热辐射现象。19 世纪末期,由于炼钢、电灯照明等生产的迫切需要,对热辐射进行精密研究是一个十分紧要的课题。世界各国,尤其是德国,很多科学家投入到这项研究工作之中。

▲ 德国物理学家古斯塔夫·基尔霍夫

为了建立一个普遍的,共同的研究标准,德国著名物理学家基尔霍夫

(Gustav Robert Kirchhoff,1824—1887)于1859年定义了一种理想模型:绝对黑体(absolute black body)。所谓绝对黑体,就是指在任何温度下都能够完全吸收外来的热辐射,而不进行反射和透射的理想物体。绝对黑体的辐射有一个最大的优点,就是这种热辐射只取决于黑体的温度,而与黑体的物质材料无关。这样一来,整个热辐射的研究就可以简化为黑体辐射的研究。

实验证明,黑体辐射能量—波长的"分布曲线"有一个峰值,当温度升高时,与峰值对应的波长向短波方向移动。这也就是说,温度越高,峰值辐射的频率越高。这一现象人们在日常生活中应该十分熟悉,例如,当黑体刚被加热时,先是发出红光(波长较长,频率较低),随着温度上升,它所发的光的颜色就由红变黄,最后变为蓝色(波长短,频率高)。当时物理学家们要研究的就是黑体在热辐射时,其辐射的能量与绝对温度、辐射波长的关系,建立一个"热辐射定律"。

当时,比较成功的有两个公式。

一个是德国年轻的物理学家维恩(Wilhelm Wien,1864—1928,1911年获得诺贝尔物理学奖)于1896年提出的。但1897年,德国的实验物理学家卢梅尔(Otto Richard Lummer, 1860—1925)和普林斯海姆(Ernst Pringsheim, 1859—1917)用精确的实验证实,维恩的公式在短波方面与实验符合得很好,而在长波方面则与实验不一致。

另一个比较成功的公式是英国物理学家瑞利在1900年提出的。这个公式后来由他的同胞金斯(James Hopwood Jeans,1877—1946)作了一些修正,故将这一公式称为瑞利—金斯公式。德国实验物理学家鲁本斯(Heinrich Rubens,1865—1922)等人用实验检验了这一公式后指出,它在长波部分与实验数据比较接近,但在短波部分完全不适用。更为严重的是,当辐射波长趋近于零时,理论数据趋向于无穷大,而实验数据却趋向于零。由于瑞利—金斯公式在紫光以外的短波区域出了无穷大的困难,所以荷兰物理学家埃伦菲斯特(Paul Ehrenfest,1880—1933)称之为"紫外灾难"。

开始,英国的两位勋爵瑞利和开尔文还认为称之为"灾难"未免言过其实,以为用不着费什么劲就可以安然度过这场“灾难”。后来他们才知道,事情远非他们所想象的那么简单。虽然他们努力设法寻求一种办法,期求经典物理上空这朵乌云能够被消散,但这一愿望始终未能实现。

“紫外灾难”孕育的是一场物理领域的大变革。在这场大变革中,迈出关键第一步的是年过40,以老成持重出名,而且可以说缺乏革命气质的普朗克。这的确有点令人惊诧。

▲ 这是普朗克年轻时的照片

普朗克于1858年4月23日出生于德国的基尔,当他16岁高中毕业时,还没有决定今后研究那门学科。与很多德国物理大师一样,普朗克有相当出众的音乐才能,他是一名优秀的钢琴演奏家;但同时,他又很喜欢物理学。当他向前辈征询大学选择读什么系的意见时,前辈给他的答复使他更加无所适从。一位职业音乐家告诉他:“如果你一定要我答复,那你最好是学点别的。”而一位物理学家菲利浦·冯·约里(Philipp Johann von Jolly, 1809—1884)的劝告,据普朗克回忆是这样的:

> 当我开始研究物理学时,我可敬的老师约里向我描绘了物理学是一门高度发展的、几乎是尽善尽美的学科。现在,在能量守恒定律的发现给物理学戴上桂冠之后,这门科学看来很接近于最终稳定的形式。也许,在某个角落还有一粒尘屑或一个小气泡,对它们可以进行研究和分类,但是,作为一个完整的体系,物理学已经建立得足够牢固,而理论物理学正在明显地接近于几何学在数百年前已具有的完善程度。

普朗克思考再三,最后决定选择物理学作为自己终生研究的学科,但音乐仍然是他终身爱好。在大学读书时,他曾经是大学合唱团的指挥。

普朗克着手热辐射经典性研究开始于1896年，当时研究热辐射的科学家很多都是德国人。这种状况对德国物理学家研究热辐射形成一个极有利的环境，科学家们可以就研究的进展情况及时交换意见，对刚提出的理论迅速进行实验验证，以及对实验中出现的新问题如何给予理论上的解释等等。

当维恩于1896年提出了他的热辐射公式以后，普朗克“开始积极进行工作”了。他想从另外一个角度，即从经典热力学定律推出维恩公式。1899年，普朗克成功地推出了维恩公式；但不久卢梅尔等人用实验表明维恩公式仅在短波区与实验数据相符。普朗克第一次关于黑体辐射的研究以失败告终。

1900年下半年，鲁本斯告诉普明克，瑞利在六月份发表的辐射公式在长波区与实验观测相符，但在短波区不符。普朗克由此受到启发，立即尝试在维恩和瑞利-金斯的两个公式之间建立一个“内插式”公式，使它在长波部分接近瑞利-金斯公式，短波部分则接近维恩公式。经过一番努力，他果真拼凑出一个新的辐射公式，这个公式以后被称为“普朗克辐射公式”。1900年10月19日，普朗克以《论维恩辐射定律的改进》为题，在德国物理学会的会议上公布了自己的新公式。

▲ 这是一本普朗克的英文传记的封面，书名的中译文是《一个正直人的艰难处境》。

当天晚上，鲁本斯就把普朗克新的辐射公式，同他所拥有的测量数据进行了仔细的核对。结果他发现，普朗克公式在任何情形下都与实验数据非常精确地相符。鲁本斯深信这绝非巧合，普朗克公式里一定孕育着一个重要的真理。第二天早晨，鲁本斯迫不及待地将自己核对的结果告知普朗克。普朗克因此极受鼓舞。后来进一步的测量又一再证实了普朗克公式的正确性。

本来，普朗克的公式完全是根据实验数据和两个不全正确的公式硬凑出来的一个半经验公式，原本就没有任何理论上的根据；现在普朗克受到鼓舞，决心克服一切困难，一定要为自己的半经验公式找到一个物理上的理论根据。普朗克后来曾回忆这一段时期的思想活动说：

> 即使这个新的辐射公式竟然被证明是绝对精确的，但是如果把它仅仅看作是一个侥幸猜出来的内插公式，那么它的价值也只是有限的。正是由于这个缘故，从它于10月19日被提出之日起，我即致力于找出这个等式的真正物理意义。

此后，普朗克紧张地工作了两个月。这两个月的工作正如他自己所说：

> 可以简单地叫作“孤注一掷的行动”。我生性喜欢平和，不愿进行任何吉凶未卜的冒险。然而到那时为止，我已经为辐射和物质之间的平衡问题徒劳地奋斗了六年(从1894年算起)。我知道这个问题对于物理学是至关重要的，我也知道能量在正常光谱中的分布的那个表达式。因此，一个理论上的解释必须以任何代价非把它找出不可，不管这代价有多高。我非常清楚，经典物理是不能解决这个问题的……摆在我面前的……是维持热力学的两条定律。我认为，这两条定律必须在任何情况下都保持成立。至于别的一些，我就准备牺牲我以前对物理定律所抱的任何一个信念。

这两个月，他自己曾认为是他一生最困难的时期。经过反复思考，他发现要想合理地解释自己提出的新公式，只有一个办法，那就是要冒一个巨大的风险提出一个假说：物体在发射辐射或吸收辐射时，能量将不再按经典物理规定的那样必须是连续的，能量将只能是不连续的，是以一个最小能量单元成整数倍跳跃式地变化。这个最小的、不可分的能量单元普朗克称之为“能量子”。它的数值大小是 $h\nu$，ν是辐射的频率，h 叫做“作用量子”，是一个普适常数。后来，h 被称为普朗克常数，其值为 6.625×10^{-34} 焦耳·秒。

1900 年 12 月 14 日，普朗克以《正常光谱中能量分布的理论》为题，在德国物理学会上宣布了自己大胆的假设，和由此而推导公式的简便方法。以后，人们就将这一天看成是量子理论以及原子结构理论的诞生之日。

普朗克的辐射理论在发表后近十年里，一直很少受人注意。这儿只举两例即可说明这一点。一是 1908 年第二版路德维希·达姆什特德(Ludwig Darmstadt)的《自然科学和技术史手册》上，详细列举了 1900 年全世界 120 项发现和发明，却根本没有提到普朗克划时代的发现。再一个例子是直到 1911 年，瑞利还在为他的第二朵乌云担心。他已经认识到经典物理不能挽救面临的失败，但他仍然不甘心让普朗克的理论取而代之。他不喜欢普朗克的理论，认为很难把它当作确实存在的物理图像接受下来。

通过这两个例子足以说明，当时的物理学界并没有意识到普朗克辐射理论的巨大革命意义。不过话说回来，这种情况的出现并不是什么反常现象，倒不如说这是很自然的事情。“分离的能量”这个概念也实在太新奇了！从 17 世纪牛顿力学确立以来，一切自然过程都已理所当然地被看成是连续的。微积分的胜利，更使人们对连续性的自然观深信不疑，法国大数学家莱布尼茨曾说过：

> 现在把未来抱在怀中，任何一个给定的状态只能用紧接在其前面的那个状态来解释。如果对于这一点要提出疑问，那么，世界将会呈现许多间隙，而这些间隙就会将这条具有充分理由的普遍原理推翻，结果迫使我们不得不去乞灵于奇迹或纯粹的机遇来解释自然现象了。

莱布尼茨还有一句名言：“自然界无跳跃。”麦克斯韦电磁理论的胜利，更使连续性思想深入人心。可是现在突然冒出个能量不能连续改变的“奇谈怪论”！新的理论如果不为自己的存在找到更多、更强大的证据，人们是不会接受它的。

最令人不安和深思的是普朗克本人。他虽说不顾一切地提出了具有非凡革命意义的量子理论，但他本人不是一个自觉的革命者，没有毅力把自己提出的新概念、新理论坚持下去。一方面是由于传统观念严重束缚了他，另一方面是他自己没有深刻认识到他的量子理论的深远意义。有一次在散步时，普朗克曾激动地对他第二个儿子儿子欧文·普朗克(Erwin Planck，1893—1945)说：

▲ 这是普朗克年老时(左)与第二个儿子一起爬山时的照片。

> 我现在所做的事，或者毫无意义，或者可能成为牛顿以后物理学上最大的发现。

可见他对于自己的理论还缺乏信心。他还在另外的场合中说，他的理论"纯粹是一种形式上的假设"，他甚至也没有"对它想得很多，而只是想到要不惜任何代价得出一个积极的成果来。"正由于这两方面的原因，加之外界的反应又很冷淡，所以普朗克后来对自己的理论的正确性犹豫了。

1909年，他曾告诫自己和别人："在将作用量子h引入理论时，应当尽可能保守从事，这就是说，除非业已表明绝对必要，否则不要改变现有理论。"由普朗克的这一段话，我们就不难理解，为什么当爱因斯坦勇敢地将量子理论加以推广，提出光量子理论时，首先起来反对的竟然是提出量子概念的普朗克本人。他认为爱因斯坦"在其思辨中有时可能走得太远了"，到1913年还说爱因斯坦"在思辨中迷失了方向"。

在这14年的徘徊、后退时期，普朗克曾几度想把他的新理论纳入到经典物理的范围之内。1911年，他开始对他的量子概念在条件上加以限制，认为只有当黑体在发射能量的条件下才是不连续的，而在吸收辐射时，则仍然与经典物理情形一致，仍然是连续的。1911年以后，他后退得更远了，他甚至深信，只要再做一些努力，他就可以抛弃量子概念而仍然得到他1900年10月

19 日提出的公式。1914 年，他终于从近代量子理论的起点，退回到了经典物理的终点。这时他已经认为，黑体不论在吸收外来辐射时还是向外发出辐射时，能量都是连续的，只有在某种特定情况时，能量才会出现不连续的现象。

1914 年，玻尔根据普朗克的量子理论提出了一个新的原子模型，并且很快被证明是很成功的一个模型以后，量子物理开始了胜利大进军，普朗克这才最终放弃了 14 年徒劳无益的后退行为。但这时普朗克已经跟不上迅速前进的队伍，对后来迅速发展的量子力学没有再起什么作用；并且由于世界观的原因，他始终没有能够接受量子力学的理论。

对于自己的后退行为，普朗克曾作过自我评价。他说：

> 企图使基本作用量子与经典理论调和起来的这种徒劳无益的打算，我持续了很多年（直到 1915 年），它使我付出了巨大的精力。我的许多同僚们认为这近乎是一个悲剧，但是我对此有不同的看法。因为我由此而获得的透彻的启示是更有价值的。

▲ 诺贝尔颁奖当天晚上举行的盛大晚宴。

但他对量子理论的开创作出的不朽贡献是不容否定的，因此他获得 1918 年诺贝尔物理学奖。普朗克在他的获奖演讲中说：

当回顾20年以前根据大量实验事实首先阐明物理作用量子这一概念及其大小,以及最终导致发现作用量子的这一段漫长而曲折的道路时,我觉得整个的发展过程似乎是对歌德很久以前的一句名言提供了新的证明。这句名言是:“人要奋斗,就会有错误。”一个勤奋的研究工作者,如果不通过一些明显的事实发现他走过的复杂道路确实是向真理靠近了一步,那么他的全部智力劳动最后将会归于徒劳。一个必不可少的假设,尽管远不是一个成功的保证,但它追寻着一个特定的目标。即使开始时失败了,也不要轻易放弃设置的路标。

19 卢瑟福说:哲学家只会空谈

如果把哲学理解为在最普遍和最广泛的形式中对知识的追求。那么,显然哲学就可“被认为是全部科学研究之母”。

——爱因斯坦

1913年,一年一度的不列颠学会在英国第二大城市伯明翰(Birmingham)举行。已经两次荣获诺贝尔奖的居里夫人也参加了这次会议。当新闻记者采访她时,这位当时科学界的泰斗特别提到英国物理学家卢瑟福。她还严肃地强调指出:“我愿向英国进一句忠言,你们应当密切注视卢瑟福博士的发展。”

1914年,卢瑟福(Ernest Rutherford,1871—1937,1909年获得诺贝尔化学奖)被授予爵士勋章。当卢瑟福必须选择一个贵族爵位的头衔时,他想起了他曾经在新西兰就读过的纳尔逊学院,于是他选用了纳尔逊·卢瑟福男爵(Baron Rutherford of Nelson)。和法拉第拒绝接受爵位称号不一样,卢瑟福倒是十分喜欢勋爵这个称号。

卢瑟福生于1871年,那正是物理学革命到来的前夕。而当他在1896年与J. J. 汤姆逊教授一起研究X射线对气体放电的影响时,物理学革命已经是风起云涌了。在这次物理学的剧烈变革当中,强调经验、轻视哲学思辨的英国物理学家显然是落后了。物理发展的中心,由英国逐渐移向了德国和丹麦。

▲ 英国物理学家卢瑟福,1909年获得诺贝尔化学奖。

幸运的是,在20世纪初的一段时期内,英国还有一位统治着粒子王国的卢瑟福。这位当时世界最优秀的实验物理家,对科学、科学研究几乎完全持英国传统的看法,但是他却仍然走在当时科学的前沿,为英国争得了巨大荣誉。

卢瑟福是英国这种传统最后的一位杰出人物。在卢瑟福之后,为英国再次在物理学发展上争得荣誉的狄拉克(Paul A. M. Dirac,1902—1984,1933年获得诺贝尔物理学奖),他的思考方法就与传统方法大不相同。也许正因为卢瑟福过分强调传统的方法,所以他虽然获得了极大的成功,却不可能使剑桥大学形成当时量子物理发展的中心。

下面我们简单回顾一下卢瑟福一生主要的科学研究工作,这样我们才能清楚地了解英国传统的研究方法在卢瑟福身上反映出的利和弊。

1889年,卢瑟福以优异成绩获得奖学金,进入了新西兰大学(University of New Zealand)的坎特伯雷学院(Canterbury College)。还是在大学读书时,他就表现出了非同一般的实验才华。他在简陋的物理实验室里,成功地设计了一个效率很高的电磁波检波器。后来1895年他到英国剑桥大学留学时,他的这个检波器可以收到半英里外的信号,这使J. J. 汤姆逊十分吃惊。

1900年,卢瑟福在与索迪(Frederick Soddy,1877—1956,1921年获得诺贝尔化学奖)共同的研究中,认识到原子并非不可分割的弹性小球。三年之

▲ 英国化学家索迪，1921 年获得诺贝尔化学奖。

后，又提出了放射性辐射是原子自行蜕变现象的理论。这是一个光辉的、具有革命性思想的理论，揭开了物理学史上新的一页。开始提出这一理论时连卢瑟福本人都十分犹豫，他的同行也都劝他谨慎行事，因为历史上该有多少炼金术士因宣布改变了原子，最后落得身败名裂！但这次卢瑟福胜利了。

卢瑟福最伟大的发现，应该算是1911年创立的原子结构的理论，即太阳系结构的原子模型。这种有核模型在以前已经有人提出过，但那只是一种纯思辨的猜想，而在卢瑟福这儿，则是通过确凿的“大角度散射”(high deflection angles）实验和可靠的数学理论证明了的。所以尽管这一模型开始似乎完全不符合麦克斯韦的电动力学的理论，卢瑟福仍然相信由实验得出的理论无可反驳。

从卢瑟福提出新原子模型这件事，可以看出他重视实验的优良作风。对此，卢瑟福的得意门生、苏联物理学家彼得·卡皮查(Peter Leonidovich Kapitza，1894—1984，1978 年因为低温研究的贡献获得诺贝尔物理学奖)曾有过一段论述，他说：

> 一般说来，物理学研究者可分成两大类，一类可以称为德国学派，实验者从某一理论假设出发，然后用实验来检验这些假设；相反，英国学派的物理学家则不从理论出发，他们从现象出发，然后看能否用现有的理论解释这一现象。对后者来说，主要只涉及现象本身和它的分析与解释。如果这种分法是可行的，那么，卢瑟福就是后一派的优秀代表。卢瑟福的主要目的是要了解现象，实验要做得能清晰地表明现象的本质。为此目的，测量的精确度和复杂性必须足以看透所考察的现象。

正因为卢瑟福集中具备了这一传统的优点,以实验事实为重,这样,他才能不受或少受经典理论框架的约束,在原子和原子核领域里,大胆提出创造性的理论。在这方面,卢瑟福比瑞利、开尔文高明一些。瑞利和开尔文在年轻的时候,是很重视实验事实的,敢于用新的实验事实反对旧的、错误的理论,但到了年轻的一代用更新的发现反对他们已经建立的理论时,他们就受不了,并起来反对年轻一代的创新,最后成了保守派。但卢瑟福即使进入老年,由于他喜欢与年轻人讨论,倾听年轻人的意见,所以一直都比较开明,颇有朝气。他曾说:“学生们使我自己总是那么年轻。”

▲ 俄罗斯物理学家卡皮查,1933 年在剑桥大学时留影。

但卢瑟福对待理论的态度是十分矛盾的。虽然他身边几乎全是年轻而优秀的实验专家,但他本人并不否定理论的作用,也能充分认识到数学在物理学中的重大价值。据说,他甚至对量子论的哲学含义表示过兴趣。

这是一方面。还有另一方面。

有一次,一位著名的哲学家和卢瑟福交谈,卢瑟福突然不耐烦起来,并宣称哲学家只会空谈。哲学家很生气,针锋相对地说卢瑟福是一个野蛮人,一个高贵的野蛮人,不论怎么高贵,但总是一个野蛮人!

卢瑟福对从事纯理论工作的物理学家,也从来没有好感。他坚持认为,科学家的工作就是研究眼前的物质世界,只有这样才能对不断发展中的物质世界具有更深刻的理解。科学家不能单纯靠数学理论来观察和解释这些变化。他常常说,理论家“用他们的符号玩弄把戏,而我们卡文迪许的人则揭示出自然界翔实可靠的真相。”

卢瑟福对哲学和理论的矛盾的态度,有时会同时表现出来,以致使人感到有点滑稽。有一次，从丹麦来的学生玻尔(Niels Bohr，1885—1962，1922 年获得诺贝尔物理学奖）向卢瑟福讲述自己对有核模型的两点假设，一向不大相信理论的这位教授连忙提醒玻尔："你可不要过分依靠我的原子模型，更不能根据很少的实验证据推广你自己的理论。"

▲ 意大利裔美国物理学家赛格雷

当卢瑟福说完了当老师该说的话叫后，就迫不及待地与玻尔讨论假设的具体细节，还极力鼓励玻尔准备一篇论文发表。这下可使玻尔高兴极了，竟飞一般地跑回宿舍急忙写信向他的未婚妻玛格丽特报喜。

不可否认，卢瑟福对待理论有一定的感情，但又正如意大利裔美国物理学家、诺贝尔奖获得者赛格雷（Emilio Gino Segrè，1905—1933，1959 年获得诺贝尔物理学奖)所说：

> 卢瑟福智力过人，故不至于忽视理论的重要性，但又只用简单的模式按英国人的传统凭直观加以思索。他根据简单实验和凭智力思索方法取得的巨大成功，也许过分增强了他用这一方法进行探索的信心。看来，卢瑟福似乎对引起理论物理学革命的量子概念和重大新思想的兴趣十分有限，他专心致志的乃是自己的创新。卢瑟福和爱因斯坦之间关于物理概念的交流几乎是不可设想的，至少从卢瑟福的观点看是这样。

对理论的这种矛盾态度，使卢瑟福十分谨慎。我们可以举一个例子来说明这一点。

1919 年，卢瑟福担任剑桥大学卡文迪许实验室主任前不久，曾使用镭放射出来的粒子轰击过大量的氮，而且很偶然地有一个粒子击入了一个氮核而使其变成一个氧原子核。这是人类第一次实现了元素的人工嬗变(artificial transmutation)。一种元素变成另一种元素的梦想,终于变成了现实。原子内部蕴藏着的巨大能量似乎有释放出来的可能了,不少人开始谈论这种可能性。1921 年,奥地利物理学家 H. 瑟林曾写道:

"如果把潜藏在一块砖里的能量释放出来,例如说以爆炸的方式,那么请试想一下,它能把一座城市变成怎样的情景呢!它会使你惊恐万状。这种大的能量足以把一座百万人口的城市夷为平地。"

1932 年,伦敦甚至公演了一场名叫《飞越欧洲》的新戏,戏中大谈核武器的神秘威力。

非常谨慎的卢瑟福唯恐人们作不切实际的空想,一再指出,核能的利用是根本不可能的。1933 年在英国科学促进会的一次发言中他又一次指出:

> 原子的这些变化对于科学家来说,有极大的好处,但是我们不能控制原子能使它具有任何价值,我认为也许永远做不到这一点,在原子嬗变方面,我们已经说了不少废话了。我们之所以对于这方面感兴趣,完全是出自于纯科学性的角度考虑的。

但 9 年之后,即 1942 年 12 月 2 日,意大利物理学家费米就成功地使第一个原子反应堆运转起来了。又过 3 年,第一颗原子弹就在美国实验成功。卢瑟福的预言被证明是失败的。

由以上对卢瑟福生平简略的回顾,我们可以清楚地看出,正由于他对物理理论没有很大的兴趣,加上他过分谨慎,使理论几乎成为实验的陪衬品,这就必然使以卢瑟福为代表的卡文迪许实验室,尽管他们实力雄厚,却不能建成一个与牛顿力学理论、麦克斯韦电磁理论相适应的现代理论物理学派。

Peter Robertson

The Early Years

The Niels Bohr Institute 1921-1930

Akademisk Forlag

▲《玻尔研究所的早期岁月》一书英文版封面

彼得·罗伯森(Peter Robertson)在《玻尔研究所的早年岁月》(*The Early Years, The Niels Bohr Institute* 1921—1930)一书中,对卢瑟福以及英国物理学家作了一个恰如其分的分析。罗伯森在该书(英文版)57 页写道:

> (卢瑟福以及英国物理学家)基本上重实际的探索方法,与欧洲大陆在物理学上采取的更为抽象和形象化的传统相比,可说是大不相同的。假如在英国,理论趋于实验的陪衬品,那么欧洲大陆的情况正好相反:普朗克、爱因斯坦和玻尔的革命性理论,打破了经典物理在宏观和微观范畴内的正确性,这些创见正是来自欧洲大陆的物理学家。一般说来,是英国人提供了一些事实,证明这些理论的正确性。正是爱丁顿,在 1919 年去西非旅行时所观察的日蚀,第一次从实验上证明了爱因斯坦的广义相对论。曼彻斯特的光谱学家伊文斯(E. J. Evans)证实了玻尔原子理论的一些预言,使很多人相信"在这位年青外国人的模糊理论中,确实有些东西"。

还有一件科学大发现事件,更能说明卢瑟福的局限性。我们知道,正电子是狄拉克的一个伟大的预言,但是就在狄拉克办公室附近的卢瑟福的一帮子干将,居然不清楚这个由数学论证出来的伟大的理论。还是美国物理学家卡尔·安德森(Carl David Anderson, 1905—1991, 1936 年因为发现正电子获诺贝尔物理学奖)1932 年宣布他发现了一个"质量比质子小很多的"带正电的粒子,但是他不知道狄拉克的理论,所以并没有明确指出这种粒子是正电子,也不知道它与电子的反粒子关系。他只是猜测:当宇宙射线和空气相撞时,会产生一种与已有粒

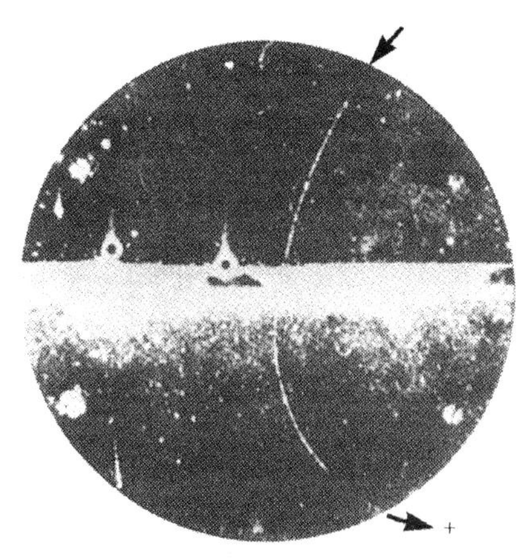

▲ 美国物理学家安德森在磁云室里发现与电子运动方向相反的粒子运动径迹。图中磁场的方向为垂直纸面向里。

子不同的带正电的新粒子。

而这时的欧洲物理学家,则远比安德森更多地了解狄拉克的理论。所以,当欧洲物物理学家们看到安德森的文章和照片以后,他们就积极而认真地思考这样一个极重要的问题:安德森猜测的带正电的粒子是不是就是狄拉克理论中的正电子?如果是的,那么按照狄拉克的理论,当宇宙射线碰撞气体中的粒子时,如果产生了正电子,那一定同时还会产生一个电子;它们同时产生,并在磁云室中向相反的方向中偏转,形成一个“V”形的径迹。安德森只看见正电子径迹,却没有看到V形径迹。

爱因斯坦说“是理论决定你看到什么”,实在太有道理了!

因此,安德森的发现,给欧洲物理学家还留下了很大一个施展本领的机会。卢瑟福手下的一班干将立即摩拳擦掌,杀上了战场。

▲ 英国物理学家布莱克特,1944年获得诺贝尔物理学奖。

有一个大个子物理学家叫帕特瑞克·布莱克特(Patrick Blackett, 1897—1974),1932年他在自己的磁云室里也独立地发现了“拐错了方向”的电子径迹。他可是近水楼台先得月呀,因为狄拉克的办公室就在他的实验室隔壁。可惜的是卢瑟福一贯认为实验才是科学前进的指路牌,认为只有在实验中发现了奇妙不解的现象以后,理论物理学家才派上了用场。而且,卢瑟福对狄拉克那些过分抽象的数学,多半采取敬鬼神而远之的态度。所以他手下的物理学家对狄拉克的理论,也不怎么在意。但毕竟狄拉克的办公室就在隔壁,接触机会还是很多,不受一点影响不可能,不像安德森远在大西洋的另一边。

布莱克特发现“拐错了方向”的电子径迹,就想到了狄拉克的正电子理论,于是到隔壁询问狄拉克。可惜这位一字千金的狄拉克金口难开,两个人谈不到一块去。狄拉克也没有惊喜如狂地抓住这个实验来证实他的理论;而布莱克特对狄拉克那一套高度抽象的数学理论虽说不一定排斥，却也不甚了了。所以，他问了几句以后看着不愿意说话的狄拉克，只好耸耸肩离开了他的办公室。

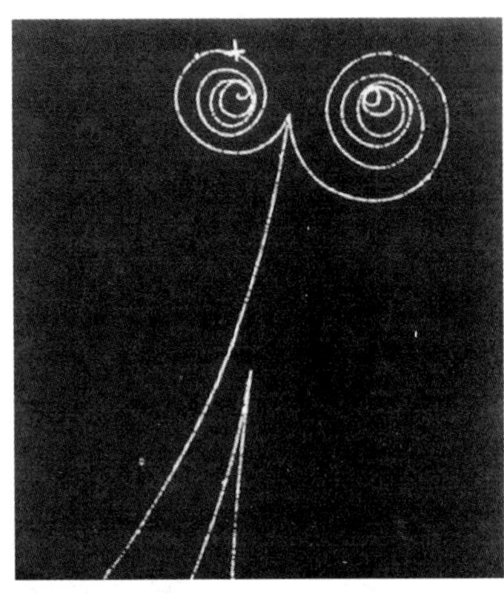

▲ 在强磁场作用下，照片上方电子—正电子对的运动轨迹呈相反运动方向的螺旋形，在分裂处形成一个"V"形径迹。

幸运的是过了不久，和他在一起工作的意大利物理学家奥卡里尼（Giuseppe Occhialin, 1907—1993）知道了安德森的发现，他这才突然醒悟到，他们无数次地看到过正电子的径迹，但却视而不见。他们有好几百张宇宙射线的磁云室照片，上面显示出非常丰富的正电子痕迹。而且十分关键的是，他们的照片上还有正负电子对的V形照片！这可是狄拉克理论最佳的证明，而且也是安德森没有想到要找的东西。奥卡里尼是意大利人，比英国人容易冲动而且多几分浪漫，他立即带着这个了不起的好消息冲到卢瑟福的家里去报喜，他甚至激动地亲吻了为他开门的女佣。

接着这一帮子干将开足马力，全身心投入这场伟大发现之中。到 1932 年深秋，他们收集了 700 张左右效果极佳宇宙射线磁云室照片。在对它们进了仔细的分析后，他们完全彻底地证实了狄拉克的正电子理论。

人们常说"近水楼台先得月"，这一次卡文迪什实验室却没有先得月，而且还差一点错失良机！这是一个很好的教训，也是一件很值得反思的案例。

20 迈特纳女士又错了

我能想象到的人的最高尚行为，除了传播真理外，就是公开放弃错误。

——利斯特

丽丝·迈特纳，一位从未失去人性的物理学家。

——丽丝·迈特纳的墓志铭

1938年7月的一天晚上，在一辆由德国开往荷兰的国际列车的卧铺车厢里，一对年届60的“夫妻”心情紧张而又抑郁地相对而坐。前面就是荷兰了，迈特纳能够顺利地通过国境吗？她可是犹太人呀！德国，为世界的文学、艺术、科学作过多么卓越贡献的德国，现在由于纳粹上台已经变得疯狂了。她作为一个堂堂的大学教授，20年前曾担任世界闻名的凯撒·威廉物理化学研究所物理部主任，而且在第一次世界大战时，自愿作为X射线学家和护士上过前线，为德国效过劳的人，在德国科学界工作过30年，把德国当作第二祖国的人，一个年届60的老年妇女，现在却不能不离开自己交往几十年的同事和朋友，偷偷逃离这以前热爱过现在却无比憎恨的德国！

“我再也不会回到德国来了！”老年妇女作出了痛苦的决定。感情上的创伤，再也无法弥补了。

随着火车的哀鸣，火车进了站。国界线到了，紧张万分的时刻终不可回避地来到了。

一队面目凶狠的纳粹巡逻兵嚷叫着冲进了车厢。老人比较镇定，他把老妇按到床上，顺手拿起一条毛毯盖在她身上，轻声地嘱咐她：“千万别作声，闭上眼睛。听见了没有？”

话刚说完，巡逻兵就进来了：“证件。”声音是那么冷酷，似乎车厢里坐的不是人，而是木头。老人把证件递给了士兵，士兵见护照上写的是德国人，而

且是科学家,就将护照还给了老人,向床上睡的人看了一眼:

"先生,这位是您太太吗?"

老人连忙回答:"是的,她因为晕车,不舒服就躺下了。"

士兵喊了声:"嗨,希特勒!"就走出了车厢。偷越国境成功了!

这两位老人是谁呢?原来他们是德国赫赫有名的两位科学家,女的叫丽丝·迈特纳(Lise Meitner,1878—1968,),奥地利人;男的叫奥托·哈恩(Otto Hahn,1879—1968,德国化学家,1944 年获得诺贝尔化学奖)。迈特纳因为是犹太人,再留在柏林就随时会遭致杀身之祸,只好决定偷偷逃出德国,打算到丹麦哥本哈根的玻尔研究所去。哈恩送走了相处 30 年的同事和亲密朋友,怀着沉痛的心情转回柏林。关于哈恩的事情,我们这儿就不谈了,这一节的主人公是终身未婚、被人们称为"嫁给科学"的丽丝·迈特纳。

▲ 迈特纳和哈恩年轻时的照片,那时他们是一对很好的合作伙伴。

爱因斯坦非常赞赏迈特纳的才智和献身精神,常称她为"我们的居里夫人",并认为她的才智与居里夫人相较,有过之而无不及。许多科学家认为,论迈特纳在原子物理方面所作的开拓性研究,完全可以得到诺贝尔奖。许多获奖者的贡献反倒比不上她,但是不幸的是她却没得到。这使许多科学家很为她抱打不平。这种看法是有根据的,因为第一个真正认识到原子能够裂变并能释放惊人能量的就是她。

丽丝·迈特纳 1878 年 11 月 7 日出生于奥地利的维也纳,她父亲是一名律师。当她 1901 年中学毕业时,迈特纳就已经下定决心要成为一名科学家。可是没想到当她报考维也纳大学时,竟然引起了一场轩然大波。因为在当时,女子上大学还是件从来没有过的事,当维也纳大学的教授们听说竟然有一个女学生贸然前来报名，他们开始几乎不相信自己的耳朵。而当知道确有此事以后，他们愤怒地起来反对这件前所未闻事情，似乎一个年轻女子闯入科学的宫殿就会亵渎科学的尊严一般。可性格坚强的迈特纳不会屈服于世俗的偏见，她据理力争，最后终于取得了入学资格。

▲ 1900 年前后迈特纳的照片。那时她是一位非常漂亮的姑娘。

1906 年 2 月，当她大学毕业时她以优异的成绩得到了维也纳大学哲学博士学位。这是维也纳大学历史上第一名女性青年取得这个学位。

1907 年夏，迈特纳到了柏林，在当时世界上最有名气的物理学家普朗克指导下学习。不久，她就成了普朗克的助手，并与他一起工作了三年。

1907 年 9 月底，在一次物理会议上迈特纳认识了从英国卢瑟福实验室回来一年多的奥托·哈恩博士。那时哈恩已决心放弃有机化学而从事放射性化学研究。他很需要一位物理学家协助他，恰好这时碰到了迈特纳。他们两人真是一见如故，谈到放射性，更是相见恨晚。哈恩立即决定请迈特纳与他一起工作，迈特纳也十分高兴地答应了哈恩的请求。

▲ 著名德国化学家费歇尔

不幸由于她是女性，她又一次为此受到诘难。当时德国还没有正式准许妇女在大学里学习和研究，所以当哈恩向化学院负责人艾米尔·费歇尔教授（Emil Fischer，1852—1919，1902 年获得诺贝尔化学奖）提出他的请求时，费歇尔教授非常为难地回答哈恩：

“请你原谅，哈恩博士，我们不能接受她。”

哈恩奇怪地问：“那是为什么呢？”

费歇尔教授说:“我要严格遵守现有的规定,妇女不能进入实验室工作。”

哈恩虽然十分生气,但也无可奈何,好在费歇尔教授总算允许他们两人在地下室一间木工车间进行实验研究,只是规定迈特纳不能到楼上教室和实验室去。就这样,从 1907 年 10 月起,他们开始了他们日后长达 30 年的合作。后来,迈特纳曾回忆过这一段生活,她写道:

> 当我在 1907 年来到德国的时候,那里的法律还不允许妇女学习,许多讲师和教授不让女孩子们去听讲或到实验室中去。1908 年夏末,发布了一项允许女孩子们受高等教育的命令,费歇尔谨遵照办。从 1909 年起,我不仅能够使用费歇尔研究所的所有房间,而且费歇尔本人还不止一次地帮助我在科学上成长,并向我表示了他深切的祝愿和友好的关怀。

他们两人在共同研究中,主要是研究放射性元素以及天然或人造元素的嬗变(transmutation)——即用中子等粒子轰击一种元素,使其变成另一种不同元素。他们的合作很有成效,因为哈恩可以从化学方面进行探索,而迈特纳则主要从物理方面进行研究。

到了 20 世纪的 30 年代,迈特纳已经是蜚声世界的科学家了。那时,几乎全世界的科学家对她的工作都十分注意,她的文章、讲演,都被认为是极有分量的,会无例外地引起人们高度重视。而且早在 1918 年,她就被委以重任,成为凯撒·威廉物理化学研究所物理部主任。

1945 年 10 月,迈特纳被瑞典科学院选为外国会员,她是瑞典科学院成立两百年来接受这种崇高荣誉的第三位妇女。1966 年,她与哈恩,施特拉斯曼(Fritz Strassmann,1902—1980)共享了瑞典原子能委员会授予的费米奖。1968 年 10 月 27 日,她以 90 岁的高寿离开了人世。

迈特纳一生十分重视实验,如果她不能用实验重复别人的发现,她不轻易接受别人的看法,只有当她反复实验,确实得出了别人的结果她才善罢甘休。1922 年,为β衰变中衰变电子连续能量的来源问题,在科学家中引起了激烈的争论。当时有位名叫埃利斯(Charles Ellis)的科学家提出了与迈特纳不同的意见,埃利斯还和伍斯特(W.A. Wooster)一起用实验验证了自己的看法。但迈特纳不服输,她说:

"我不相信它,我要重做这个实验。"

直到三年后,她才完成了与埃利斯结果相同的实验,这时她才承认埃利斯是正确的。

对于迈特纳来说,相信实验是检验理论的标准当然是对的,可是有时也因为她过分相信自己的实验,而轻率地反对别人从实验中得出的结论。当她后来成了著名物理学家以后,这种反对当然就会产生不好的影响。

1933年10月22日至28日在布鲁塞尔举行的第七届索尔维会议上,法国年轻的物理学家约里奥—居里夫妇(Jean Frédéric Joliot-Curie, 1900—1958, Irène Joliot-Curie, 1897—1956,他们同时于1935年获得诺贝尔化学奖)将他们用α粒子轰击硼、氟、钠、铝等的实验结果提出了一份详细报告。他们发现,当α粒子轰击这些物质时具有两种反应:一种是放出质子;另一种是放出中子和正电子。这两种反应的最后产物是同一个稳定的元素。

当会议进行讨论时,迈特纳连珠炮似地向他们提出了许多问题,最后她声称,她也做过同样的实验,除了放出质子以外什么也没有发现过。

"如果发出一个正电子,那么,它是从哪儿来的?"迈特纳问道。

最后迈特纳坚持认为这对法国夫妇的实验结果不可靠。约里奥后来曾这样回忆当时的情形:

> 我们的报告引起了激烈的争论。迈特纳小姐声称,她也进行了同样的实验,但没有得到类似的结果。最后,出席会议的绝大多数物理学家作出结论说,我们的实验是不准确的。会后,我们很不痛快。这时玻尔教授到我们这里来了。他说,他认为我们的实验报告是非常重要的。此后,还有泡利也同样鼓舞了我们。

约里奥—居里夫妇回国后,立即又投入到实验室,他们决心向全世界物理学家证明，他们是对的，而迈特纳是错的。经过一段时间的努力，他们完全可以放心地说，的确是有正电子放出来。更令人兴奋的是，在进一步实验中，由于他们改进了实验方法，他们意外地发现了一种新现象——人工放射性，即不仅α射线在照射铝时有正电子放出来，而且将α射线源移走后，正电子仍可继续出现一段时间。不久，约里奥—居里夫妇为此获得了1935年的诺贝尔奖化学奖。

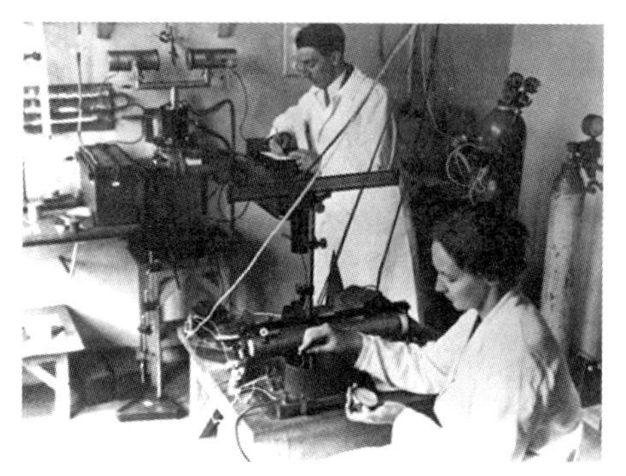

▲ 约里奥—居里夫妇在实验室里工作。

还有一次也与上面一次差不多。1935年，约里奥—居里夫人在一份实验材料上透露，她在轰击钍的同位素时，发现钍会放出一种射线。迈特纳指导她的一位名叫冯·德劳斯特(Gottfried von Droste)的学生，重复了约里奥—居里夫人的实验，但不知是什么原因，并没有出现报告中指出的结果。迈特纳又一次匆忙地作出了结论，宣称约里奥—居里夫人的资料是“不可靠的”。但结果表明，还是迈特纳自己过于相信自己，因此结论作得太匆忙。

这样的失误迈特纳还有，我们在有关哈恩的那一节还会见到。当然，这些失误如果与迈特纳的成就相比较，那还是瑕不掩瑜。法国科学家、数学家和哲学家伽桑狄(Pierre Gassendi，1592—1655)说的好：

与其说我们有权防止错误，不如说我们有权不坚持谬误。

任何一位伟大的科学家，都是一定会犯错误的，但是，只要他在发现自己错了以后不坚持谬误，并能公开放弃错误，他就会受人尊敬。迈特纳做到了这一点。她为科学的进步和人类的幸福，在工作中犯过错误，但也为了同样的目的，她迅速放弃了错误。

伟大的德国诗人歌德曾在一首诗中写道：

舒展幸福的目光，
回顾走过的道路；
往昔发生的一切，
都同样美好幸福。

▲塞姆为迈特纳写的传记。这本书出版后受到广泛的赞扬。这是英文版封面。

对迈特纳来说，在她长达60多年的研究生涯中，往昔发生的一切，既有成功，也有失败，但是当她回顾起来，也肯定会有歌德同样的感受。因为她，一个将青春至生命全部奉献给科学的人，是应该得到这种至高无上的幸福的。

汝丝·塞姆(Ruth Sime)在为迈特纳写的传记中这样写道：

作为一个青年女子，她在毫无物理学前途的保障的情况下去了柏林，但她又一次走了好运，在柏林得到了一位保护人和朋友即普朗克，和一位合作者即和她恰好同岁的化学家奥托·哈恩。迈特纳和哈恩一起在放射性方面出了名，然后在20年代，迈特纳独立于哈恩而进入了核物理学，这在当时是一个刚露头角的领域，她成了这一领域中的开创者。在柏林的物理学界，她正像爱因斯坦所喜欢说的那样，是“我们的玛丽·居里”；在全世界的物理学家中，她被认为是当时的伟大物理实验家之一。她的事业在妇女进入科学和学术方面创造了一系列的记录。这位极端羞怯的青年女子变成了一位很有决断的教授——她的外甥会取笑说她是“矮小的，黑皮肤的和高傲的”，她虽然常常因为自己的年轻而感到不安全，但她却从来不怀疑物理学是值得干的。她从来没有结婚，而且就我们所知，也从来没有谈过什么恋爱，但是她对人的友情却是很深厚的。归根结底，她对物理学是很感谢的，物理学给她的一生带来了欢悦和意义，使她的身边围绕着朋友和同道，而他们是一些“伟大和可爱的人物”。到了最后，这些就是她唯一没有失去的东西了。[①]

21 费米的“超铀元素”

一般说来，人们只对自己有思想准备的东西能认识，如同我们在X射线、中子和正电子的例子中所看到的那样。

——E.赛格雷

在美丽的芝加哥大学校园里，有一座中世纪城堡式建筑。建筑物前面外墙上挂着一块镂花金属牌子，牌上写着：

1942年12月2日，人类在此实现了第一次自持链式反应，从而开始了受控的核能释放。

▲ 墙上挂着的金属牌子。这是费米（右一）等人在牌子下面合影纪念。后来这座建筑被拆，只在原地修建一个摩尔的现代派的雕塑。

每当外来的学者或新入校的大学生走到这块牌前，就会以尊崇的心情回想起美籍意大利物理学家恩里科·费米光辉而短暂的一生，正是这位现代“意大利的航海家”使人类登上了又一块“新大陆”。此刻，人们也许会同时以崇敬的心情联想

① 引自《丽丝·迈特纳：物理学中的一生》，汝茨·丽温·塞姆著，戈革译，江西教育出版社，1999年，“原序”，23页。

到，同是意大利人的哥伦布于1492年发现了美洲大陆。

恩里科·费米1901年9月29日出生于罗马，他的父亲是铁路职工，母亲是中学教师。

费米从十岁起，就特别喜欢数学和物理，而且喜欢钻研一些数学难题。例如，当他正在读小学时，他就想，为什么$x^2+y^2=R^2$这个方程能代表一个圆呢？到了中学，他总觉得学校的课程对他来说太容易了，他只得自学大学课程才能满足他那旺盛的求知欲和不寻常的智力。费米还有一个非常突出的特点是他不是一个书呆子。在中学时他除了读完研究生才读的经典物理以外，他还非常喜欢动手利用最简单的方法做物理实验，只要能做的他总是尽力去完成。他测过罗马的重力加速度，罗马水的密度。他利用大拇指测山的距离、树高以及鸟的飞行速度。这种用极其简易的方法进行测量的特点，他一生都保持着。人们还记得，当美国制造的第一颗原子弹爆炸时，他在爆炸现场把一张纸条扔到空中，就相当准确地测定出原子弹爆炸的威力。

17岁时，费米考入位于比萨的皇家高等师范学院。因为他已经通晓经典物理和相对论，所以物理课的老师几乎没办法教他，只好让他在实验室里去做他想做的实验。21岁，即1922年，他以一篇有关X射线实验的论文，取得了博士学位。当费米回到罗马以后，他非常幸运地遇见了一位非常赏识他的人——罗马大学理学院院长柯比诺教授(Philipp Abelson，1876—1937)。这个人对费米今后的一生起了非常重要的作用。柯比诺教授不仅是位造诣很高的物理学家，而且是一位正直的、爱国的政治家。他是意大利参议院议员，还担任公共教育大臣。柯比诺对当时意大利物理学界毫无生气、死气沉沉的现状十分不满，决心要振兴意大利的物理学，使它恢复到以意大利物理学家伏特(Count A. Volta，1745—1827)和阿伏伽德罗(Amedeo Avogadro，1776—1856)

▲ 16岁时的费米

那种光辉耀目的盛时。费米从比萨回到罗马后，立即拜访了柯比诺教授。通过交谈，柯比诺立即意识到振兴意大利物理学的宏愿现在有可能成为现实了，费米就是他物色了许久的堪当此任的帅才！此后，柯比诺就以他掌握的一定的权利，尽力帮助费米。首先让他到德国、荷兰去进修，然后又想方设法为他在罗马大学取得了理论物理教授的职位。

费米果然没有辜负柯比诺的殷切期望，他很快就使罗马成为当时举世瞩目的原子物理的研究中心之一。到 1926 年，在这位年轻的但已闻名世界的物理学家周围，已经聚集了一批同样年轻的物理学家。在开始时，年纪最大的和年纪最小的只相差 7 岁。就是这批年轻活泼（有时甚至是淘气）的人，构成了意大利现代物理学学派的核心，吸引了意大利国内外各大学的大学生和研究生。费米被这批年轻人戏称为"教皇"，因为在量子理论上，他总是正确的。这个绰号曾经使初到罗马的物理学家大吃一惊，不过后来，全世界物理学界都知道罗马的物理学界，的确有一位货真价实的"教皇"。

▲ 费米（中）和他的年轻的同事们形成一个世界知名的"罗马学派"。

下面我们要介绍的是使他荣获 1938 年诺贝尔奖的光辉成就以及与此相关的使他终生感到遗憾的一件事。

1934 年 1 月，当约里奥-居里夫妇宣布他们发现了人工放射性现象以后，这件事引起了费米极大的兴趣。费米有一个巧妙的想法，他认为约里奥他们在实验中用α粒子轰击铝做的靶子，每次得用上百万个α粒子才得到一次成功的机会，这机会实在太少了。机会这么少的原因十分清楚，因为α粒子带正电，而原子核本身也带正电，因此铝核就会由于“同性相斥”的静电排斥力，阻碍α粒子接近。费米想，如果用查德威克发现不久的中子来轰击原子核，就不会有这种静电排斥力了，那击中原子核的机会不就会增大多了吗？而且更重要的是，当用中子轰击原子量大的元素时，它提供了发生反应唯一的可能性。用α粒轰击原子量大的原子核，在当时根本不可能发生反应。

从 1934 年 3 月开始，费米开始了用中子轰击元素的实验。费米决定从最轻的元素氢（H）开始，然后按照元素周期表的顺序依次进行。非常不幸的是，当他从氢一直轰到氮（N），都没有出现任何预料中的反应。幸亏费米没有丧气，还是继续往下轰击后面的元素。当他轰击到氟时（F），他高兴得跳了起来，氟被中子击中而且发生预料中的反应了！于是，费米决定用中子轰击当时已知的 92 种化学元素。但当轰击到周期表上最后的一个元素，即原子序数为 92 的铀（U）时，出现了意料之外的麻烦。

在轰击铀以前的元素时，元素经中子的轰击后，中子被原子核吸收，形成原来那个元素的同位素。因为中子的质量数为 1，但不带电荷，所以吸收了中子的元素其原子序数仍然不变，只是质量数增加 1。例如，用中子轰击原子量为 20、原子序数为 9 的氟，氟 9 吸收了一个中子，就成氟 9 的一个稳定同位素：原子量 21、原子序数仍为 9 的氟，并同时放出γ射线。到此，反应就结束了。用核反应式表示就是：

$$ {}^{9}_{19}\mathrm{F} + {}^{0}_{1}n \longrightarrow {}^{9}_{20}\mathrm{F} + {}^{0}_{0}\gamma $$

但是有些元素的原子核吸收了一个中子后，其同位素不稳定。这时，不稳定的同位素就放出一个β粒子（即电子），使一个中子变成一个质子，于是元素的原子序数就增加 1。

例如原子序数为 45、原子量为 103 的铑（${}^{45}_{103}\mathrm{Rh}$），它的核里有 45 个质子和 58 个中子（45+58 = 103），当受到中子轰击时，它吸收了一个中子，成为原子量为 104（46+58 = 104）的铑${}^{45}_{104}\mathrm{Rh}$。但它是极不稳定的，它迅即放射出一个β粒

子，使一个中子变成质子，其核结构就成为 46 个质子和 58 个中子(原子量仍为 104)，这就成了原子量为 104 的钯(${}^{46}_{104}Pt$)。钯 104 是稳定的，反应到此结束。用核反应式表示就是：

$$ {}^{45}_{103}Rh + {}^{0}_{1}n \rightarrow {}^{45}_{104}Rh $$

$$ {}^{45}_{104}Rh \rightarrow {}^{46}_{104}Pt + {}^{-1}_{0}e $$

费米发现，有很多元素能够吸收中子，按上面说的反应顺序形成原子序数加 1 的元素的同位素。接下去，费米当然会想到，如果用中子轰击元素周期表上最后的一个元素铀(U)92，铀的同位素会不会也放也一个β粒子而形成一个原子序数为 93 的所谓“超铀元素”呢？如果真能如此，那才真是一件极其令人兴奋的事，因为在自然界还没有谁见到过 93 号元素呢！如果在实验室里造出来了，那还会不轰动全世界？

费米怀着激动的心情开始用中子轰击铀 92，他热切地希望能得到“超铀元素”。结果似乎很理想，中子被吸收了，所生成的东西也果然放出了β粒子，93 号元素似乎顺利地诞生了。可是，出现了一种新的情况使反应变得十分复杂。在这一反应中，放出的β粒子不止一种，而是有四种，它们的能量也各不相同；而且，最后得到的不止一种元素，费米发现其中至少有一种的原子量与铀相距很远。费米无法确定自己是否真的制出了 93 号元素，于是他就将这次实验的结果，在 5 月份写了一篇报告投给意大利的《科学研究》杂志。在这篇文章中，费米比较慎重，没有急于宣布说自己已经发现了一种新元素，他只是叙述有哪些迹象表明已经产生了新元素。

▲ 柯比诺(右)和费米在 1933 年的合影。

可是柯比诺却认为费米太谨慎了，他完全相信费米已经得到了第 93 号元素。同年的 6 月 4 日，柯比诺在有国王出席的林赛科学院的会议上公开宣称：

“根据我天天都在注意着的这些研究的进展，我以为我可以做出结论说，新元素的制成已经得到了确切的肯定。”

柯比诺的讲话，使费米处于非常尴尬的地位。因为这一讲话，立即引起了全世界的轰动。国内报纸趁机大肆宣扬“法西斯主义在文化领域的胜利”，有一家小报甚至说费米将一小瓶 93 号元素献给了意大利王后。国外报纸也争先恐后刊登了大标题的专栏文章。

费米担心他要被科学界指责为鲁莽、轻率和不负责任，而且他也不喜欢未经仔细审查就公开宣扬。后来，柯比诺总算在费米的坚持下，由他们两人向报界作了简短的声明，大意是说根据已经完成的实验，制出 93 号元素是有可能的，但在得到确证之前，“尚须完成无数精密的实验……无论如何，这一研究的主要目的并不是为了要制成一种新元素，而是要研究一种普遍现象。”

当时，大多数物理学家都认为费米制出的是 93 号元素。费米虽然比较谨慎，但也比较倾向于大多数人的看法，尤其是当两位放射学方面的权威丽丝·迈特纳和奥托·哈恩“完全证实”了费米的结论以后，费米就基本上不再怀疑他在实验中得到的正是“超铀元素”。

反对的意见并不是没有，只是没有引起费米的注意。德国弗莱堡大学物理化学院有一对年轻的夫妇，男的叫瓦尔特·诺达克（Walter Noddack，1893—1960），女的叫伊达·诺达克（Ida Noddack，1896—1978），他们俩从 1929 年就致力于发现天然超铀元素的研究工作，并被认为是稀土元素化学分析方面的专家。他们对费米的“超铀元素”提出了否定的结论。依达·诺达特还给《应用化学》杂志写了一篇稿，认为费米在没有充分化学证据的情形下，就称其实验产物为“超铀元素”，实在为时过早。她还大胆提出了一个假定：是否有可能当中子闯进铀核时引起了核分裂，费米得到的产物说不定是核分裂的碎片。她是这样写的：

可以假定，当原子核在中子的作用下分裂时，就会产生核反应，

> 这个反应与目前在质子或α射线作用于原子核时所产生的反应有很大区别。似乎在用中子轰击重核时，所研究的核子分裂成几个大块的碎片是可能的，而且毫无疑问，这些碎片应该是已知元素的同位素，但不是被照射元素的相邻元素。

对于诺达克的见解，作为一个物理学家的费米觉得简直不可思议。一个中子的能量小于一个电子伏特，怎么可能使原于核发生分裂呢。很多科学家已经由实验证明，原子核可以承受几百万电子伏特高能粒子的轰击。几百万电子伏能量的粒子砸不开坚固的核，一个只有 1 电子伏特的中子竟然能砸开？这好比是用高速枪弹射不透的墙却能用一只乒乓球穿透一样，是不可思议的。不仅费米不相信诺达特的假定，包括玻尔、约里奥在内的许多著名物理家都不相信，都认为用中子轰击铀产生"超铀元素"是顺理成章的事。

▲ 德国物理学家伊达·诺达克。我们不能忘记她的贡献。

但是，后来的事实证明诺达克是对的，费米在实验中所得到的生成物并不是 93 号元素，而真的是一块核分裂后的碎片。这其中的详情，我们在下一节哈恩那儿还会详细谈到。

后来，虽然费米因为他对中子技术的贡献荣获 1938 年诺贝尔物理学奖，但每一提到 1934 年中子轰击元素的实验，他总感到有点遗憾。他那时已经走到了震撼世界发现的边缘，却完全没有意识到。费米曾谦虚地谈论过这件憾事，他说：

> 我们当时没有足够的想像力来设想，铀会发生一种与任何其他元素都不一样的转变过程。况且，我们没有足够的化学知识一个一个地分离铀的转变产物。

当时与费米一起做实验的伊米利奥·赛格雷后来曾在回忆这一段往事时说：

> 有人可能会问：在罗马，我们为什么没有发现原子核发生裂变？我们确实曾做过一个非常接近裂变情况的实验。为了能看到由中子轰击铀产生寿命很短的α放射性，我们假设：这样做应会产生高能粒子的。我们把一块铝箔盖在样品上，用以阻止那长程式的α粒子。结果我们并没有看到什么。如果我们把这张铝箔拿开的话，我们是会看到由裂变碎片产生的巨大电离脉动冲的。如果我们看到的话，人们不知道我们是否会正确地解释它们。我曾听说在其他实验室里也做过这个实验，得出的结论是探测器有毛病。一般说来，人们只对自己有思想准备的东西能认识，如同我们在X射线、中子和正电子的例子中所看到的那样。

费米的遗憾自然是无法弥补的，不过我们可不要以为他完全失败了。其实，93号元素后来被证明的确是产生了，只是费米本人当时无法确证。1938年，美国物理学家E. M. 麦克米伦（Edwin McMillan，1907—1991，1951年获得诺贝尔化学奖）和P. H. 艾贝尔森（Philipp Abelson，1913—2004）在用中子轰击铀原子后，分离出93号元素。与费米原来估计的一点也不差，原子序数为92的铀238果然吸收一个中子，变成铀239，然后辐射出一粒子就变成了93号元素。这一超铀元素被命名为镎（Np）。给费米实验中造成困难的原因是铀元素中，通常含有三种同位素，即铀234、235和238，产生原子核裂变的是铀235，而铀238在吸收中子后并不会发生核裂变。铀238是完全依照费米的预想进行反应的，只是费米万没料到铀235竟然会发生了闻所未闻的核裂变！

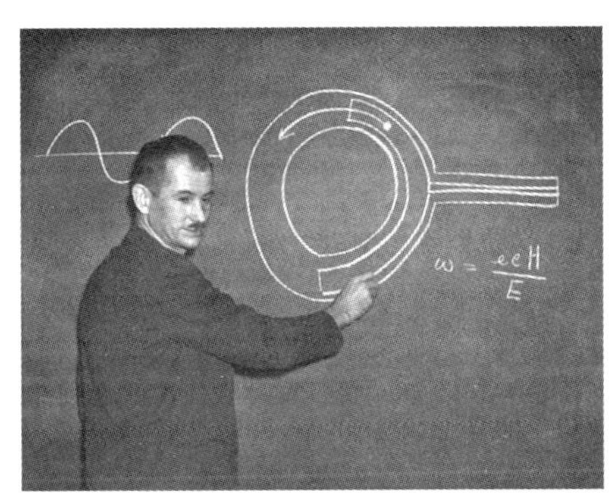

▲ 美国物理学家麦克米伦。他发现93号元素镎。

22 哈恩惊醒之后

一个人在科学探索的道路上，走过弯路，犯过错误，并不是坏事，更不是什么耻辱，要在实践中勇于承认错误和改正错误。

——A.爱因斯坦

核物理的创始人卢瑟福在他逝世的前几年曾公开明确地宣称："原子转化对科学家来说有着极大的兴趣，但是我们不能控制原子能，以使它具有实际的价值；而且我认为，我们显然将永远不能做到这一点。"

卢瑟福的这个"永远"被证明只有五年这么长的一段时间。因为到1938年底，由于德国科学家奥托·哈恩发现了原子核的裂变，原子能的实际运用也迅即提到了科学家的议事日程上来了。又过了四年，费米就把卢瑟福的"永远"彻底埋葬。当然，卢瑟福并不是犯这种错误唯一的人，麦克斯韦、赫兹、爱因斯坦都犯过类似的错误。

▲ 年轻时的哈恩

奥托·哈恩于1879年3月8日诞生于德国莱茵河畔一座重要的城市法兰克福(Frankfurt)。他的父亲是很富有的企业家兼房产主。哈恩从小就喜欢做各种各样的实验，尤其喜欢做化学实验。他家中的洗衣房成为他科学研究生涯中的第一个实验室。

1901年，22岁的哈恩在马尔堡大学(University of Marburg.)获得博士学位。1904年秋天，他到英国伦敦大学著名化学家威廉·拉姆赛(William Ramsay，1852—1916，1904年获得诺贝尔化学奖)的研究室进修。拉姆赛在研究放射性化学方面很有名气，他热情接待了哈恩，并建议哈恩到镭实验室去工作。哈恩感到为难，因为他对镭的放射性一无所知。拉姆赛的回答使哈恩吃了一惊，拉姆赛说：

“一无所知更好，这样你将可以比较公正地对待所遇见的问题。”

拉姆赛的高见使我们想起了麦克斯韦。当年麦克斯韦决定研究法拉第的电磁场时，为了公正地对待法拉第的观点，他决定不看任何一篇评论法拉第观点的文章。的确，在科学研究中，由于“近亲繁殖”所引起的“职业呆小病”，常常是阻碍科学发展的一个重要原因。

哈恩接受了拉姆赛的意见，从此，他开始了化学与物理相交的一门边缘学科，即放射性化学的探索。1905 年，他带着拉姆赛评价极好的介绍信，到加拿大蒙特利尔（Montreal），在卢瑟福领导下的麦克吉尔大学（McGill University）物理实验室进行研究。在卢瑟福悉心指导下，哈恩熟练地掌握了卢瑟福规定的一切实验方法，其中用α射线轰击元素的方法，那更是哈恩的拿手好戏。

卢瑟福有一种惊人的本领，那就是他善于用极简单的仪器设备解决深奥的物理学问题。哈恩在自传中曾这样描述当时的实验设备：

“β射线和γ射线用的验电器，我们是用大罐头盒或其他白铁盒制成的，盒上固定一个较小的烟草盒或香烟盒。轴心是用硫黄绝缘的，因为当时我们没有琥珀。”

这种简陋的设备在卢瑟福精湛的组织下所做出的贡献，一定使哈恩终生难以忘却。他和他的老师卢瑟福相处极好，直到晚年，哈恩还经常津津有味地回忆他在麦克吉尔度过的幸福的日子。尤其是谈起下面一桩趣事，哈恩更是乐不可支。

我们都知道，卢瑟福和许多伟大科学家一样不太注意修饰。有一次，一位记者突然闯进了卢瑟福的实验室，要为这位著名学者照一张像，可是卢瑟福没有戴假袖口。这可不行，没有假袖口会“严重削弱”学者的风度。哈恩连忙将自己的袖口借给老师，让他显得更有精神。事后哈恩逢人便拿出老师的照片得意地说，他那“华丽生姿”的袖口，经常出现在英国杂志的照片中。

1906 年秋天，哈恩回到了柏林。1907 年春天，他开始在柏林大学讲授化学，课余他就埋头研究放射性。这年秋天，他遇见了从维也纳来的物理博士

▲ 年轻时的丽丝·迈特纳

丽丝·迈特纳。他们见面之初，彼此都立即感到相见恨晚。此后即开始了他们长达30年的合作。

1912年,凯撒·威廉科学促进协会成立，哈恩担任化学研究所放射性研究室领导职务，这对于哈恩来说是一件十分惬意的事。1928年,他升任为该研究所所长。第二次世界大战后，威廉皇家科学促进协会改名为普朗克科学促进学会，哈恩担任该协会主席,直到1960年。由于哈恩一生对物理、化学贡献卓著,世界各国不少科学院授他院士称号。

1944年,哈恩因核裂变方面卓越的贡献,荣获诺贝尔化学奖。下面我们将介绍他在核裂变研究中所取得的成就和所犯过的错误。

事情还要从费米1938年用中子轰击铀的实验讲起。

当费米在《科学研究》杂志上报告了用中子轰击铀的实验结果后,立即引起了科学家们热烈的争论。费米将其中的一种产物称为“超铀元素”,虽然他不十分肯定,但仍被普遍承认了。但也有些物理学家认为，这种神秘的物质也说不定是91号元素镤[①]。总之,大家都拿不准。

这时与哈恩共同研究放射性的迈特纳深知解开“超铀元素”之谜的重要性,就极力说服哈恩参与这件工作。因为哈恩是当时欧洲最有名气的化学家,他最擅长于化学分析,而要解开“超铀元素”之谜就必须将费米实验中的产物,进行化学分析以确定其化学性质。而且,他们早在1917年就发现了91号元素,也是他们将其定名为“镤”,由他们来确定“超铀元素”是否为镤,那实在是再合适不过了。哈恩被迈特纳说服了,于是两人开始了对“超铀元素”的研究。

经过仔细的化学分析,哈恩证明费米发现的“超铀元素”不是镤。当时人

① 镤,化学符号Pa,原子序数91,属于锕系元素之一。

们普遍认为,哈恩的这一结论支持了费米发现的是“超铀元素”。费米得知哈恩和迈特纳的实验结果后,原来对发现超铀元素的犹豫逐渐消失。

在一片赞扬声中,化学家伊达·诺达克的批评被忽略了。诺达克夫人认为,在确实证明这种神秘物质不是其他任何元素之前,不应该把它称为“超铀元素”。诺达克夫人曾经回忆过这段往事,她写道:

> 我还是怀疑超铀元素。我的丈夫和我很早在和哈恩谈话时提出了一个想法:哈恩是否能在自己的讲课中或在著作中提到我对费米实验的批评。可是哈恩回答说,他不想把我拿出去当笑柄,因为我的关于铀核分裂成几个大碎片的假定,纯粹是谬论。

但奇怪的是,诺达克夫妇却从没有动手做这个实验以证明自己的假定。他们既然有了这种别人暂时没认识到的想法,如果再重复一下费米的实验,是很可能会首先得到震撼世界的发现的。

在巴黎,约里奥·居里夫人对“超铀元素”之谜也很感兴趣。约里奥·居里夫人重复了费米的实验以后非常惊讶:他们的实验结果与费米的很不相同。1938 年夏,约里奥·居里夫人和南斯拉夫物理学家保罗·萨维奇(Paul Savič)合作,决心确切地鉴定费米实验中几种产物的一种。结果他们发现了一种类似于锕[①]的物质,其化学性质与稀土族元素类似。这是一个已经接近伟大发现边缘的非凡发现,可惜他们没有进一步考虑,这个非凡的发现将会导致什么样的结果。他们将实验结果公布了。

▲ 哈恩(右)和施特拉斯曼

---

① 锕,化学符号 Ac,原子序数 89,属於锕系元素之一。

哈恩知道这一消息后大不以为然，他曾以私人名义写了一封信给约里奥·居里夫人，建议她更仔细地重做一次实验。但是使哈恩非常生气的是，约里奥·居里夫人不仅没有回信，反而接着又在第一篇文章的基础上发表了第二篇文章。哈恩为了对巴黎的同行不听他的“教导”表示抗议，他坚决不看约里奥·居里夫人的第二篇文章，他的助手施特拉斯曼(Fritz Strassman，1902—1980)怎么劝告也没用。哈恩坚持说约里奥·居里夫人在继续往错误的方向上走，而且自以为是，不听劝告！

施特拉斯曼曾经想到，所谓“超铀元素”会不会是第56号元素钡[①]呢？他把这一想法讲给迈特纳听，希望听取她的意见。哪知迈特纳却一口回绝说：

“赶快把你的想法扔到废纸篓中去吧！”

要放弃一个诱人的想法，是多么困难啊！“超铀元素”使这么多优秀的科学家变得糊涂和偏执起来。

1938年12月17日，施特拉斯曼看到约里奥·居里夫人的第三篇文章。在这篇文章里，她将前两篇文章进行了综合并作了进一步补充。文章声称，“超铀元素”的性质很像镧[②]的同位素。看到这儿，施特拉斯曼全明白了，约里奥·居里夫人没有犯任何错误，犯错误的是哈恩、迈特纳。

这时，迈特纳因为是犹太人已经逃往丹麦，施特拉斯曼成了哈恩最亲密的助手。等哈恩一来到实验室，他急忙对哈恩说：“您一定要读一读约里奥—居里夫人这篇文章！”

哈恩点着雪茄，毫不动容地说：“我对我们这位有交情的太太最近写的东西一点也不感兴趣。”

施特拉斯曼早就知道哈恩一定会这么回答的，他也不管哈恩愿不愿意听，就把文章的内容扼要地讲给哈恩听。哈恩一听完，如同晴天霹雳，一下子惊呆了！他把没吸完的雪茄往办公桌上烟缸里一摁，就同施特拉斯曼一起向实

---

① 钡，化学符号Ba，原子序数56，是碱土金属中最活泼的元素。

② 镧的化学符号是La，原子序数57，是稀土元素中含量最丰富的一个。

验室跑去。接着的几天，哈恩和施特拉斯曼紧张地在实验室里，按照约里奥—居里夫人在论文中叙述的方法进行实验。连饭都顾不上吃，让人把饭送到实验室里来。

在实验事实的证明面前，哈恩终于放弃了自己以前错误的看法。

正如巴黎同行所描述的那样，那神秘的产物的确很像镧。但到底是什么呢？哈恩决心弄个一清二楚。哈恩到底不愧是欧洲最有名气的化学分析能手，他很快就无可怀疑地指出，那神秘的产物实际上是钡。钡的原子量是 137 多一点，而铀的原子量稍稍多于 238，这就是说钡的原子量只比铀的一半多一点。在化学上他们可以确信自己没有错，可是在物理上他们就毫无把握。尽管如此，他们明白，他们作出了伟大的发现，哈恩知道这时最紧要的是尽快发表自己的工作报告。12 月 22 日，哈恩就把文章寄给了《自然》杂志。

哈恩后来曾对人说："当文章送往邮局之后，我又觉得自己是不是太鲁莽了？也许实验结果有错误？我甚至于想把文章从邮箱里拿出来。"

如果生成物真是钡，那只有铀核发生分裂才可能，但这又和当时核物理理论完全矛盾。如果迈特纳在身边就好了，她精通物理，对他的文章一向铁面无私，总是毫不留情地给以批评。于是，他又急忙写了一封信给迈特纳，把实验的一切情形都告诉给她。也许她会轻而易举地把他的一切结论或者全部推翻，或者彻底证实。

迈特纳果然不负哈恩的重托。她一看完哈恩的信，立即根据爱因斯坦的质能公式（$E=mc^2$）进行计算，结果与相对论的结果完全符合！她这时才深信核裂变的新纪元真的来到了！

在她之前，还没有任何一个人预料到这一点。

当玻尔知道了迈特纳的结论以后，他竟激动得把手向他宽阔的前额一拍，大声喊道："哎呀，我们早就应该知道这一点的，我们可真笨！不过，这可是太妙了！情况一定是这样的！"

哈恩就是这样终于从错误中挣脱出来，作出了他一生中最伟大的发现。

▲ 在德国展览哈恩发现核裂变使用的仪器。其中大部分是迈特纳制造和使用过的物理仪器。但是上方的牌子却写着 ARBEITSTICH VON OTTO HAHN(冯·奥托·哈恩工作台)。

还有一件事也应该在这儿提到。哈恩后来一个人在 1948 年获得诺贝尔化学奖。很多科学家为迈特纳没有获得诺贝尔奖抱不平。但哈恩后来的暧昧的态度让迈特纳和众多的科学家很是不解。1953 年在慕尼黑德意志科技博物馆中,展览了“德国人”哈恩发现裂变时候用的仪器。桌子上摆的是中子源、石蜡块……,除了右边一个圆锥形的玻璃瓶以外,全是当年迈特纳设计和使用过的物理仪器,但上方的标牌却写着“冯·奥托·哈恩的工作台”;墙上的详细说明提到了斯特拉斯曼,但迈特纳的名字则完全不提!这简直是哈恩和德国科学界的耻辱。

这种情况居然“坚持”了 30 多年。后来由于众多人的抗议,博物馆当局这才羞羞答答地增加了一块很小的牌子,上面提到了迈特纳。而哈恩在这些不光荣的行为中负有无法推卸的责任。

荣誉是一把双刃剑,可以使科学家努力奋斗,也可以使一个科学家背叛科学的精神,只专注于自己的荣誉和利益得失。科学史上这样的例子实在是太多了!

23 泡利和克罗尼格的不幸

在大自然面前——以及在学生面前，一位理论物理学家显得多么寒碜！

——爱因斯坦致埃伦菲斯特

泡利在他许多（如果不说是大多数的话）否定意见中被证实为搞错了。使得一些听从他建议的人没有及时发表他们的创见。

——J.梅拉

这一节是谈奥地利物理学家沃尔夫冈·泡利的失误。由于泡利的失误，美籍荷兰物理学家克罗尼格（Ralph de Laer Kronig, 1904—1995）失去了一次作出重大发现的机会，对于克罗尼格来说这当然是一件十分不幸的事情。

▲ 1931 年，泡利在美国加州帕萨迪纳。

泡利具有一种不同凡响的敏锐反应能力，再加上他批评人毫不留情，所以关于他有不少有趣的传闻。

有一次，他的老师玻尔在一次讨论会上发言，泡利突然大声叫道："住口，别犯傻气！"玻尔很温和地说："但是泡利，你听我说……"泡利立即顶回去："不，我一个字也不想再听！"在哥本哈根，大家讨论起问题经常吵得很凶，尤其是泡利。这种不客气的争论，经常闪耀着智慧的光芒，知性的冲撞，启人思维，发人深省。所以，参加争论的人是不会生气的，他们的信念是真理越辩越明。

杨振宁曾经有一次被泡利追问得几乎下不了台。那是 1954 年 2 月下旬，杨振宁教授应奥本海默之请在普林斯顿高级研究所作关于规范场的报告，泡利当时也在场。当杨振宁在黑板上刚写下一个规范场的公式时，泡利马上追问：

"公式中规范场的质量是多少？"

这是杨振宁当时无法回答的问题，因此回答说不知道，当他重新接着讲下去的时候，泡利不依不饶地又追问同样的问题。杨振宁只好说：

"这个问题很复杂，我们研究过，但是没有得到确定的结论。"

泡利很快就接过话题："这不是一个充分的托辞。"

杨振宁非常吃惊，几分钟的犹豫之后，决定坐下来不继续讲下去。大家都觉得很尴尬。后来，还是奥本海默打破窘境："好了，让弗兰克接着讲下去吧。"

这样，杨振宁才又接着讲下去。此后，泡利不再提任何问题了。

第二天杨振宁收到泡利写给他的便条："亲爱的杨：很抱歉，听了你的报告之后，我几乎无法再跟你谈些什么。祝好。诚挚的泡利。2 月 24 日。"

更有意思的是在他于 1958 年去世后，人们有感于他言词的犀利，还编造了一个故事，说泡利灵魂升天后遇见了上帝，泡利想到自己一生想弄明白精细结构常数α为什么要等于 1/137，但一直没弄明白，现在应该问问上帝。上帝听了泡利的问题后，把几张纸交给泡利，并说答案写在上面。泡利接过去一看，立即用德语回答：

"这是虚妄的！"——你看，上帝都得挨泡利的怼！埃伦菲斯特曾赞誉泡利是"上帝的鞭子"，结果上帝真的没有逃过这一鞭。

泡利这种才智过人，反应敏锐，以及罕见的犀利与机智，在他很年轻时就已经表现出来了。1918 年，即泡利 18 岁时，他在维也纳高中毕业，这时他已在课余时间学完了当时还非常新鲜的相对论，又学完了法国数学家约当（Camille Jordan，1838—1922）的《数学分析教程》，并向《哲学学报》投寄了一篇研究引力场能量分量的论文。该文于 1919 年发表。

▲ 德国著名物理学家阿诺德・索末菲

中学毕业后，泡利带着他父亲（一位著名的化学教授）的介绍信到慕尼黑大学找索末菲教授,索末菲在当时是世界上最有威望的理论物理学家之一。当泡利要求不读大学课程而直接读研究生课程时,索末菲肯定是有点吃惊的,不过泡利还有更令索末菲咋舌的，因为泡利不仅保证可以听懂研究生的课,他竟还要求参加高年级研究生的讨论班！索末菲觉得这年轻人未免有点不知高低。但出乎索末菲意料之外的是,泡利很快就成了他最得意的学生。

一年多以后，德国著名数学家菲利克斯·克莱茵（Felix Klein，1849—1925)主编《数学科学百科全书》。这是一部从各方面反映科学现状的不朽的巨著,为它撰稿的都是世界第一流的数学家和物理学家。克莱茵请索末菲撰写一篇关于相对论的文章。尽管当时泡利尚不满 20 岁，索末菲竟大胆地将这一重大任务交给了他。泡利果然不负老师所望,专题论文写得实在无可挑剔,索末菲高兴得在给爱因斯坦的信中写道,泡利的文章简直是“神乎其神”。爱因斯坦本人看了这篇文章以后,也十分称赞,他写道:

> 读了这篇成熟的、构思宏伟的著作,谁也不会相信作者是一个21 岁的青年人。思想发展的心领神会,数学推导的精湛,深刻的物理洞察力,流畅而系统的表达能力,文献知识的广博,题材的完备处理,评价的恰到好处——人们简直不知最先称赞什么才好。

1921 年秋天,玻尔应哥廷根大学邀请到哥廷根讲学,索末菲从柏林也来了,带着他最好的两个研究生泡利和海森伯。这次会议对泡利一生来说，真是举足轻重。因为在会议讨论中，玻尔立即发觉泡利和海森伯非同一般，前途无量,立即邀请这两位年轻人去刚成立不久的哥本哈根理论物理研究所工作。从此，泡利和玻尔就结下了不解之缘。在玻尔的鼓励和帮助下，泡利和海森伯对量子力学的发展,做出了巨大贡献。

与泡利一起工作过的人,都十分钦佩泡利的判断能力和发现理论弱点的本领,后来甚至到了这种程度,如果一件工作还没有得到泡利的认可,做这件工作的人就感到惶惶不安。虽然泡利的批评带有讥讽嘲弄的味道,而且毫不顾及别人的脸面,但人人又想听听泡利对某件工作的意见,连玻尔也不例外。

玻尔曾这样表达过很多人当时的心情：

> 确实，每个人都渴望听到泡利永远很强烈和很幽默地表示出来的对于新发现和新想法的反应，以及他对新开辟的前景的爱与憎。即使暂时可能感到不愉快，我们也永远是从泡利的评论中获益匪浅的；如果他感到必须改变自己的观点，他就极其庄重地当众承认。因此，当新的发展受到他的赞赏时，那就是一种巨大的安慰。同时，当关于他的性格的那些轶事变成一种美谈时，他就越来越变成理论物理学界的一种良知了。

那么，是不是被泡利批评过的工作都无一例外也都错了呢？这当然是绝不可能的事情，因为"智者千虑，必有一失"，谁也不能保证自己什么错误也不犯。克罗尼格由于没有这种思想准备，结果迷信了泡利的判断，使自己上了一次大当，导致终生的遗憾。

1925 年 1 月 16 日，泡利在一篇题为《原子内的电子群与光谱的复杂结构》的论文中，第一次正式提出了后来使他于 1945 年获诺贝尔奖的"泡利不相容原理"(Pauli exclusion principle)。这一原理指出，在一个原子中不能有两个或更多的电子处在完全相同的状态，也就是说用来表征微观粒子运动状态的四个特定数字(又称量子数)不能一一相同。有了这一原理，玻尔希望达到的目标，即解释原子内部的电子分布状况和元素的周期律，就基本上实现了。泡利不相容原理是量子力学建立以前原子论取得的最后一项杰出成就。后来进一步的研究表明，这个原理对于所有的基本粒子都适用，被公认为自然界的基本规律之一。

▲ 美籍荷兰物理学家克罗尼格

但是，有一个问题泡利并没有搞清楚，那

就是为了完全确定一个电子的状态，已经有三个量子数，都各自有相应的物理学解释，在经典物理学里都有相似的量与之对应。但是泡利提出的第四个量子数，到底应该怎样从物理上加以解释？而且与另外三个量子数不同，这第四个量子数只有两个值($\pm\frac{1}{2}$)，在经典物理学中没有相似的量与之对应。当时有不少物理学家在研究这个问题，但都没有得出什么肯定的结果。泡利本人也对此感到玄妙莫测，甚至有时神情沮丧地坐在公园长凳上发愣。这可是极稀罕的事情。

没有办法，泡利只能含糊地说这是“一种经典方法无法描述的、电子的量子理论特性中的双值性”。

理论中遇到困难，这是常有的事，但这次困难的解决竟是意外地由两位毫无名气的年轻人于 1925 年 10 月解决的。

这两位年轻人都是荷兰物理学家埃伦菲斯特的学生，一位是乔治・乌伦贝克(George Uhlenbeck，1900—1988)，另一位是萨缪尔・高斯密特(Samuel Goudsmit，1902—1979)。

乌伦贝克直到 1925 年 6 月还没确定自己终生应该从事什么职业。他的老师埃伦菲斯特一直相信他在物理学方面可以获得成就，但乌伦贝克本人对文化史却有异常的兴趣，并发表过这方面的文章。后来在他叔叔和老师的劝告下，他答应首先安下心来学完物理课程。埃伦菲斯特建议乌伦贝克向比他小两岁的高斯密特学习现代物理。于是乌伦贝克每周两天到莱顿大学跟埃伦菲斯特学习波动方程，其余几天就到海牙与高斯密特讨论原子理论最近的发展情况。高斯密特是一个有非凡独立工作能力的学生，当他还是大学一年级的学生时，就提出了一个原子光谱分裂的公式，二年级时写了几篇关于复杂光谱和矢量模型的文章。但是，对他不喜欢的课程，例如力学，却常常考不及格。高斯密特向乌伦贝克介绍了德国物理学家 A. 朗德(Alfred Lande，1888—1975)、海森伯和泡利以及他自己所做的工作，其中包括泡利于当年年初提出的电子的第四个量子数。高斯密特把这四个量子数用 n, l, m_l, m_s 表示，

代替了泡利的表示法。他也注意到 m_s 总是 $\pm\frac{1}{2}$。

由于第四个量子数与玻尔原子模型在定性上毫无关联，于是乌伦贝克产生一种强烈的愿望，想找到这种关联。乌伦贝克想，既然原来的三个量子数分别对应电子的一个自由度，那么第四个量子数也应该对于电子的另一个自由度，这就是说，电子应该像地球一样除了绕太阳公转以外，还有绕自己轴线的自旋！乌伦贝克立即把这一想法告诉高斯密特，令乌伦贝克惊讶的是高斯密特居然不懂什么是自由度！所以乌伦贝克只好先向他解释了自由度的定义及应用。当高斯密特弄懂了自由度以后，立即把乌伦贝克的设想作了一番推算，哪知推算的结果居然与玻尔理论十分一致！这一下两个年轻人可兴奋起来了，说不定他们将会作出某种重大发现！但是，他们也担心，这么多权威尤其是泡利，从没提到过电子的自旋，所以也说不定他们自己是在想入非非，到头来落人嘲笑。幸好他们的老师埃伦菲斯特对他们的想法十分感兴趣，但也拿不定把握，就把这件事写信告诉了洛伦兹。洛伦兹对这两位年轻人的想法也很有兴趣，但经过计算，他向他们指出了一些困难，如果电子自旋，那电子表面的速度将是光速的十倍！就这一点就已经说明，电子自旋的想法很可能是错误的。

▲ 乌伦贝克（中）和高斯密特（右）年轻时的合影。

乌伦贝克丧失了信心，也没打算发表自己的文章。但出乎他意料之外的是埃伦菲斯特竟然已经把乌伦贝克他们写的文章寄出去了。面对惊讶的学生，老师平静地安慰他：“你们还非常的年轻，做点蠢事也没什么关系！”

后来的情形这儿就不详谈了，总之，由于不少物理学家的努力，电子自旋这个概念终于被大家接受，而且作为基本粒子的基本特征，它已成为物理学里一个重要概念。乌伦贝克和高斯密特因此也成了有名气的物理学家。E. 赛格雷曾评论说:“遗憾的是,他们并没有因此得到完全应得到的诺贝尔奖。”

乌伦贝克和高斯密特的成就,与本节的标题“克罗尼格的不幸”有什么关系呢? 原来,克罗尼格在几乎与乌伦贝克同时也提出了电子自旋的想法,但十分不幸的是当他把自己的想法告诉了泡利的时候,泡利认为电子自旋是一种毫无根据的假设,因而劝他不要在这方面耗费精力。

克罗尼格相信了泡利的话,就再也没有进一步去继续发展他的设想。克罗尼格哪里会想到,“上帝的鞭子”这一次居然打错了地方! 等他知道了这一点,已经迟了。

那么,泡利为什么要反对电子自旋这样一个模型呢? 在思想方法上,这是一个值得探讨的问题。泡利在提出不相容原理时,就宣称第四个量子数的“双值性”是用“经典方法无法描述的”,因而不可能找到一个与之对应的模型。泡利过分偏爱严密性,而电子自旋这种模型是当然无法具备他所要求的那种精密、完美、和谐的性质。严密性当然是必要的,但如果因为偏爱严密性而取消了模型,那可就像俄罗斯谚语说的那样,泼洗澡水时把小孩也泼出去了。

1926 年 3 月,荷兰物理学家克拉默斯(Hendrik Kramers,1894—1952)收到克罗尼格从美国寄来的一封信。克罗尼格这时正在美国哥伦比亚大学攻读博士学位。在信中克罗尼格写道,他在乌伦贝克和高斯密特之前,就已经想到过电子自旋,并向泡利讲过此事,但泡利竭力反对他的观点,因而没有发表。后来,克拉默斯把这件事告诉了玻尔,玻尔很快写了一封信给克罗尼格,表示了他的惊讶和深深的遗憾。克罗尼格在给玻尔的回信中写道:

“我要不是想捅一下那些骄气十足、自以为是、在任何场合中都以为自己绝对正确的人,我是不会把这件事抖落出来的。”

他还要求玻尔不要把这件事公开,以免乌伦贝克和高斯密特不高兴。克罗尼克后来是一位著名的物理学家,而且颇有绅士风度。乌伦贝克也不乏绅士风度,他后来在一篇回忆录中公正地指出:

“很清楚,在我们第一次提出电子自旋以前,克罗尼克已经有了关于自旋

的想法。”

我们不难看出，即使克罗尼克颇有绅士风度，他在信中仍然明显说出了自己的不满，或者说几乎是愤怒。他指的“骄气十足、自以为是”的科学家，明眼人一看就知道那是泡利。

梅拉（J. Mehra）和雷琴堡（H. Rechenberg）在他们著作《量子理论的历史发展》中指出：

“除了海森伯在1925年5月、6月及7月的工作和薛定谔在1926年春天的工作以外，在新原子理论的建立中，几乎没有哪一步不曾受到泡利至少是一次的批评，泡利表现得好像他就是‘量子力学的良心’，而且后来好像他真是‘物理学的良心’了。但是在许多方面，这是一种有毛病的良心，更多的情况是他像‘上帝的鞭子’似地打了他那些更不自觉的同时代人，而不是像一种新的和革命的理性之光那样照射了他们。事实上，在他一生的很大部分中，泡利一直是关于物理学的创新事物的阴暗面的预言家。这可以用他在1958年春天对我说过的一句话来说明，他说：‘Ich war doch ein Klassiker’（但我当时是一古典主义者）。”

梅拉他们对泡利的批评也许值得商榷，他们对泡利的这种评价我们也不可全盘接受；但泡利“是一个锋芒毕露的人”，说话有时过于尖刻，因而损伤了一些不太成熟的年青物理学家的信心，这大概是不会错的。克罗尼格就是一例。

日本理论物理学家汤川秀树（1907—1981，1949年获得诺贝尔物理学奖）说得好：

> 从事学术工作本身就需要坚持己见，也就是靠“己见”来干工作。恐怕从事学术工作的人们一定都是怀有“己见”的……我认为，坚持己见确实是必要的条件，但它也确实不是充分条件。

24 三次错失诺贝尔奖的约里奥·居里夫妇

查德威克迅速成功的原因之一，是他对中子的概念有精神上的准备。

——E.赛格雷

想象力比知识更重要。

——爱因斯坦

1935年，瑞典皇家科学院诺贝尔物理学奖委员会决定把该年度物理奖授予1932年发现中子的英国物理学家詹姆斯·查德威克。

据说评奖委员会在征求意见时，卢瑟福坚持要把发现中子的诺贝尔物理学奖授给他的学生查德威克。当时有人提出，约里奥-居里夫妇在中子发现的研究中做过真正重要的贡献，不考虑他们的贡献是说不过去的。卢瑟福的回答据说是这样的："发现中子的诺贝尔奖单独给查德威克就算了，至于约里奥—居里夫妇嘛，他们是那样的聪明，不久会因别的项目而得诺贝尔奖的。"

约里奥—居里夫妇对发现中子所做的贡献，那的确是无法否认的，查德威克本人在1935年12月12日接受诺贝尔奖发表讲话时，就曾这么提到约里奥—居里夫妇的贡献：

> 约里奥—居里先生及其夫人的非常卓越的实验，在发现中子的路上迈出了真正的第一步……

▲ 法国物理学家约里奥—居里。1935年获得诺贝尔化学奖。

那么，居里夫妇是怎样失去了作出重大发现的机会呢？下面我们将要介绍的就是他们

的失误,以及他们从失误中的奋起。

弗雷德里克·约里奥(Freederic Joliot-Curie,1900—1958)于1900年3月19日出身于法国一个商人家庭。约里奥喜爱运动,他曾回忆说他差一点就成了职业足球运动员。同时,他又喜欢音乐,能弹一手漂亮的钢琴。在中学时,由于太喜欢运动,他的学习成绩并不好,所以刚进大学念书时,他感到非常吃力。但到1923年毕业时,他已名列前茅了。他的物理老师是有名的物理学家朗之万(Paul Langevin,1872—1946),他看到约里奥很有培养前途,就亲自与居里夫人商量,将约里奥安排到她的实验室去当助理实验员。从此,约里奥便踏上了他那光辉的科学探索生涯。

更幸运的是在居里夫人的实验室里,他与居里夫人的大女儿伊伦娜(Irene Joliot-Curie,1897—1956)在一起工作。伊伦娜1918年就已经从巴黎大学毕业,比约里奥大三岁。开始约里奥听人说伊伦娜冷若冰霜、言语尖刻,但通过一段时间的交往,约里奥发觉伊伦娜并不像人们说的那样。他对伊伦娜迅即产生了好感。后来约里奥回忆这一时期的情形曾写道:

> 我开始注意她了。她表情冷淡,有时还忘了对人说一声早安。她在实验室里是不会引起别人好感的。但是在这位被别人看成是一块未经琢磨的石头似的青年女子身上,我发现了一个非常敏感、具有诗人气质的人,她在许多方面是她父亲的化身……作风朴实,有头脑,态度从容。

由于志趣相投,他们在相识三年后于1926年10月9日结婚。两人决心合力研究放射性。非常有意思的是,当年普朗克决定从事物理研究时,他的老师约里说物理已经完善得没有什么可以值得研究的了;30多年以后,著名化学家A.德比纳(André-Louis Debierne,1874—1949)几乎是用同样的口气地对约里奥说:"你现在才来研究放射性,未免太晚了。这些元素和衰变系列现在都已知道了。除了把它们的各种特性算到小数点三位和四位以外,没有什么剩下可做的了。"

▲ 法国物理学家郎之万（左）与爱因斯坦交情很深。这是他们的合影。

约里奥和伊伦娜可不这么认为，他们认为在他们面前展开的是一个崭新而神秘的世界，需要开拓的领域太多了。事实证明，他们是对的。在他们探索过程中，他们曾先后四次走到伟大发现的边缘，其中三次因为某些方面的失误使机遇从他们面前溜走了。

1930 年，德国物理学家沃尔特·玻特（Walther Bothe，1891—1957，1954 年获得诺贝尔物理学奖）和他的学生赫伯特·贝克（Herbert Becker）发现了一个奇怪的现象，当他们用α粒子轰击原子序数为 4 的元素铍（Be）时，按照以往的实验情况，α粒子应该从铍元素的原子核里打出质子来。但这一次质子没有出现，倒是出现了一种强度不大而穿透力很强的射线，这种射线能穿透几厘米厚的钢板而其速度并不明显减小。当时他们不清楚这是一种什么射线，就称它为“铍辐射”。由于铍辐射穿透力极强，酷似当时为人们所知的γ射线，所以玻特在 1931 年苏黎世物理学家聚会上报告这一实验结果时，就说铍辐射很可能是γ射线之类的东西。

约里奥-居里夫妇在 1931 年底，也开始研究玻特在实验中的发现。他们实验室条件极好，又有强大的α射线源，所以很容易就做出了与玻特相同的实验结果。为了检查一下石蜡是否会吸收这种“铍辐射”，他们在铍和辐射探测器之间放了一块石蜡。结果他们非常惊异地发现，“铍辐射”经过石蜡以后辐射变得更强。经过他们仔细的鉴别，从石蜡里飞出的竟是质子！如果这时他们两人停下来思考一下：γ射线竟从石蜡中打出质子，这应该是绝不可能发生的事。因为γ射线是由质量几乎为零的光子组成，如果它与电子相碰撞，因为电子的质量比质子小 1836 倍，那γ射线是能够把电子撞得动起来的。这种碰撞康普顿在研究“康普顿效应”时已经仔细研究过。但现在撞出来的是质量为电子质量1836倍的质子!这时的情形犹如一个乒乓球与一个铅球相撞,乒乓球是绝对不可能撞动铅球。按正常的逻辑思考,约里奥—居里夫妇已经面临伟大的发现了,铍辐射应该是一种以前没有见过的新的基本粒子。可惜他们却仍然沿着玻特的错误思路思考,继续认为铍辐射是一种γ射线,只不过这是一种以前没有见过的、具有很大能量的"新型"γ射线。

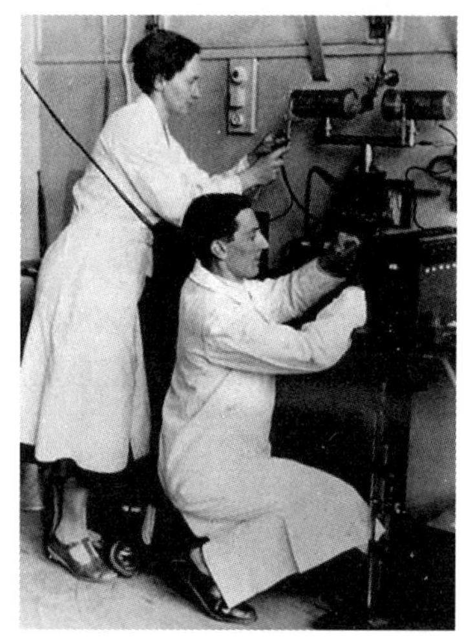

▲ 约里奥—居里夫妇一起工作时的照片。

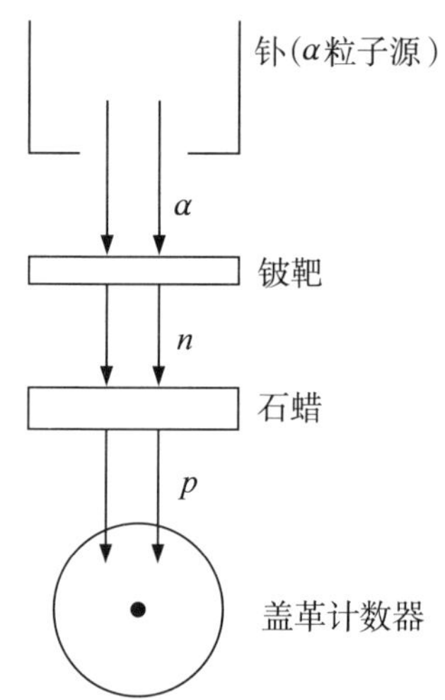

▲ 约里奥—居里夫妇实验示意图。

1932年1月18日,他们把这一实验结果和评论发表在《报告》上。

当时在英国有一位物理学家叫查德威克,为寻找卢瑟福在1920年提出的中子,十年来历经失败仍毫无所获。有一天早晨,查德威克看到了约里奥—居里夫妇的文章,他感到极为震惊,就将这一实验情况告诉给老师卢瑟福听。卢瑟福的震惊想来一定比查德威克更有过之无不及,因为他听了后竟大声地嚷道:

"我不相信这个实验!"

当然,最后卢瑟福还是同意:任何人都应当相信观察的结果,至于解释那就是另一码事了。

查德威克看了约里奥—居里夫妇的实验报告,很自然地想到了中子的问题。再加上他在寻找中子过程中，对中子研究有了一定的经验，所以一开始他就肯定约里奥—居里夫妇观察到的绝不是γ射线，确信这里面有一种新奇的东西将被发现。经过一段时间的努力，他才确凿地证明所谓的“铍辐射”原来就是他辛苦寻找十多年的中子，它的质量近似于质子的质量，但是不带电，呈电中性。于是，卢瑟福 12 年前的预言终于被证实了，又一个基本粒子——中子，终于出现在人类面前！

▲ 英国物理学家查德威克，1935 年获得诺贝尔物理学奖。

1932 年 2 月 17 日，即约里奥—居里夫妇的第一篇实验报告发表刚好一个月之后，查德威克在《自然》杂志上发表了自己的实验报告及结论。

查德威克之所以能够这么迅速地取得成果，正如他自己在回忆中所说：“这不是偶然的”，而是他早就对中子这一概念有了精神上的准备。爱因斯坦说得好：“是理论决定你看到什么。”约里奥完全没有中性粒子的观念，因此也就没有朝中性粒子这方面想。约里奥自己也承认，他根本不知道卢瑟福关于中子的假说，因而缺乏作出这一重大发现的敏感性。他说：

> 中子这个词早就由卢瑟福这位天才在 1920 年在一次会议上用来指一个假设的中性粒子。这个粒子和质子一起组成原子核。大多数物理学家包括我自己在内，没有注意到这个假设。但是它一直存在于查德威克工作所在的卡文迪许实验室的空气里。因此最后在那儿发现了中子。这是合乎情理的，同时也是公道的。具有悠久传统的老实验室总是蕴藏着宝贵的财富。在已消逝的岁月里，我们那些还活着的或已去世的老师所发表的见解被人们有意或无意地多次思考过然后又忘掉了。但他们的见解却能深入到这些老实验室工作人员的思想里，结出丰硕的果实。这，就是发现。

约里奥的话，有一定的道理，但也不全对。老实验室固然有宝贵的思想熏陶着它的成员，但也常常会散发出一种陈腐的保守气息。这种例子在本书中就有不少。关键是实验物理学家不能只埋头于自己的实验，而忽略广泛地吸取别人创造性的新思想。

约里奥由于忽视了学术思想的广泛交流，不仅失去了发现中子的机会，而且由于几乎完全相同的原因，又失去发现正电子的机会。

事情还得从1928年讲起。那年英国科学家狄拉克在处理他提出的一个相对论性量子力学方程时，出现了一件很有趣味也很值得人思考的事情。在解方程时，求出的电子总能量有两个值，一正一负。每个中学生都知道，这时负根将被视为“增根”而舍去，因为电子怎么可能有负能量，这是毫无物理意义的。狄拉克开始也是这样认为，舍去了负值，只保留下正值。但是不久狄拉克又仔细研究了负能态的值，得出了一个非常成功的电子理论，这一理论预言存在一种新型的粒子——即正电子(positron)。正电子带正电荷，其电量和质量与电子相同。

1932年8月2日，美国物理学家密立根的研究生安德森在研究宇宙射线对铅板的冲击时，他把磁场加在云室里成为所谓的“磁云室”(magnetic cloud chamber)，然后拍下粒子经过云室的照片。有一天，他惊讶地发现有一种新粒子的径迹经过了磁云室。这种粒子在磁场中径迹的偏转率与电子完全相同，但偏转方向却恰好相反！从偏转方向来看，这个粒子应该带正电荷。那么，这个粒子会不会是质子呢？安德森经过计算可以肯定它不是质子，于是他认为这种粒子是一种新的粒子，它是带正电荷的电子。于是狄拉克正电子的预言被证实了。安德森因为这项发现于1936年获得诺贝尔物理学奖。

但在安德森发现正电子之前，约里奥-居里夫妇就曾经在磁云室中清楚地看见过正电子的径迹。但遗憾的是他们没有认真研究这一奇特的现象，却提出了一种经不住仔细推敲的解释。直到安德森提出了正电子实验报告以后，他们才明白又一次重大发现的机会被他们失去了。

经过连续两次失误之后，约里奥—居里夫妇并没有灰心丧气，他们总结了经验教训，果然如卢瑟福预言的那样，在1933年底研究α射线轰击铝的时候，发现了人工放射性，并于1935年因这一发现而获诺贝尔化学奖。

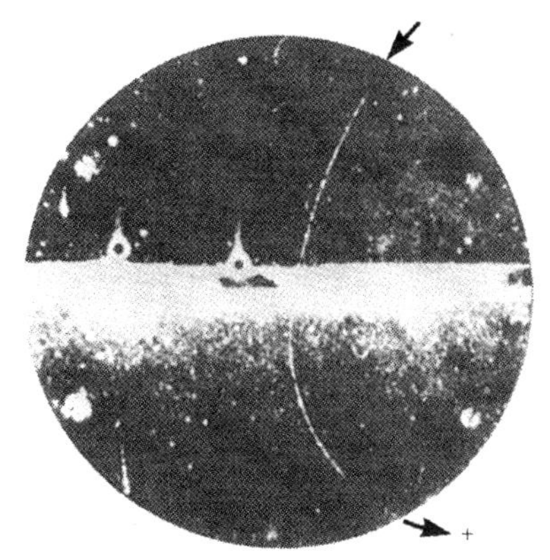

▲ 安德森发现正电子所得到的正电子在磁云室里的径迹。约里奥—居里夫妇也同样得到过。但是他们没有因此发现正电子。

约里奥—居里夫妇对科学研究的献身精神，执着的追求，精湛的实验技术，都是非常可贵的，作为一个实验物理学家，他们堪称典范。然而由于不注重学术思想交流，不注重理论思维，这就使得他们缺乏一种敏感性，习惯于定向思维，不擅长发散思维。总的说来，就是缺乏想像力。

这种缺点不仅表现在失去发现中子、正电子的事件上，而且也相当明显地表现在核裂变(nuclear fission)的发现这一过程中。关于哈恩发现核裂变，在前面我们已经讲过，哈恩之所以能作出这一震撼世界的伟大发现，正像查德威克能发现中子一样，完全是得力于约里奥—居里夫妇的实验发现。在用中子轰击铀元素时，约里奥—居里夫妇已经发现产物中好像有镧(^{57}La)；哈恩得知这一消息以后，开始坚决不相信，后来按他们实验方法终于确定产物中是钡(^{56}Ba)。在化学上来说，钡的原子序数为56，而镧为57，它们在周期表上是邻居。但约里奥—居里夫妇就是缺乏一种作出重大发现的敏感性和想象能力，拘泥于陈旧的定见，打不开思路，一直等到哈恩重复了他们的实验，提出了核分裂，他们才开始考虑核裂变的机理。

爱因斯坦在《论科学》一文中曾说过这么一段话：

> ……想象力比知识更重要，因为知识是有限的，而想象力概括着世界上的一切，推动着进步，并且是知识进化的源泉。严格说，想象力是科学研究中的实在因素。

爱因斯坦的这句话包含极深刻的道理，它不仅对科学家是十分重要的，而且对我们每一个中学生、大学生来说，更为显得迫切。因为，没有想象能力的高分生，是不可能作出有重大价值的发现的！

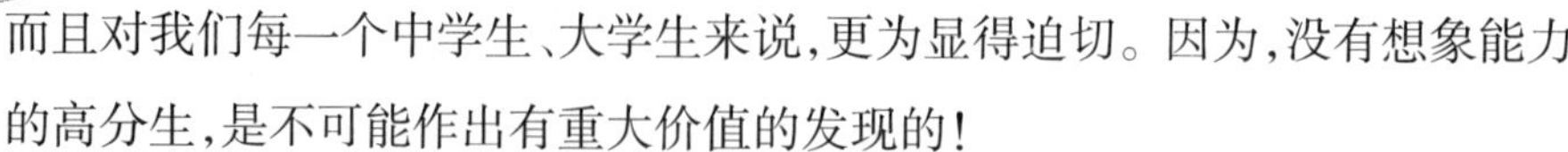

25 初战失利信心弥坚的汤川秀树

> 科学家要想发挥独创性，干点出色的工作，确实是一件相当困难的事情。在长期研究生活中，能够做到这点的人也是屈指可数的，机会也是难的……五次，十次，即使都失败了，也决不能泄气，失败一百次还是要继续干，只能在那种反复失败的过程里寻求某些成功的机会。
>
> ——汤川秀树

在19世纪末和20世纪初，日本科学界有一位领导人物名叫长冈半太郎（1865—1950），他对日本科学的兴起起过很大的作用。1888年当他在英国留学时，他曾在给他老师的信中写道：

> 决没有任何理由说白种人在每件事中都是至高无上的，正如您所说的，我希望我们能在10年或20年的时间内打败这些自负的人。我想，我没有必要等到我们死了以后，才从地狱中用望远镜来观看我们的后代取胜于这些白种人。

这种强烈的民族自尊感，深深地影响了他的学生汤川秀树（1907—1981，1949年获得诺贝尔物理学奖）。当后来汤川因工作遇到了困难，他父亲建议他出国学习一段时间时，汤川拒绝了这个建议，他回答说："我在完成我可以称之我自己的工作之前，不想到外国去。我将找到我自己的题目并尽可能地去干，不管我将失败多少次。如果我成功了，我就将和外国科学家谈谈。"

长冈是很幸运的，因为他真的在去世前一年亲眼看见他的学生汤川于1949年获得了诺贝尔物理学奖。汤川在痛苦努力中付出的代价，也终于得到了报偿。汤川是第一位获诺贝尔奖的日本人，也是第二位完全没有到国外学习而获诺贝尔物理学奖的亚洲人。[①]他的获奖，引起了世界性的轰动。

▲ 日本物理学家汤川秀树，1949年获得诺贝尔物理学奖。

汤川秀树1907年1月23日诞生于东京。一年后，他父亲小川卓就任京都大学地理系教授，全家迁到京都。汤川此后即在这座文化古城接受教育。据汤川回忆说，他家里几乎到处摆满了书，所以他从小就养成了什么书都喜欢看的习惯，他认为这对他一生起了很大作用。

汤川从小就沉默寡言，但他的沉默并非胆怯，而是一种包含积极思考、背叛传统思想的外在表现。他的老师曾这样评价他："有强烈的自我，意向坚定。"他父亲曾经建议他出国学习，却被他拒绝，他回答说："我一定要做出得到公认的成就以后，才会出国。"这件事最能深刻反映他"意向坚定"的秉性。也正是由于这种强有力的个性，才使他在后来提出自己的新理论时，能够断然否定玻尔和海森伯这些当时的权威的不正确的意见。

▲ 爱因斯坦在日本。

1923年，汤川进入京都三中。在这一年的前一年，爱因斯坦访问日本，这件引起日本广泛注意的大事，也给汤川留下了极深的印象。在他的自传《旅人：一个物理学家的回忆》中作过有趣的描述：

① 第一位没到国外学习而获得诺贝尔科学奖的人是印度的喇曼（C. V. Raman，1888—1970），他于1930年因发现"喇曼效应"而获得诺贝尔物理学奖。

大正十一年(1922年)的夏末,报纸上说“爱因斯坦博士访日”。我当时正在上中学四年级。在日本人中间,爱因斯坦的相对论被讨论过,但没有被理解,尽管石原纯早已宣传过这一理论。即将到来的访问刚宣布,爱因斯坦的名字就泛滥于报刊杂志上了。他的这次旅行是由改造社安排的……。

爱因斯坦博士于1922年11月17日乘“北野丸”号轮船抵达神户。他在半月前刚被授予了诺贝尔奖金。包括长冈半太郎、桑木彧雄和石原纯在内的日本科学界的大人物都亲临神户港欢迎他。午后抵日，爱因斯坦直接到了京都一家旅馆，在那儿过夜。几天前，《改造》杂志发行了12月号,一本厚厚的《爱因斯坦专号》前面刊登了爱因斯坦的照片……。

在京都过了一夜之后，爱因斯坦就在他抵达神户时所遇见的日本科学家的陪同下去了东京。从那时起，关于他的故事和照片几乎每天都见于报端。据说,他在庆应义塾所做的第一次讲演曾持续了5个小时（包括休息时间在内)。虽然爱因斯坦曾指定听讲者不超过1000人,但是听众却超过了一倍,尽管其中只有少数几个以物理学为专业的日本科学家……讲演又是关于相对论原理这一困难的课题,也许甚至连平常反应也并不灵敏的……人也被爱因斯坦的个性迷住了,也许是他们那种抓住新事物不放的特质,这一次把他们从家中拉了出来。不，它不可能是那种事物。相对论和它的创始者已经是世界上所有文明国家的一个谈话论题,而日本或京都也不可能例外。

爱因斯坦访日的最有益的一件事,就是促使汤川决心要当一名物理学家。而在这之前,他似乎更喜欢文学。读中学时,除了英语外,他还选修德语作第二外语。他买了一本普朗克写的《理论物理引论》来读,他认为这样既可以学习德语、又可以学习物理。

1926年,汤川考取了京都大学物理系。“由于拼命想达到物理学的前沿”,

汤川在大学读书时，非常热衷于阅读新出版的国外各种期刊，而对那些旧书则几乎不予理睬。对国外来的学者，如索末菲、狄拉克、海森伯的讲学，他更是格外重视。他十分清楚，想要做出重大贡献，首先必须知道别人已经或者正在干什么，还有哪些问题是亟待解决的。

1929年汤川毕业于京都大学后，留校当助教，1932年升为讲师，1933年又受聘于新建的大阪大学，兼任讲师。

▲ 汤川秀树的自传《旅人：一个物理学家的回忆》中译本封面。

当汤川开始从事物理研究时，正是物理学出现奇迹般进展的年代，这使得汤川感到非常不安。老是跟着别人屁股转，简直太乏味了，他决心摆脱这种被动局面。在仔细研究了当时理论物理各方面的进展之后，他发现当时量子力学虽然取得了长足的进展，但还没有成功地运用于原子核物理的研究之中，尤其是关于核力，当时谁都说不出个子丑寅卯来。汤川决定向这一个尚未解决的难题进击。

1932年查德威克发现中子以后，物理学家都同意了海森伯和苏联物理学家伊凡宁柯（Дмитрий Дмитриевич Иваненко，1904—1994）的看法，即原子核是由质子和中子组成的。但是，要想使中子和质子在10^{-13}厘米的尺度之内保持稳定，就必须有一种力维系它们。这种力是一种非常奇怪的力。

第一，它不是人们已知的电磁力或万有引力。不是电磁力很容易知道，因为中子不带电；不是万有引力则是由于这种奇怪的力只在10^{-13}厘米范围内有效，一超过这个范围，立即消失，但万有引力（以及电磁力）却可以传到非常遥远的地方；

第二，这种力比已知的两种力大得多，把几十个质子和几十个中子束缚在一个重原子核（如铀核）里，那可是需要很大的作用力才能把它们维系在一起。

物理学家给这一个奇特的力取了一个名字：核力（nuclear force）。他们非常明确地知道，核力是一种经典物理中没有研究过的力，是一种人们尚不知道的力。当时，人们对核力都感到神秘莫测，虽然有几位著名物理学家作过研究，例如曾荣获诺贝尔奖物理奖的苏联物理学家塔姆（Игорь Евгеньевич Тамм，1895—1971，1958 年获得诺贝尔物理学奖）以及伊凡宁柯等人，但都以失败告终。

汤川于 1932 年选择的就是这一当时最艰难的课题。他十分清楚这一课题的艰巨性，但老师长冈的教导他永远铭记在心。长冈常说："如果我不能进入先进的研究者行列并对某一学术领域做出贡献，那生而为人……就毫无意义。"

汤川决定先从绕核旋转的电子研究起。经过一年多的研究，汤川大胆提出了一种设想，认为核力是质子和中子在交换电子时产生的一种相互作用力。汤川用的是类推法，因为当时物理学家已经并明白了电磁力是通过交换光子而引起的一种长程力。汤川认为中子与质子彼此作用，也同样应该是有某种粒子在它们之间起传递作用。汤川是十分推崇类推法的。1964 年在一次讲演会上他曾说过：

> 跟创造性工作有着最密切联系的是类推作用……类推说来简单，实际上很复杂。与物理学等有关的，最容易理解的例子是用"模型"所进行的类推……类推或模型作为飞跃的跳跃台也起了很大的作用。我自己提出介子理论的最初阶段，也是因为把当时熟知的电磁力作了类推，而抓住了当时还不十分清楚的核力的本质。在那时候，开始就预想到两者具有类似点的同时，也应该具有不同点。像这样类推的思考过程，若能把过去熟知的东西作为线索，对于发现和理解与其性质类似但又有不同的新事物，是很起作用的。

汤川根据类推法得出的核力理论在当时是一个非常重要的创新。不过，1933 年 4 月他在仙台举行的日本物理数学学会上提交的第一篇论文《关于核内电子问题的考虑》中，他还没有提出介子理论（meson theory），介子理论是

1934 年提出的。1933 年那篇论文，汤川提出的是中子和质子因交换电子而发生相互间的核力作用。这是汤川第一次向物理学界宣布自己的研究成果。

非常不幸的是，他的这一结论当场就受到 1928 年从哥本哈根回国的仁科芳雄(1890—1951)教授的指责。仁科教授毫不客气地指出，汤川的论文是很不合理的，因为它与当时众所周知的物理理论相矛盾。

▲ 汤川秀树的科学著作《创造力与直觉：一个物理学家对于东西方的考察》中译本封面。

▲ 意大利物理学家费米，他的β衰变理论解决了弱相互作用的物理机制。是20 世纪 30 年代一个重大的研究成果。

初战失利，乃兵家之大忌，可是对于科学家来说，这倒是常见的事。汤川的第一次失利，既给他带来了痛苦，但也使他清醒了许多，尤其是下面的一件事，更使他完全睁开了眼睛。那是 1934 年的某一天，他从《物理学报》上看到了费米的《试论β射线理论》。在这篇论文中，费米用他提出的β衰变理论完美地描述了某些元素的核里不断放出电子的原因，使人们不再怀疑中微子的存在(虽然到 1960 年代才为实验证实)。据汤川自己回忆说：

“我读它时想必脸色发白，我第二次被费米打败了吗？”

这是什么原因呢？因为汤川从费米的论文中立即就看出，费米提出的电子-中微子偶可以提供一种核力，这一理论如果正确，将可避开 1933 年他提出

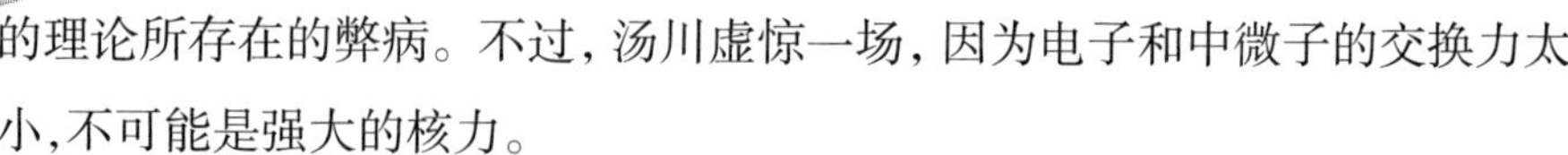

的理论所存在的弊病。不过，汤川虚惊一场，因为电子和中微子的交换力太小，不可能是强大的核力。

通过这次虚惊，原来在汤川思想深处受到抑制的一些若明若暗的想法突然变得清晰起来。他想，也许我根本就不应该在已知粒子中去寻找核力场中作用的粒子，包括新近提出的中微子在内，而应该从核力场的特征中去寻找一种新的粒子！思想一解放，一切就显得那么简单明晰。

1934 年 10 月的一个晚上，汤川从核力作用的空间范围出发，利用海森伯不确定性原理和相对论，就得出了一个惊人的结论：这个传递核力的粒子，其质量大约为电子质量的 200 倍，并且它可以三种形式出现：电中性、带正电荷或带负电荷，其荷电量大小等于质子（或电子）的电荷。由于它的质量介于电子和质子之间，所以他称它为“介子”（meson）。

1934 年 11 月，也就是初战失败后的一年半，在大阪召开的物理数学学会上，汤川正式向大会提交了自己的介子理论。

汤川早期的一位学生说，介子理论“开辟了一门新的基本理论”，这话并不夸张。在 30 年代初期，所谓“基本粒子”就是指电子、质子和中子，对提出新的基本粒子几乎有一道不成文的“禁令”。例如泡利提出中微子，等了三年才敢提出来，而且一提出来就遭到很多人的反对。再例如，狄拉克根据相对论性量子力学方程提出：可能存在一种带正电并有电子质量的新粒子，狄拉克却只敢称它为质子。狄拉克曾说：

“在那个时候，我恰好不敢假定一种新粒子，因为那对整个舆论是反对新粒子的。”

在这样一种不利于核物理学的气氛里，很多物理学家都热衷于一些纠缠不清的计算公式和证明核物理危机的存在，而不愿去寻找一种新的粒子或新的作用力。

在这种情形下，汤川的理论显然是不会受到欢迎的。首先，玻尔和海森伯就极不赞成这种学说，1937 年 4 月玻尔访问日本时，玻尔就曾不赞成地反问汤川：

“难道您还希望出现一个新的粒子？”

在当时，这句话对汤川来说，不啻是当头一盆凉水，还有更令人失望的事情。当汤川把介子理论的论文寄给美国的《物理评论》杂志时，当时已经非常出名的并且素以敏锐著称的罗伯特·奥本海默（Julius Robert Oppenheimer，1904—1967），竟把这份稿件打入冷宫！

好在汤川没有像克罗尼格那样拜倒在权威之下，他比较相信自己。后来，他曾深有感触地说：

> 从事学术工作本身就需要坚持己见，也就是依靠“己见”来干工作。恐怕从事学术工作的人们一定都是怀有这种“己见”的……我认为，坚持己见确实是必要的条件，但它也确实不是充分的条件。

汤川的感触是有原因的，因为到1947年，英国物理学家C. F. 鲍威尔教授（Cecil Frank Powell，1903—1969），用放在气球上的乳胶研究高空宇宙射线时，终于找到13年之前汤川预言中的介子。从此，汤川的介子场理论就得到了世界的公认，而汤川本人则于1949年获得了诺贝尔物理学奖；鲍威尔因为在实验中发现介子于1950年获得诺贝尔物理学奖。

▲ 美国物理学家鲍威尔，1950年获得诺贝尔物理学奖。

如果他不坚持己见，他就不可能得到胜利。当然，坚持己见的人不见得都能取得成功，这要看他坚持的是什么“己见”。

26 天上掉馅饼?

在原则上,试图单靠可观察量来建立理论,那是完全错误的,实际上,恰恰相反,是理论决定我们能观察到的东西。

——爱因斯坦

我自己简直不能理解……我们未能纠正我们的错误和澄清实验中依然存在的不确切之处……后来我们认识到了玻尔理论的指导意义,一切困难才迎刃而解。

——弗兰克诺贝尔演讲词

科学史里的故事无奇不有,有人盼望天上掉馅饼,有人看见天上掉下馅饼还不愿意接,因为他不认为他看见的真是馅饼。德国物理学家詹姆斯·弗兰克(James Franck,1882—1964)就遇到一件"天上掉馅饼"的天大好事,开始他还想把这馅饼扔掉。没想到这馅饼居然让他获得了1925年的诺贝尔物理学奖。你说奇也不奇!

▲ 德国物理学家詹姆斯·弗兰克

▲ 德国物理学家古斯塔夫·赫兹

我们知道，气体放电不仅是一个引人入胜的复杂问题，而且还是研究原子结构一个正确的方向。弗兰克和古斯塔夫·赫兹（Gustav Ludwig Hertz, 1887—1975, 1925 年获得诺贝尔物理学奖）[①]由于受到他们的导师瓦尔堡(Emil Gabriel Warburg, 1845—1931)所做的一些研究的鼓舞，兴趣也转到气体放电这个研究方向上来了。

1911 年，当弗兰克和赫兹开始他们的实验研究时，人们对原子研究的兴趣与日俱增。在气体放电的实验中，他们两位想测量的是“电离电位”(ionization potential)。这儿稍作一些解释。所有的原子(包括气体原子)在不受外来作用下，一般都保持电中性。当原子受到外界作用的时候，例如电子的撞击、光的照射等等，如果作用的能量足够大，原子核外的电子有可能被撞出了原子，这时原子就会带上了正电荷，成为带正电的“离子”(ion)。电子离开原子核束缚时所需要的能量，叫做“电离能”(ionization energy)，用电位表示这个能量时就称为“电离电位”。电离电位的测定对原子结构有很重要的意义。在 1911 年前后，人们对电离电位虽说做了许多实验测量，但这些测量绝大部分是间接的，而且测量所依据的理论、推导都不统一，测定的值也彼此有很大的差距。所以这些测量的结果令人十分怀疑。

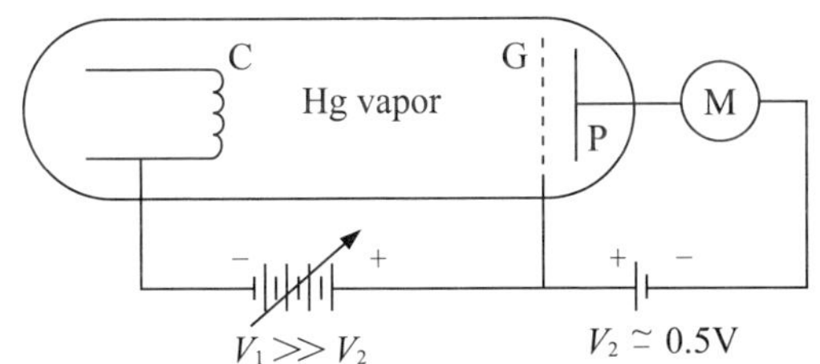

▲ 弗兰克、赫兹 1914 年实验装置示意图。
图中 Hg vapor 表示管子里填充的是水银蒸气。

弗兰克和赫兹的实验装置示意图如图所示：C 是电子源，用钨丝做成，由电流加热到白炽程度，G 为网状栅极，与 C 的距离 4cm，在 CG 之间的电势差

① 请注意不要把这个赫兹与发现电磁波的 H. R. 赫兹弄混了，G. L. 赫兹是 H. R. 赫兹的侄子。

V_1 约为 10 伏，使 C 上发射出的热电子加速。在真空情形下，电子将得到的动能为

$$\frac{1}{2mv^2} = \mathrm{e}\,V_1$$

式中 m 是电子的质量，v 是电子到达 G 时的速度，e 是电子电荷 。P 为集电极，与电流计 M 相连。P 和 G 距离远小于 4cm，仅有 1~2mm，它们之间的电势差 V_2 与 V_1 反向，而且大大小于 V_1，只有 0.5V 左右。仪器中气体的压强大约为 1mmHg，这就使得电子的平均自由程远小于从 C 至 G 的距离，但却等于或大于 GP 间的距离。弗兰克和赫兹为了将实验做得很精确，考虑得十分细致。例如，他们在仪器里充进去的气体是惰性气体或水银蒸气，因为它们被认为是对电子没有亲和力的气体，这样可以保持电子的自由运动态；再例如，他们进行的碰撞是慢电子碰撞，受到碰撞的原子将被激发到发光状态或电离，则碰撞将是非弹性的了。

弗兰克和赫兹得出汞的电离电位是 4.9 伏，误差为 0.1 伏。他们还测量了氦气的电离电位（约 20 伏），这一结果与其他人用别的测量方法得出的结果十分一致，这使他们增强了对自己所作结论的信心。

▲ 玻尔研究所第一批成员的照片。站立者（左起）：雅可布森、罗瑟兰德、赫维西、汉森和玻尔；坐者（左起）：弗兰克、克拉默斯和秘书苏尔兹。

弗兰克和赫兹的论文《论 2536Å 汞谐振线通过电子碰撞的激发》于 1914 年正式发表以后,物理学家们立即对他们的实验结论发生了兴趣。有一些物理学家认为,他们的结论非常正确;还有一些物理学家则持怀疑的态度,例如有人就曾正确地指出,弗兰克和赫兹实验的装置是“靠不住的简单设备”。

对弗兰克和赫兹的实验解释首先提出怀疑的大概是玻尔。我们知道,玻尔于 1913 年 8 月 27 日完成了他的伟大的“三部曲”论文,提出了新的原子理论,它建立在下面的基本假设之上:(1)每个原子有许多分立的稳定态,原子处于这些能级时不会发生辐射;(2)辐射光线的吸收和发射对应于原子从一个稳定态向另一个稳定态跃迁;(3)在跃迁中,发射或吸收的能量的确切数值由爱因斯坦—普朗克关系式确定:$E_2-E_1=h\nu$。

在玻尔原子理论中,电子在原子中的运动规律是极重要的部分,而这一运动规律又与光谱线的频率公式巧妙地联系起来了。正是在这种联系中,电子碰撞实验的作用突然变得格外重要。根据玻尔理论,将一个电子完全移出原子,需要的相应的能量就是从原子中移走一个电子所需的功,这就是电离能。这一能量是可以由电子碰撞实验测定,也可以根据玻尔的理论推出,他推出的汞的电离电位是 10.5 伏,这与弗兰克他们的实验值 4.9 伏相差悬殊。

所以玻尔一得知弗兰克和赫兹实验后就立即意识到,他们的解释如果真是正确的话,那么他刚提出的原子理论将会受到致命的威胁。玻尔相信自己的理论是正确的,因而他怀疑弗兰克和赫兹的实验。他认为,弗兰克和赫兹测出的 4.9 伏这一电位,根本不是什么电离电位,而应该是“中性原子从一种稳定态跃迁到另一稳定态时所需的能量”,即这只是一种“激发电位”(excitation potential),并非电离电位。如果玻尔的看法是真实的,那弗兰克和赫兹实验将是第一个强有力证实玻尔原子理论的实验。那可真是太了不起了!对弗兰克他们来说,就相当于天上掉馅饼了!

可是,当弗兰克和赫兹看到了玻尔的文章以后,却“不知好歹”地拒绝接受玻尔的解释。这无疑是对玻尔理论的一个挑战。不过这儿应该说明的是,由于第一次世界大战的爆发,他们两个人都到德国军队服务,弗兰克还在俄

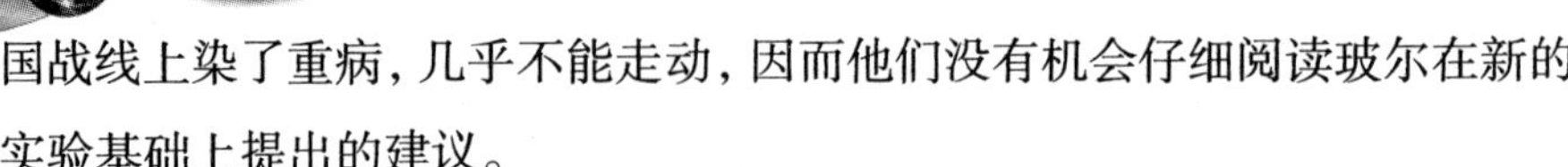

国战线上染了重病，几乎不能走动，因而他们没有机会仔细阅读玻尔在新的实验基础上提出的建议。

与玻尔从理论上提出怀疑的同时，忒特(J. T. Tate)认为，弗兰克和赫兹的实验并没有证明4.9伏的电子与汞原子相碰时真发生了电离，未必真的把电子碰出了原子。他自己的实验研究表明：在汞蒸气中，当电子能量达到10伏时才发生明显的电离；这个值非常接近玻尔的理论值。

到1919年，美国的戴维斯(B. Davis)和古切尔(Goucher)通过新的实验设计得到了与弗兰克和赫兹实验极不同的结论。他们新的结论是：在加速电位差为4.9伏时发生的碰撞并没有引起电离，只引起了受激辐射；古切尔和戴维斯的实验结果，证实了玻尔的理论是正确的。

这儿我们加一小段关于玻尔挺有意思的插曲。玻尔虽从1915年就怀疑弗兰克和赫兹的实验解释，而且认识到这关系到他的新原子理论的命运，但他不是一个实验物理学家，尽管他急于想澄清这个大是大非的问题，他却只能求助于实验物理学家。玻尔这时在英国曼彻斯特与他的恩师卢瑟福一起工作。在卢瑟福的敦促下，马考瓦(W. Makowar)答应与玻尔一起对弗兰克和赫兹的实验结论作验证性实验。但马考瓦和实验室的一位德国玻璃工匠鲍姆巴赫(O. Baumbach)老是争争吵吵。鲍姆巴赫是一位了不起的玻璃工匠，据说他能使卢瑟福的"darling"(心肝宝贝儿)——α射线——在各种玻璃装置里自由来去，如入无人之境。但他喜欢信口开河。在第一次世界大战爆发后，鲍姆巴赫经常嘴巴没遮拦地说德国将会采取可怕的行动，英国人肯定会大吃苦头，以及其他一些威胁英国人的话。

玻尔性格温和，对鲍姆巴赫的话不在意，但马考瓦可就受不了，常常不客气地叫鲍姆巴赫这个"敌国公民"把嘴管严一点，否则将自食恶果。但鲍姆巴赫照说不误，激烈的威胁话仍然毫不掩饰地向外发泄。最终，他被拘留。更加不幸的是，他们已经做得差不多快完成了的复杂而精巧的设备，在鲍姆巴赫被拘留后又被一场火给烧毁了。接着，马考瓦又应征到部队，实验就这么惨兮兮地搁了浅。

由此可知，当玻尔得知戴维斯和古切尔的实验结论后，该是多么高兴！他情不自禁地说：

> 1919 年，这个问题终于被纽约的戴维斯和古切尔两位出色的实验所解决。结果与我所设想的十分一致。我曾提到我们在曼彻斯特那次毫无结果的尝试，目的仅在于说明我们当时所面临的困难，我们那时的困难与家庭主妇对付的困难颇为相似。

▲ 弗兰克(中)和玻尔(左)一起讨论问题。

大约从 1919 年开始，弗兰克和赫兹开始正式承认了玻尔对他们实验结果的重新解释。在 1919 年发表的一篇论文中，他们重新审查了 1914 年的实验，证明了在实验中 4.9 伏电位根本不能使水银原子电离。实验的结果表明，这一能量正如玻尔理论所预言的那样，是最低激发能。

一场规模不算太大、持续时间也不算太长的争论到此结束，一个划时代的原子理论却因而意外地被实验证实了。“塞翁失马，焉知非福”！

通过这场争论，弗兰克被玻尔如此深刻的真知灼见所慑服，他以后多次公开地声称自己是玻尔的崇拜者。他甚至说：

“与玻尔不能接触太久，否则你将觉得自己过分无能而陷于失望和沮丧之中。”

由于一个物理实验涉及到许多方面，所以要判定一个实验在哪儿陷入误区，是一件比较复杂而又易于引争论的问题。尽管如此，仍有不少人对此作过探索；这种探索显然是很有益处的。弗兰克和赫兹的错误我们作一初步的分析。

弗兰克和赫兹在他们的实验的确具有令人叹服的精巧。奥西恩教授在授予弗兰克诺贝尔物理奖时高度赞美了这一实验，他说：

弗兰克和赫兹揭开了物理学的新篇章,包括电子和原子、离子、分子或分子群碰撞的理论。

他们的错误从科学认识理论方面来说,由爱因斯坦的一段话看出端倪。爱因斯坦曾经对海森伯说过:

在原则上,试图单靠可观察量来建立理论,那是完全错误的,实际上,恰恰相反,是理论决定我们能观察到的东西。

当海森伯有一次正处于困惑的时候,突然想起了爱因斯坦这句话,使他恍然大悟。他回忆说:

我们常常信口开河地说,云室中的电子径迹一定能观察到……但也许我们只是看到电子所通过的一系列分立的、轮廓模糊的点。事实上,我们在云室中所看到的一个团块,仅仅是比电子大得多的单个水滴。

▲ 四位诺贝尔奖获得者合影。(从左到右)玻尔、弗兰克、爱因斯坦和美国物理学家拉比(I. I. Rabi, 1898—1988, 1944 年获得诺贝尔物理学奖)。

在弗兰克和赫兹这个案例中,他们在1914年所观察到的东西,也和海森伯在想起爱因斯坦的话之前的情形类似,有些“信口开河”。所谓“信口开河”,这儿的意思是根据以前传统、习惯的观点和理论,来解释新设计出来的实验结果。人们常常忘了,传统的理论观点并不见得正确。因而更重要的是,要用新的实验结果来检验传统的理论。

弗兰克和赫兹的失误,正是在这儿。他们不知道新的理论,只是在传统观点里寻求答案,因而几乎是盲目地以为他们的结果一定就是电离电位。

由爱因斯坦的观点观之,单纯的“解释性错误”是不存在的,因为实验物理学家的实验设计、观察和解释,几乎都与他所根据的背景理论有关。背景理论常常是实验设计的根据;常常决定实验者观察到什么,也常常决定他们对实验结果作出什么样的解释。背景理论有时也会严重束缚住实验者的思路。

从弗兰克和赫兹实验具体实践过程来看,如果说弗兰克和赫兹在第一篇文章中以传统的观点作为自己的背景理论,但是在看了玻尔的文章之后仍然认为自己没错。这些失误显然与他们十分相信他们的背景理论有紧密关系。

由此观之,我们认为爱因斯坦的观点“是理论决定我们能观察到什么”,有着根本上的重要性,在量子力学建立和发展的过程中尤其重要。可以说,虽然实验失误的原因十分复杂,但都与背景理论有关联。

当然,我们承认先进的实验设备能够为科学研究提供不可缺少的物质前提;最可靠的研究结果又为理论奠定了牢实可靠的基础,但是,实验研究成果的获得,只有在先进的科学理论配合下和指导下才能获得。无数的事例证明,实验题目的选择,对实验的构思和设计,对实验结果的分析,都不能够缺少先进科学理论的指导。多少无与伦比的优秀物理实验家(勒纳、约里奥、赫兹等等),都曾经因为没有正确的理论指导,而功败垂成,让有正确理论指导的人夺走了桂冠!这对于那些不重视理论修养、轻视理论物理学家的实验物理学家来说,这确实是一个很好的经验教训。

27 一次实验引出的故事

像吴健雄这么好的一个实验物理学家，应该找一些重要的事去做，不应该在这种显而易见的事情上浪费时间。谁都知道，宇称一定是守恒的。

——泡利

一个实验在还没有想清楚的时候，觉得不好做；后来有人成功了就会觉得不难；可见实验要有动力，没有动力就做不出来。但是莱德曼的实验很重要，因为吴健雄的实验只有百分之一二的不对称，而莱德曼的实验几乎是百分之百的准确。

——杨振宁

1956年10月，两位华人物理学家杨振宁(1922—)和李政道(1926—)在研究β衰变中发现的一个困难时，提出在弱相互作用中宇称也许是不守恒的惊人观点。当时物理学家几乎没有什么人相信这一观点。杨振宁和李政道为了证实他们的设想，必须得有实验物理学家出来完成证实这一猜想的物理实验。

▲ 美国物理学家莱德曼，1988年获得诺贝尔物理学奖。

1. 吴健雄勇挑重担

但是想请一位实验物理学家来做验证宇称不守恒假说的实验，并不那么容易。实验物理学家关注的是这样的问题：究竟值不得做一个实验来检验弱相互作用中宇称是否守恒。虽然杨振宁和李政道设计了几个实验，但是都非常“困难”，因此几乎没有实验物理学家愿意接受这个挑战。这并不奇怪，一个被科学界认为是金科玉律的理论，一下子认为它可能是不对的，这肯定一时难于为物理学界接受；何况当时实验物理学家几乎都认为杨、李所设计的实验太困难。杨振宁曾经怂恿一位美国实验物理学家莱德曼（Leon Max Ledeman，1922—　，1988 年获得诺贝尔物理学奖）做一个他们设计的实验，莱德曼开玩笑地说，一旦他找到一位绝顶聪明的研究生供他当奴隶使用，他就会去做这个实验。

幸亏这时，李政道在哥伦比亚大学同事、华裔物理学家吴健雄（1912—1995）答应了李政道的请求。

当 1956 年李政道找吴健雄做β衰变实验以验证宇称是否守恒时，吴健雄已经是β衰变物理实验研究方面最具权威的物理学家之一。当时吴健雄原本决定和同为物理学家的丈夫袁家骝（1912—2003）先到日内瓦出席一个高能物理会议，然后去东南亚去做一趟演讲旅行。这是她 1936 年离开中国以后，20 年来第一次回到东亚，他们还准备到台湾做一次访问。

▲ 华裔美国物理学家吴健雄与泡利合影。

但在和李政道的讨论中，吴健雄敏锐地认识到对于从事β衰变的原子核物理研究的物理学家来说，这是做一个重要实验的黄金机会，不可以随意错过。吴健雄在一篇文章中回忆了这件事：

> 在李教授的访问之后，我把事情从头到尾想了一遍。对于一个从事β衰变物理的学者说来，去做这种至关重要的实验，真是一个宝贵的机会，我怎么能放弃这个机会呢?……那年春天，我的丈夫袁家骝和我打算去日内瓦参加一个会议，然后到远东去。我们两个都是在 1936 年离开中国的，正好是在二十年前。我们已经预订了《伊丽莎白王后号》的船票。但我突然意识到，我必须立刻去做这个实验，

在物理学界的其他人意识到这个实验的重要性之前首先去做。于是我请求家骝让我留下，由他一个人去。

杨振宁说，当时只有吴健雄看出这一实验的重要性，这表明吴健雄是一位杰出的科学家，因为杰出科学家必须具有好的洞察力。杨振宁还说：

在那个时候，我并没有把宝都押在宇称不守恒上，李政道也没有，我也不知道有任何人押宝押在宇称不守恒上……吴健雄的想法是，纵然结果宇称并不是不守恒的，这依然是一个好实验，应该要做，原因是过去，β衰变中从来没有任何关于左右对称的资料。

吴健雄要做的实验也是杨振宁和李政道在论文中建议的一个实验，即用同位素钴 60(有 27 个质子,33 个中子)的β衰变来做观察。钴 60 在β衰变时，一个中子变成一个质子、一个电子和一个反中微子。如果把钴 60 冷却到接近绝对零度，由于这时热振动基本消除，如果用一个磁场把这束原子核以相同的方式排成一排，于是它们按照同一个方向自旋。如果宇称是守恒的，电子就会以相同的数量向两个方向飞出；如果宇称不守恒，那么一个方向上飞出的电子将会比另一个方向飞出的电子多一些。这样，对称性就打破了。由于哥伦比亚大学没有合适的低温设备，吴健雄只能与华盛顿美国国家标准局的 4 位物理学家安布勒(E. Ambler)、海沃德(R. H. Hayward)、霍普斯(D. D. Hoppes)和赫德逊(R. P. Hudson)一起合作，完成β衰变中宇称是否守恒的实验。

▲ 与吴健雄合作做验证宇称守恒实验的美国国家标准局的三位物理学家：安布勒(右一)、海沃德(右三)和赫德逊(左一)。

这儿插一个故事。那时愿意做这类

实验的物理学家的确不多，但是芝加哥大学有一位叫泰莱格迪（Valentine Telegdi，1922—2006）的匈牙利裔美国物理学家，在看了杨振宁和李政道的文章以后，建议他的同事们与他合作，选择文章里建议的一个实验，以此观测宇称到底是否守恒。但是他的同事们对此毫无热情，都认为宇称当然守恒嘛，为什么要没事找事地浪费时间？但是泰莱格迪对同事们的态度不以为然，仍然决定做这个实验，并且说好与一名叫弗里德曼（Jerry Friedman）的博士后合作。不幸的是 9 月他的父亲去世，12 月圣诞节假期中又要到意大利米兰照料母亲。这时他并不知道吴健雄或者还有其他人在做这个实验，所以没有很强的紧迫感。对以下发生的故事，他几乎都不知道。

2. 费曼和泡利认为这一实验没有价值去做

随着吴健雄实验的进展，物理学界开始有更多的人关心和讨论这件事，气氛比半年前热闹多了，有趣的故事也多了起来。1989 年以 74 岁高龄因为“发展了原子精确光谱学”而获诺贝尔物理学奖的拉姆齐，那时想利用橡树岭国家实验的设备做实验，以检验弱相互作用中宇称是否守恒。有一天，费曼（Richard Feynman，1918—1988）遇见拉姆齐，问道：“你在干些什么？”

拉姆齐回答说：“我正准备检验弱相互作用中宇称守恒的实验。”

费曼这位在美国科学界才高八斗、满腹珠玑的卓伟之才立即说：“那是一个疯狂的实验，不要在那上面浪费时间。”

他还建议以 10000 ∶ 1 来赌这个实验绝不会成功。

拉姆齐回答说：“如果实验成功，我和我的学生会得到诺贝尔奖；如果不成功，我的学生也有了博士论文的题目。”

后来，他们将赌注改为 50 ∶ 1，再后来，由于橡树岭国家实验室不支持，拉姆齐的实验没做成。吴健雄的实验成功之后，有人说费曼倒是谦谦君子，很守信用，签了一张 50 元的支票给拉姆齐，安慰他万分遗憾和失望的心情。但费曼自己回忆却说，因为拉姆齐没有做这个实验，所以他“保住了 50 元的支票”。

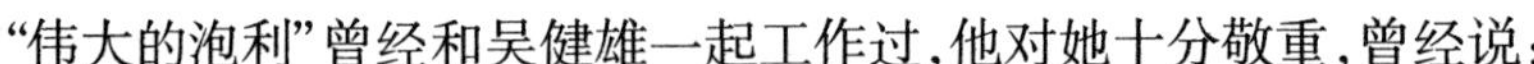

“伟大的泡利”曾经和吴健雄一起工作过，他对她十分敬重，曾经说：

“吴健雄这位中国移民，对核物理这门科学的兴趣简直浓厚到了令人难以想象的程度。和她讨论核物理方面的问题，她会滔滔不绝，忘记了夜晚窗外早已是皓月当空。”

由于泡利对宇称可能不守恒一直持否定态度，所以当他从他以前的学生韦斯科夫（Victor Weisskopf，1908—2002）那儿得知，吴健雄正准备用实验检验宇称守恒的时候，他立即回信给韦斯科夫说，做这个实验纯属浪费时间，他愿意下任何数目的赌注，来赌宇称一定是守恒的。

还有一个关于泡利的故事。1956 年下半年，泡利听说吴健雄的实验小组进行的宇称守恒实验已经有了一些结果，心中不以为然。有一天，他在苏黎世遇见曾经在美国国家标准局工作过的坦默尔（G. M. Temmer），泡利对他说：

“像吴健雄这么好的一个实验物理学家，应该找一些重要的事去做，不应该在这种显而易见的事情上浪费时间。谁都知道，宇称一定是守恒的。”

几个月以后，泡利又在哥本哈根玻尔理论研究所遇见坦默尔，虽然泡利已经记不得坦默尔的名字，但是还记得他的长相，于是他再次谈到吴健雄的实验，泡利十分武断地说：“是的，我还记得我们在苏黎世的谈话，这件事该结束了！”

3. “走出了房门”

但泡利和费曼这两位了不起的物理学家都没有料到，到了 1956 年圣诞节时，吴健雄小组的实验已经差不多可以说是成功地证明了宇称的确在弱相互作用中并不守恒。但吴健雄却仍然难于相信自然界竟有如此奇怪的事情，她唯恐实验中有什么没注意到的错误，所以当她把他们小组的实验结果告诉杨振宁和李政道时，她叮嘱他们暂时保密，她还需要对实验作再次检查。

但年轻的李政道显然觉得吴健雄过分谨慎，在 1957 年 1 月 4 日哥伦比亚大学物理系例行的“星期五午餐聚会”上，就迫不及待地把实验的结果告诉了与会的人。1 月 5 日，杨振宁给正在加勒比海度假的奥本海默发了一封电报，把吴健雄的实验结果告诉了他。奥本海默回电只有几个字："走出了房门。"

奥本海默这样回电是因为1956年杨振宁在一次报告中曾经说："物理学家发现他们所处的情况像一个人在一间黑屋子里摸索出路一样，他知道在某个方向上必定有一个使他脱离困境的门，然而出路究竟在哪个方向上呢？"

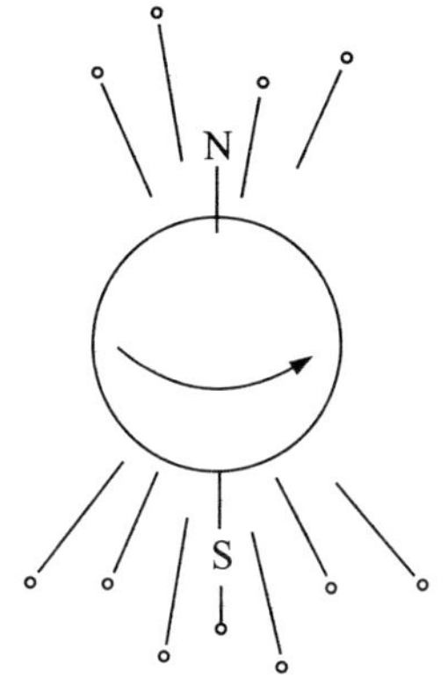

▲ 吴健雄的同位素钴60实验，证实在它衰变的过程中，不同的方向发射不同数量的电子。图中是S端（南端）发射更多的电子。

曾经拒绝做这类实验的莱德曼，这时心里一定会翻江倒海地难受，悔不该以前没有接受杨振宁的建议。在他自传性回忆《上帝粒子——假如宇宙是答案，究竟什么是问题？》一书中，对此事有极为生动的回忆。他写道：

又逢星期五。时间定格在1957年1月4日，中午12点。星期五是哥伦比亚大学物理系的教工们传统的中国菜午餐日。10—15个物理学家先是聚集在李政道教授办公室的门外，然后结伴从第120大街的普平物理楼向山下的第125大街和百老汇大街路口的上海餐馆走去。

……在往这里来的路上，我们已经很清楚这个星期五的交流主题了，那就是宇称和我们哥伦比亚大学的同事、当时正在华盛顿国家标准局指导一个实验的吴健雄所带来的最新消息。在午餐会开始讨论严肃话题之前，李政道先在一个恭敬的餐馆领班递来的小便笺本上点菜——每星期来吃饭他都要干这些琐事……把便笺本和笔都递给了服务员以后，李政道加入到谈话中来。

"吴女士打电话告诉我，她的初步数据表明了一个惊人的效应！"他兴奋地说。

4. 莱德曼亡羊补牢

此后整个午餐莱德曼都心不在焉，想着李政道所说的“惊人的效应”，餐桌上别人讲一些什么他完全不知道。当天晚上回到实验室以后，他立即开始用杨振宁建议的那个实验，来验证宇称的不守恒性。他一直干到第二天早上。对此莱德曼幽默地说：

> 如果有人跟你讲，科学家都是些冷静沉着、冰冷无情的家伙，那么，这个人就是个疯子。其实，我们都热切地期盼着，希望能够早一点看到宇称破坏。宇称不是妙龄少女，我们也不是翩翩少男，但我们却像少男之于少女那样，沉迷于能够做出发现。所谓科学客观性的测试，就是不要让热情影响到方法论和自我批评精神。

1月8日星期二早上六点，莱德曼拿起电话找李政道。一声铃响就接通了，莱德曼对李政道说：“宇称玩完了！”

他还写道：

> 我们获得的清晰明确的结果，自然不会让吴健雄感到开心了。虽然我们想跟她一起公开发表我们各自在实验中的发现，但值得敬佩的是，她坚持要用原定的一星期时间来检查完她的结果。

1月9日清晨2点，吴健雄小组的查证实验结束，小组的五个人用上好的法国葡萄酒为他们推翻了宇称守恒定律而干杯。1月15日，吴健雄等人的实验报告论文完成，寄给了《物理评论》。2月15日，论文正式刊出。

1月15日星期二，这一天哥伦比亚大学做了一件没有先例的事：为这一新发现举行了一次新闻发布会。拉比说道：

> 在某种意义上，一个相当完整的理论结构已从根本上被打碎，我们不知道这些碎片将来如何能再聚在一起。

这是一个清楚的告示：宇称不守恒现在正式被承认了。次日，《纽约时报》发表了一篇编辑部文章，标题是《外表与真实》。文中解释了这项实验的巨大重要性。文章最后的一段话写道："人们相信，这件事（宇称不守恒的发现）移开了通往建立一个关于构成物质宇宙的基本单元的统一理论的主要路障。理论会是什么样子，也许还要花上20年时间，但是物理学家们现在感到有信心，他们至少从现在的'宇宙丛林'里找到了一条出路。"

吴健雄的实验虽然成功地证实了宇称在弱相互作用中并不守恒，但是她的实验所得到的数据中不守恒的程度只有1%—2%。这一数据的说服力还有不足之处，因为人们可以认为这个数据有可能是一种实验中的系统误差所导致，还不足以确凿地证明宇称真的不守恒。而莱德曼的实验中不守恒数据几乎高达100%，这一结果不可动摇地证明了在弱相互作用中宇称确实不守恒。当然，优先权无可置疑地还是属于吴健雄的，这是科学发现过程中的铁定规则。

▲ 杨振宁和李政道（右一）与他们的好友戴森（左二）、派斯（左一）合影。

"θ-τ之谜"最终被解开了，这是一个无可比拟的、重大的革命性进展。剑桥大学的物理学家奥托·弗里什在当时一次演讲中说：

"'宇称是不守恒的'这样一句令人难解的话语，像新的福音一样传遍了

全世界。”

杨、李的好友荷兰裔美国物理学家阿伯拉罕·派斯(Abraham Pais)说:

> 李政道和杨振宁的建议,导致了我们对物理学理论根本结构的认识的一次伟大解放。原理再次被判明是一种偏见……T. D. 和弗兰克,这是熟人对他们的称呼,他们风雅而又机智,对物理学有超凡的洞察力和有条不紊的本领。他们的意见被理论家和实验家们所敬重。在这方面,他们颇有一点已故的费米的风格。

吴健雄在完成实验以后,有两个星期几乎无法入眠。她一再自问道:为什么老天爷要让她来揭示这个奥秘?她还深有体会地说:“这件事给我们一个教训,就是永远不要把所谓‘不验自明’的定律视为是必然的。”

5. 事后的一些故事

最让人们关心的也许是泡利,他在此之前是那样信誓旦旦地肯定宇称决不会不守恒,现在会怎么说呢?幸好留下了1957年1月27日他给韦斯科夫的信。他在信中写道:

> 现在第一次震惊已经过去了,我开始重新思考……现在我应当怎么办呢?幸亏我只在口头上和信上和别人打赌,没有认真其事,更没有签署文件,否则我哪能输得起那么多钱呢!不过,别人现在是有权来笑我了。使我感到惊讶的是,与其说上帝是个左撇子,还不如说他用力时,他的双手是对称的。总之,现在面临的是这样一个问题:为什么在强相互作用中左右是对称的?

在写信给韦斯科夫之前的1月19日,泡利还写了一封信恭贺吴健雄的成功。在信上泡利说,自然界为什么只让宇称守恒在弱相互作用中不成立,而在强相互作用却仍然成立,感到十分迷惑。泡利的迷惑,直到现在仍然没有找到答案。

还有一个很让人感兴趣的问题是：莱德曼在知道吴健雄的实验以后，前后几乎只用 3 天的时间就彻底地（几乎 100%啊！）证实了宇称不守恒，那为什么他以前那么坚决地不接受杨振宁的建议呢？这似乎有一些不可理解呀。就这个问题我问过杨振宁：

“莱德曼为什么开始没有接受你们的建议呢？是因为太难了，还是别的什么原因？”

杨振宁回答说：

> 主要是他认为做出来没有意思。一方面他认为宇称一定是守恒的，一方面他认为实验太难了。也许有一个问题是，莱德曼既然 3 天就做出来了，他们以前为什么不做？这儿有一个原因是莱德曼做的那个实验恰好是一个很容易的实验，但其他实验并不这么容易，有的还十分困难。一个实验在还没有想清楚的时候，觉得不好做；后来有人成功了就会觉得不难；可见实验要有动力，没有动力就做不出来。但是莱德曼的实验很重要，因为吴健雄的实验只有百分之一二的不对称，而莱德曼的实验几乎是百分之百的准确。

可以设想，如果没有莱德曼的实验，仅凭吴健雄的实验，杨振宁和李政道也许在 1957 年还无法获得诺贝尔奖。

最后再来说说前面提到的泰莱格迪。等到 1957 年 1 月中旬他从欧洲回到芝加哥大学时，吴健雄和莱德曼的实验已经成功，并且将要在《物理评论》上发表。这时他真是后悔莫及，立即加班加点地完成实验并且把实验结果投到《物理评论》编辑部，想和吴健雄、莱德曼的文章一起发表。但是，编辑部认为他的文章晚了几天，而且文章写得匆忙和混乱，不同意一起发表。他还不甘罢休，找到老乡维格纳

▲ 匈牙利裔美国物理学家泰莱格迪。他是盖尔曼的好友。

(Eugene Wigner, 1902—1995, 1963 年获得诺贝尔物理学奖), 希望维格纳为他说项。维格纳用匈牙利语在电话中对他说:“我只不过是美国物理学会的会长而已。”

最后,《物理评论》编辑部总算同意下一期发表他的文章。不过泰莱格迪还是气得要发疯,甚至于退出了美国物理学会。只有他的好友盖尔曼(Murray Gell-Mann, 1929— ,1969 年获得诺贝尔物理学奖)表示同情,认为《物理评论》太绝情。

28 方程式里出怪事

薛定谔用他的普塞(ψ),
能做许多好的计算;
但有一事实在不懂,
普塞到底意义何在?

——伊里奇·赫克尔

谈到物理学中的一些著名方程,几乎都有方程本身比提出者还高明的事例,其中最有名的是“薛定谔方程比薛定谔聪明”和“狄拉克方程比狄拉克聪明”。其实还有,爱因斯坦的广义相对论方程也比爱因斯坦聪明多了;杨振宁和美国物理学家罗伯特·米尔斯(Robert Mills, 1927—1999)提出著名的杨—米尔斯方程以后,后续有很多事先杨振宁和米尔斯没有料到的发展,因此说杨—米尔斯方程比杨振宁聪明也完全没有问题。

薛定谔方程提出以后,他自己对方程里的波函数是什么好久都搞不懂,后来居然还提出一个错误的解释;狄拉克方程预言宇宙有反粒子,狄拉克开始想否定这个预言，后来承认了反粒子，但又错把质子当作反粒子；爱因斯坦方程里预言宇宙可以膨胀或者收缩，但是爱因斯坦开始死也不承认。这说明著名的科学家常常在大自然奇妙的结构出现在眼前时，被大自然美丽的光芒照花了眼，一时分不清东南西北，出现种种意料不到的错误。当然，世界上谁也没有否认薛定谔、狄拉克、爱因斯坦和杨振宁的智慧和功绩。但是这类事件常常为许多人不知，并因而对此迷惑不解。

1. 薛定谔方程中的波函数到底是什么？

先从薛定谔方程谈起。

1924 年 11 月 25 日，法国物理学家路易斯·德布罗意(Louis V. de Broglie，1892—1987，1929 年获得诺贝尔物理学奖)巴黎大学得到博士学位，他的论文题目是《量子论的研究》。在这篇论文里，德布罗意在光的波粒二象性的启发下想到，自然界在许多方面都明显地对称，既然光具有波粒二象性，那么实物粒子也应该具有波粒二象性。于是他假设：实物粒子(如电子、质子等等)也具有波动性；然后由质能方程以及量子方程出发，推出了有关公式。这就是德布罗意的“物质波”(mass wave)理论。

▲ 法国物理学家德布罗意

对当时绝大多数物理学家来说，德布罗意的物质波理论非但奇特，而且简直是荒诞和“一派胡说”，怎么能把电子看成是一个波？粒子和波风马牛不相及，怎么能够扯到一起？在一片反对的声浪中，只有爱因斯坦认为物质波理论是“一项有趣的尝试，”而且在 1925 年的一篇论文中，提到他文章中的一个公式就是根据物质波理论推导出来的。

奥地利物理学家薛定谔(Erwen Schrödinger，1887—1961，1933 年获得诺贝尔物理学奖)看到了爱因斯坦 1925 年的这篇论文后，得知爱因斯坦如此重

视德布罗意的物质波思想,不免大吃一惊,于是认真地研究了德布罗意的论文。

恰好这时他的同事荷兰物理学家德拜(Peter Debye,1884—1966,1936年获得诺贝尔化学奖)对他说:"薛定谔,我不明白德布罗意在说些什么,你读一下,也许能作一次不错的报告。"薛定谔答应了德拜的请求。

大约在1925年12月23日,薛定谔在每两周举行一次的"专题讨论会"上,介绍了德布罗意的物质波理论。介绍完以后,德拜认为德布罗意的想法太幼稚,还追问薛定谔:"既然涉及波动性,怎么没有波动方程呢?"

对呀!声波、电磁波都有波动方程来描述,那物质波也应该有一个波动方程呀!于是薛定谔决定不惜一切去找到这个波动方程。

据当时参加过专题讨论会的美籍瑞士物理学家布洛赫(Felix Bloch,1905—1983,1952年获得诺贝尔物理学奖)回忆说:

"德拜只不过是随便说了一句,他认为这种谈话的方式像弄得好玩似的。作为索末菲的学生,德拜当然明白要想准确地了解波,必须有波动方程……仅仅几周之后,薛定谔在讨论会上作了另外一个报告,他的开场白是:'我的同事德拜建议应该有个波动方程;好吧,我已经找到了一个!'"

这个方程今天称为薛定谔方程(Schrödinger equation),是量子力学的基本方程,和经典力学中的牛顿方程相当。长期以来,物质怎样由原子组合起来,化学键的本质是什么,原子为什么稳定地存在……,这一系列问题一直都是一个谜。现在好了,有了薛定谔方程,微观世界物质运动的规律才终于被揭示出来。薛定谔本人也因此名垂青史,并于1933年获得诺贝尔物理奖。

▲ 奥地利物理学家薛定谔

1926年4月初,德国物理学家普朗克(Max Planck)立即写信给薛定谔说:

> 我正像一个好奇的儿童听解他久久苦思的谜语那样,聚精会神地拜读您的论文,并为在我眼前展现的美而感到高兴。

爱因斯坦也高兴地写信给薛定谔说："您的著作的构思证实着真正的独创性。"1926 年 4 月 26 日，爱因斯坦又回信给薛定谔说："我确信，你已经作出了一次决定性的发展……"

资料链接：薛定谔波动方程

$$\nabla^2\psi + \frac{8\pi^2 m}{h^2}(E-V)\psi = 0$$

式中 ψ 是波函数(wave function)，m 是粒子的质量，E 和 V 分别表示粒子的能量和势能，h 是普朗克常数，∇^2 是拉普拉斯算符(Laplacian.)。

有趣而又奇怪的是，在万众欢腾、弹冠相庆之时，物理学家们心里都十分清楚，薛定谔方程中波函数 ψ(念"普塞")的四周几乎是一片黑暗，大家都不知道如何解释 ψ 这个函数。物理学家虽然能够用薛定谔方程解决一些奇妙的问题，但是却不明白为什么能够得到这些结果。正如美国物理学家维格纳所说：

"人们开始用薛定谔方程进行计算，但是却有些稀里糊涂。"

但这种状况似乎并没有怎么影响物理学家欢欣的心情，他们都相信一句俗话："有了好的开头，总归会有好的结尾。"

可是薛定谔本人如坐针毡，十分不安，因为他并不清楚波函数 ψ 到底是指什么东西。

起初，薛定谔认为"波"才是唯一实在的东西，而"粒子"(如电子)实际上只不过是派生的东西，是波掀起的一些"泡沫"。为了坚持这一观点，他利用波包(wave packet)，来代替电子的实际情形。但是伤脑筋的是，波包这种玩意儿，在数学计算上总是弥散的，它有时聚拢成为一个粒子，又随时间而扩散成为一个波，似乎电子将随时间一会儿"发胖"，一会儿"消瘦"。这显然是不可能的。

▲ 薛定谔传记英文版封面。

虽然在 ψ 的解释上争议颇多，但许多人都仍然十分认真地对待薛定谔方程，并利用它得出了许多结论。这种情况，使得薛定谔深感责任重大而疑虑重重，并且在一次会议上，表示了对方程的怀疑。一位瑞士物理学家文策耳(G. Wentzel)曾当场诙谐地对薛定谔说：

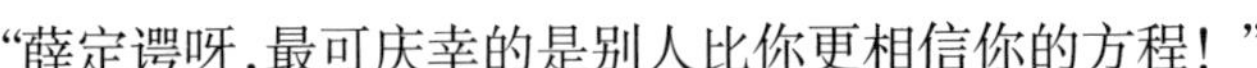

"薛定谔呀，最可庆幸的是别人比你更相信你的方程！"

还有人作打油诗取笑薛定谔，说薛定谔的方程比薛定谔本人还聪明，薛定谔本人想不到的问题，方程竟能奇迹般地提出并加以解决。例如德拜的一位年轻同事、德国理论物理学家赫克尔(Erich Hückel)写了一首打油诗(见本节引文)。

正如打油诗所说，薛定谔"有一事实在不懂，普塞到底意思何在？"实际上，薛定谔对方程中的波函数中提出的物理解释完全是错误的。后来，德国物理学家玻恩对波函数提出一种"概率诠释"(probability interpretation)。这种诠释认为：波函数是用来确定空间某一点微观粒子出现的概率。函数值大，表示电子出现在某地的概率大；函数值小，表示电子出现在某地的概率很小。于是人们弄清楚了一件极重要的概念：对原子现象的描述在原则上只能是统计性和概率的。

哥本哈根学派的一批物理学家们在玻尔直接的影响下，迅速接受了玻恩的概率诠释。但与此同时，这一诠释又受到爱因斯坦坚决的反对。爱因斯坦甚至于在他去世时都坚持认为：

"我无论如何都深信：上帝是不掷骰子的。"

最有趣的是，发现波函数的薛定谔也坚决反对玻恩的正确解释。

2. 狄拉克方程

英国物理学家狄拉克(P. A. M. Dirac，1902—1984，1933 年获得诺贝尔物理学奖)也发现了一个伟大的方程，但是他却在很长一段时间里不相信这个方程推算出来的正确结果！

1925 年 7 月 28 日，海森伯(W. Heisenberg)到剑桥大学卡皮查俱乐部作了一次演讲。狄拉克迅即明白，海森伯创建了研究基本粒子物理学的一个"革命性"方法。他在进一步深研海森伯论文后蕴含的物理思想，发现海森伯的思想不清晰，表述也因此复杂而难于为人理解，而且海森伯还没有考虑到相对论。狄拉克深入学习过分析力学和相对论，他觉得海森伯的理论大有改进的余地。

在十月间的一次散步中，他灵感突现，打开了微观物理学奥秘的钥匙，并且很快写出论文《量子力学的基本方程》(The fundamental equation of quantum mechanics)。《皇家学会会报》在 11 月 7 日的一期迅速发表了他的文章,从接收到发表只用了三周时间,可见编辑部深知这篇文章的重要性。事实上,狄拉克的这篇文章迅速成为现代物理学经典著作之一。

文章中的一个电子相对性波动方程,就是鼎鼎大名的"狄拉克方程"(Dirac Equation)。狄拉克方程是建立在一般原理之上的方程,而不是建立在任何特殊电子模型之上。当泡利、薛定谔等人热衷于复杂的电子模型时,狄拉克对这些模型嗤之以鼻,一点兴趣也没有。结果他的"没有模型"的方程带来了丰富的成果,其中有一些是完全出乎他意料之外的成果。这儿我们只介绍其中两个意外的成果。

首先,这个方程自然而然地得到电子的自旋(spin),而他事先根本没有考虑过电子的自旋。在建立方程的时候没有事先考虑自旋,就能够自动地得到正确的自旋解,这是一个伟大而又没有意料到的胜利。连狄拉克自己都"大为震惊",他在回忆中说

> 我对于把电子的自旋引进波动方程不感兴趣,我根本没有考虑这个问题,而且也没有利用泡利的工作。其原因是,我主要的兴趣是要得到一般物理解释以及……一个相对论性的理论……稍后,我发现最简单的解就包含有自旋,这使我大为震惊。

曾与玻恩一起工作的罗森菲尔德说:"(自旋的得出)被认为是一个奇迹。普遍的感觉是狄拉克已经得到的比他应该得到的还要多!要是像他那样搞物理,就无事可做了!狄拉克方程真的可以看作是一个绝对的奇迹。"

其次,更令人惊讶的是狄拉克方程不仅仅自动出现电子自旋,解决了电子自旋的奥秘,居然还预言电子的能量除了可以取正值以外,还应该可以取负值。能量取负值?这未免也太荒谬了吧!负能量是什么意思?人们从来没有听过和见过什么负能量。不仅仅让全世界科学家都惊讶得目瞪口呆,而且在一段时间里让狄拉克本人都被弄得神魂颠倒,不知所措!

狄拉克先是想把这个负值去掉，但他很快又发觉不能去掉这个负值，负值对于全面描述电子的行为有重要的作用。狄拉克当然知道，承认了有负能量的物体，将会给物理学带来多么巨大的困难，但是，科学家的好奇心是没有止境的。经典物理学中没有见到过负能量，并不意味着它就不存在；经典物理学中不可能发生的事情，在微观世界就不一定不可能发生。20世纪初到30年代，不知道有多少原来认为不可能发生的事情，在爱因斯坦、玻尔、海森伯、德布罗意……的研究中，都被证明在微观世界里是可以发生的。现在，狄拉克方程揭示出的带有负能量的电子，为什么就不可能是真的呢？所以在量子力学里，一般是遵从"不被禁戒的就是必须实现的"原则。

▲ 英国物理学家狄拉克

狄拉克相信他的方程是忠实可靠的，因此他没有回避负能量的存在，而是埋头研究如何解释负能量的物理意义。

1929年12月6日，狄拉克在《剑桥哲学年刊》上发表一篇文章。在这篇文章中，狄拉克认为电子带负电这是人所共知的，那么负能量粒子就应该是带正电的；而且狄拉克认为，这个负能量粒子可能就是人们已经知道的带正电的质子，因为当时物理学家只知道质子是带正电的。这儿明显暴露狄拉克思考的矛盾：如果从对称性出发，这个负能量的粒子如果带正电，其质量应该与电子一样或者相当，怎么会是比电子质量大近2000倍的质子！问题出于当时狄拉克没有胆量在电子、质子之外在提出前所未知的第三个新粒子存在（那时中子还没有发现！），他只能够把他的理论所要求的带正电的负能量粒子看成是质子。但是这种设想很快就暴露出一些严重的困难。

读者也许会产生疑问：为什么狄拉克不敢相信他的方程会出现一种新的粒子？原因之一是，预言一个新粒子，与当时流行的自然哲学观点不相容。自然界如果只存在电子和质子，宇宙显得多么简单而又对称，多么和谐而又美妙。增加一种新粒子，显然会破坏科学家梦寐以求的宇宙美学图景。

狄拉克后来曾对人说过：

> 在那个时候，我恰好不敢提出一种新粒子，因为那时整个舆论是反对新粒子的。

但是，许多物理学家如奥本海默等都先后批评狄拉克，说如果按狄拉克用质子代替一种尚不为人知的新粒子，会给整个理论带来灾难性后果。例如，氢原子会迅速湮灭等等。狄拉克知道自己不能自圆其说，在思考了一段时间之后，终于在 1931 年 5 月迈出了关键性的一步，收回了他早先把负能粒子看成是质子的观点，转而根据方程自身的要求，大胆提出“一个新的基本粒子，这是实验物理学家至今还未发现的，它与电子有相同的质量和相反的电荷。”

▲（左起）奥本海默、狄拉克和派斯

他把这个“新的基本粒子”称为“反电子”(anti-electron)，它的质量、电量、自旋……等一切属性都与电子完全一样，但却带有同量的正电荷。现在人们都称这个反电子为“正电子”(positron)。

正电子是人们发现的反物质(anti-matter)世界中的第一个反粒子(anti-particle)。有了正电子的存在，就可以合理地解释狄拉克方程中出现的四个分量。

从此，反物质世界慢慢向人们展示出那绚烂多彩、奇异怪骇的奥秘。

可见，狄拉克方程比狄拉克本人不但聪明而且聪明得多！

3. 杨—米尔斯方程

最后一个案例，谈杨振宁和米尔斯提出的杨—米尔斯方程。

杨振宁是20世纪伟大的物理学家之一。他和米尔斯共同提出的非阿贝尔规范场理论也称杨—米尔斯理论，YMT），是物理学史上最伟大的理论之一，被认为是“现代科学最伟大的方程”中的一个。

开始，杨—米尔斯方程有一个致命的缺陷：方程中规范场的的粒子没有质量！这是不可能的。因为强相互作用距离很短，其质量绝对不可能为零。于是，这个方程在当时只被视为一个“理论珍品”束之高阁。一直到20世纪70年代由于其他方面的发现，它才逐渐被物理学家发现这是一个非常伟大的方程，与爱因斯坦的引力方程、狄拉克方程一样，是科学史上最伟大的方程之一！

▲ 杨振宁

▲ 杨振宁和米尔斯合影

这个方程同样比杨振宁更加聪明，让杨振宁最吃惊的是下面一件事情。事情发生在1969年，那时杨振宁在纽约州立大学石溪分校任职。有一天在课堂上讲广义相对论的时候，他在黑板上写下了爱因斯坦广义相对论里著名的方程。当时杨振宁忽然有一种闪电般突如其来的直觉：这个公式有一些像他和米尔斯发现的规范理论①中的一个公式。当时不能仔细思考，下课以后他把两个公式写到一起。

经过仔细比较以后，杨振宁发现这两个公式不仅仅是相像，而且在数学

---

① 现在物理学家为了简便起见，常常把“非阿贝尔规范场理论”（Non-Abelian gauge field theory）这个很长的名称简单地称为"规范场理论"（gauge field theory），这并没有引起更多的麻烦。

结构上非常相似！杨振宁大吃一惊："原来规范理论与广义相对论的数学结构如此相似！"他的直觉告诉他，这里面一定大有文章。他在"我钦佩数学的美的力量"一文中写道：

> 这两个公式之所以相似，皆因(2)式是(1)式的一个特例！[①]理解到这一点，我喜不自胜，得意忘形之状实难用笔墨形容。我因而明白了，从数学的观点看来，规范场在根本意义上是一种几何的概念。

而杨振宁和米尔斯在1954年在研究规范场理论的时候，他们两人虽然推广了麦克斯韦理论，他们却没有明白麦克斯韦理论的几何意义，因此就没有从几何观点来审视规范场理论。杨振宁坦诚地说，自己开始并没有弄清楚规范场理论深刻的数学意义。他说：

> Mayer下面这段话不正确："读了杨振宁和米尔斯的论文，就可以看出他们一定明白了规范场的几何意义。因为他们使用了规范共变微商和联络的曲率形式。此外，该文的基本方程将与由更为几何的考虑而导得的方程相符……"米尔斯和我在1954年所作的麦克斯韦理论推广，我们不懂得麦克斯韦理论的几何含义，因此，并没有从这方面去看问题。

▲ 杨振宁和数学大师陈省身。他们也许在讨论物理学和数学之间的关系。

可见，杨—米尔斯方程也同样比杨振宁和米尔斯聪明。

① 这儿(2)式是指广义相对论中的黎曼张量公式(Riemann tensor formula)，(1)式是规范理论中的一个公式。——本书作者注

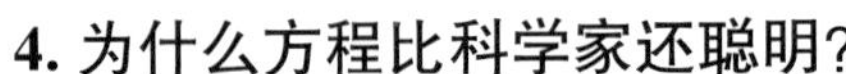

4. 为什么方程比科学家还聪明?

为什么会屡屡出现方程比科学家还聪明的现象呢?

这恐怕是一个很深刻的哲学问题。我们先听听杨振宁的一些说法。

……如果你能将许多复杂的现象简化概括为一些方程式的话,那的确是一种美。诗歌是什么?诗歌是一种高度浓缩的思想,是思想的精粹。寥寥数行就道出了自己内心的声音,袒露出自己的思想。科学研究的成果,也是一首很美丽的诗歌。我们所探求的方程式就是大自然的诗歌。这是一首很美的诗。当我们遇到这些浓缩精粹的结构时,我们就会有美的感受。当我们发现自然界的一个秘密时,一种敬畏之情就会油然而生,好像我们正在瞻仰一件我们不应瞻仰的东西一样。

……因为它具有一种神圣的色彩,一种力量的张力。当你面对它时,你会自然而然地产生一种感觉:它不应该被我们凡人窥视到。我一直把这种情结看作是一种最深的宗教情结。当然,这让我想到一个没有人能够回答的问题:为什么自然界是这样而不是那样?为什么最终可以把大自然这些强大的力量,都简化为一些简单而又美丽的方程式呢?这个问题有许多人探讨过,争论过,但始终都得不到答案。不过,事实在于,我们既然有认识它的可能,就有进一步深入认识的可能。而这正是吸引我们不断前进的原因所在。我们想建造一些机器,不是因为我们想把40亿美元的资金随意挥霍掉,也不是因为我们沉迷于将发现的基本粒子进一步分类编目。这些都绝对不是真正的原因,真正的原因在于大自然具有一种神秘的、里面含有力量的东西——而且,还有异乎寻常的美。

德国物理学家海森伯在发现量子力学里极为重要的矩阵力学方程时也说过类似的话:

一天晚上，我就要确定能量表中的各项，也就是我们今天所说的能量矩阵，用的是现在人们可能会认为是很笨拙的计算方法。计算出来的第一项与能量守恒原理相当吻合，我很兴奋，而后我犯了很多的计算错误。终于，当最后一个计算结果出现在我面前时，已是凌晨3点了。所有各项均能满足能量守恒原理，于是，我不再怀疑我所计算的那种量子力学具有数学上的连贯性与一致性。刚开始，我很惊讶。我感到，透过原子现象的外表，我看到了异常美丽的内部结构，当想到大自然如此慷慨地将珍贵的数学结构展现在我眼前时，我几乎陶醉了。我太兴奋了，以至不能入睡。天刚蒙蒙亮，我就来到这个岛的南端，以前我一直向往着在这里爬上一块突出于大海之中的岩石。我现在没有任何困难就攀登上去了，并在等待着太阳的升起。

杨振宁和海森伯在他们的话里明确表达的思想是，大自然本身就存在美丽的数学结构，它并不是科学家赋予大自然的，而是科学家在努力地研究之后，偶然“越过上帝的肩膀”“窥视到”大自然这一伟大结构的一部分，并且把它带给人类。

▲ 清华大学陈赛蒙斯楼落成典礼上，杨振宁和美国数学家赛蒙斯夫妇合影。杨振宁从赛蒙斯那儿学到重要的数学知识，得以明白规范场与几何学之间的关系。

但是这个伟大的结构不可能立即将自己的全部的美展示出来，因为人类不可能一下子就能够窥视到大自然全部结构之美。正如旅客游黄山的时候，不可能一下子就能够发现黄山全部之美，旅客必须在连续几天深入到

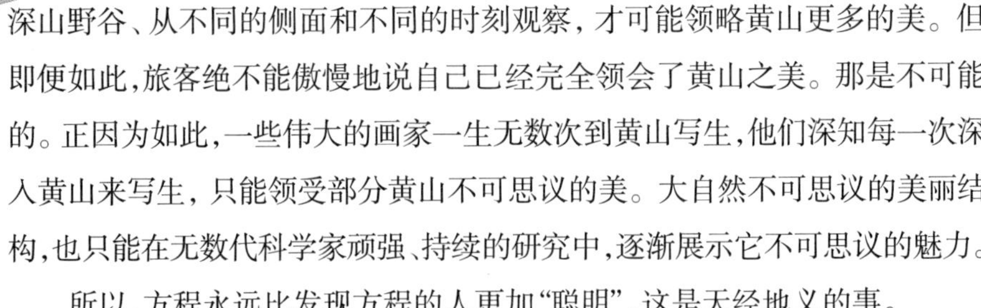

深山野谷、从不同的侧面和不同的时刻观察，才可能领略黄山更多的美。但即便如此，旅客绝不能傲慢地说自己已经完全领会了黄山之美。那是不可能的。正因为如此，一些伟大的画家一生无数次到黄山写生，他们深知每一次深入黄山来写生，只能领受部分黄山不可思议的美。大自然不可思议的美丽结构，也只能在无数代科学家顽强、持续的研究中，逐渐展示它不可思议的魅力。

所以，方程永远比发现方程的人更加"聪明"，这是天经地义的事。

29 海森伯的"名画"

海森伯的……统一场论……可以说是一种已被淡忘的理论。但是科学思维的前进从来不会是直线式的，谁能断定这种理论将来不会有一天重新放出灿烂夺目的异彩呢？

——戈革

1979 年第 21 期美国《科学新闻》(Science News) 上登载过一篇纪念爱因斯坦诞辰一百周年的文章，其中有一段话写道："现在有希望了。统一场论正风靡一时，这是量子统一场论(不是爱因斯坦研究的那一种)……他们表现了解决问题和提供爱因斯坦所希望的宏伟的统一的可能性。"

量子力学和基本粒子物理学的迅速发展，对爱因斯坦一生追求的统一场论既是一个打击，也是一个巨大的促进。一方面，强、弱相互作用的发现，使统一场论由统一电磁、引力两个相互作用，增加到要统一四个相互作用，这就使得原来已经困难重重的爱因斯坦的统一场论处于更加窘迫的地位；另一方面，量子力学的发展，又不得不求助于建立一个新的统一场论。这也就是说，虽然困难越来越大，但需要却越来越迫切。这是因为 20 世纪 50 年代以后，大量新的基本粒子不断被发现，为物理学家提出了一个难题。

我们知道，每一个基本粒子，它既有粒子性又有场的性质。量子场论认为，有一个粒子就有一个场，粒子是场的激发态。例如，电子是电子场的激发态，光子是电磁场的激发态，介子是介子场的激发态。描述不同的粒子需要不同的场论，描述光子用的是量子电动力学，而对介子则要用介子场论。当基本粒子到20世纪50年代已出现到40多种时，物理学家显然不能满意这种穷于对付的状态，他们理所当然地想用一个统一的场论描述日益增多的粒子。另一方面，量子力学用于电磁场时，出现了发散的困难。所谓发散的困难是指当人们考虑交换场粒子实现相互作用后，如果只考虑低级近似常常与实验结果相符，但每当进一步作高级近似时，得到的结果却与实验结果不符，而且其结果无穷大！为了克服这一困难，物理学家想了许多方法，其中有一种方法就是想用统一场论来摆脱困境。这样，统一场论又获得了新的动力，开始了一个中兴时期。

历史是不可能完全重复的。物理学家已经十分清楚，爱因斯坦设想从几何统一场论中自动地导出量子力学，是完全不可能的。量子效应是微观世界的根本效应，不是宏观世界的次级效应，因而在统一场论中兴时期，物理学家认为应该从量子力学的角度去建立新的统一场论。

▲ 德国物理学家海森伯。他曾经致力于统一场论，但是没有取得成功。

我们这一节感兴趣的是海森伯的量子统一场论。下面我们大致描述一下这个理论的始末。

海森伯给人们的印象十分深刻，当他刚满20岁还在慕尼黑大学读书时，就有资格被人视为物理学家了；后来，他进入当时德国物理学家索末菲研讨班后，不到一个月他就获准独立进行课题研究。

当泡利为海森伯的"勇往直前"表示担心时，海森伯回答得十分干脆：

"只要能获得成功，可以不择手段。"

年轻时的海森伯简直锐不可当，但到了老年以后，他与爱因斯坦一样，迷恋于统一场论时一直不顺；尽管原来的好朋友一个一个地离他而去，他却坚持孤独地干下去，直到去世。

大约从 1950 年开始，海森伯就开始集中精力研究统一场论了。在基本粒子不断被发现、每一个粒子又需要一个特定的场来加以描述的情形下，要想找到某个“基本场”来描述基本粒子的场，其难度非同一般。但海森伯不乏勇气，承担了这个令人生畏的难题。他在他的回忆录《物理学及其他》(*Physics and Beyond*)一书中写道：

> 我不遗余力地探索一个决定物质场内部相互作用的场方程，如果可能的话，它应该可以描述自然界所有能够观察到的对称性。作为一种模型，我利用了β衰变相互作用的特性，因为它简单而且已被人们普遍接收，再加之有李政道、杨振宁的发现，使这个模型有可能容易确定。[①]

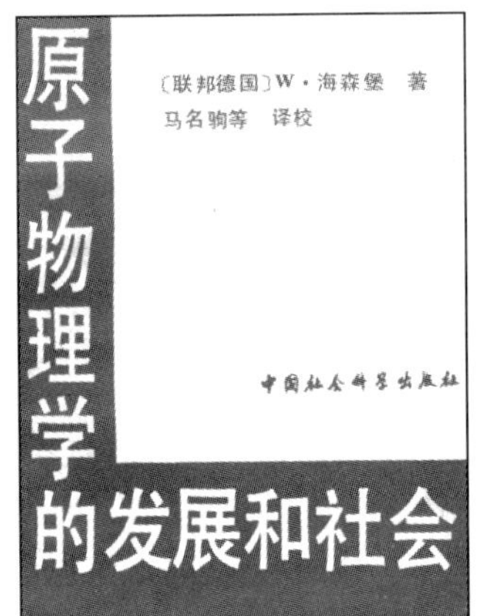

▲ 海森伯回忆录《物理学及其他》一书中译本封面。

1957 年下半年研究有了较大的进展。海森伯发现了一个方程，似乎有希望对统一场论作出决定性贡献。下面是海森伯写下的颇为动情的回忆：

> 1957 年秋，为了和泡利进行讨论，我在苏黎士作了短暂的停留。泡利鼓励我努力干下去，这对我实在太需要了。在以后几周内，我继续考察大量不同的物质内部相互作用形式，突然，我在这众多不同相互作用形式中，发

① 这儿指的是杨振宁、李政道于 1956 年提出的弱相互作用中宇称不守恒理论。——本书作者注。

现了一个具有高度对称的波动场方程，它并不比狄拉克电子运动方程更复杂……它好像可以说明自然界中发现的大量对称性。我把这些进展告诉泡利，他也同样非常兴奋……于是，我们决定探索这个方程能不能成为一个基本场方程，为统一场论做出贡献。

泡利对海森伯的进展十分兴奋，据海森伯说，“我从没有看到过他对物理学这么兴奋”。当然，泡利没有忘记以严格的挑剔和坚持以怀疑的态度对待海森伯的新理论，这也正是海森伯所需要的。在经过一番挑剔、怀疑和争论之后，这个场方程似乎经受住了考验，这使泡利对海森伯的场方程更加信任和更加有兴趣了。海森伯说，泡利“变为坚定地相信我们的场方程，其简单性和高度的对称性，使它成为独一无二的场方程，这对于基本粒子的统一场论来说必定是很好的出发点”。他们两人被这“独一无二的场方程”的魅力强烈地吸引着，相信他们有如《一千零一夜》中的阿里巴巴找到了打开宝库的咒语“芝麻，开门”一样。

▲ 1931 年时的泡利

泡利如果兴奋起来，就会像小孩那样抑制不住狂喜的心情。1957 年圣诞节他给海森伯的信反映了他的心情，他几乎是调皮地写道：

……对称性的分割和简化，是这个该死的问题的核心！前者是一个古代的魔鬼的属性……。萧伯纳①所写的一个剧本中一个主教说，“请公正地对待魔鬼”，以便让他参加我们的圣诞节。但愿这两个神圣的争论者（基督和魔鬼）能够注意到他们已经创造多少对称性了啊！

——您的非常非常诚挚的泡利

① 萧伯纳（George Bernard Shaw，1856-1950），直译为乔治·伯纳·萧，爱尔兰剧作家，1925 年“因为作品具有理想主义和人道主义”获得诺贝尔文学奖。——本书作者注。

圣诞节过了不久，泡利兴奋的心情一定尚未平息，他又在上封信发出一周后，写了一封颇具诗意的信，表达了他“希望新年将给我们带来对于基本粒子物理学更圆满的认识”：

> 每一件事物都处于不断演变之中，因而我们对自然图景的认识也一直在变动。虽然目前尚没有什么进展，但前景肯定是无量的。没有人能准确预计会出现什么奇迹，我正在努力学习，但愿幸运伴随我。理智在指导我们，希望之花将再次为我们开放。我们必须寻找生命的小溪。啊！生命之源！我们精神之支柱！让我们在黎明之前去迎接 1958 年的曙光吧！……它是一条通向蒂珀雷里的长路，还有很长的路要走。[①]
>
> ——您真挚的泡利

可惜，泡利在 1958 年初美好的祝愿和期望，就像暑热天气的雷阵雨，来得快而猛，去的也迅速而彻底。1958 年初，泡利要按原先约定去美国讲学三个月。据海森伯自己说他担心处于狂喜心情的泡利，在美国遇到清醒的“美国实用主义”，会使他的热情衰退下去，影响他们开端不错的合作，因而劝泡利暂时不要去美国。但劝告没有成功。

海森伯的估计，真不幸而言中。

泡利曾写信给他以前的学生，当时在哥伦比亚大学任教的吴健雄，请吴健雄邀请几个人，“我愿和大家讨论海森伯和我〔关于统一场论〕的这个理论”。原来泡利的意思是只请包括杨振宁、李政道、派斯等几个人，在哥伦比亚大学作一个“秘密演讲”，但报告那天却来了四百多人！由此可见，远隔重洋的美国科学家对这位德高望重的科学家是如何翘首以待。但遗憾的是等他讲完

① 英文是：“It’s a long way to Tipperary，it’s a long way to go.” Tipperary 即蒂珀雷里，是爱尔兰芒斯特省的一个郡。It’s a long way to Tipperary 是第一次世界大战时爱尔兰一首歌曲，表示战士想要回到家乡还有很长的路要走。这首歌曲在当时非常流行。这儿被泡利用来说明他们统一场论之路还有很长的路要走。

以后，不仅四百多听众大失所望，都认为他在台上胡说八道，连他自己也越讲越糊涂，几乎下不了台。当时有位物理学家说：

“假如他们这两位像今天这样乱搞的话，也许我们应该回去研究研究，他们在1925年所做的工作是不是也是不对的。”

从那次尴尬的演讲后，泡利几个月前几乎热到沸点的态度一下子降到了冰点。海森伯在回忆中写道：

> 我们被分隔在大西洋两岸，而泡利总是隔很久才来一封信……后来，他十分突然地写给我一封使我十分惊诧的信，他说他决定从我们两人的合作中退出来，对准备发表的文章他也不算份……他给了我可以充分自由行事的权利。从此以后，我们之间的通信中断了，我一直不知道他为什么突然改变主意。

虽然泡利的退出对海森伯是一次严重的打击，但他并没有因此而丧气；相反，倒给海森伯一个极大的激励。他认为他的职责应该促使他本人承担这一难以想象的重任。他对泡利的退出表示遗憾和不解，如果说因为缺乏清晰的思想，那20世纪30年代中期在更混乱的情形下，不也艰难突围出来了吗？

灵感似乎不断使海森伯极为兴奋，几乎有些无法自持。他的夫人伊丽莎白在回忆录中曾回忆道：

> 在一个明月之夜，完全为他所拥有的幻觉所激动，他同我一起穿过哥廷根的海因山走去，一路上他试图给我解释他的那些新认识。他谈到对称性的奇妙在于可以把它看作万物的原型，

▲ 海森伯夫人回忆录中译本封面。

谈到和谐,谈到“单一”的美和它内在的真实性。这是一个历史时刻。

▲ 海森伯和夫人伊莉莎白合影

由海森伯夫人的这一段话可以看出，海森伯非常相信自己的统一场论。这种由于确信自己“有这个运气,能在亲爱的上帝工作的时候越过他的肩膀望了一下”的兴奋心情,在1958年1月给埃迪特·库比(Edith Kuby,伊丽莎白的姐姐)的信中看得十分清楚。信中他写道：

> 亲爱的埃迪特！我觉得你太讨人欢喜了,叫人把一束华丽的香石竹送给我。这样,就在工作获得成功的幸运之上,还添上这样一种喜悦,因为别人也能用他们的情感来分享这种原先隐藏在一个科学角落里,而今在这里被揭露出来的东西。最近几个星期以来,我确实满怀激情,我自己在这里所经历的,或许能用一幅图像来最容易把它说清楚,我在整整最近五年里,曾经以极大努力试图寻找一条以往从不知道的攀登原子理论中心巅峰之路。而今贴近这巅峰地方,原子理论中各种联系的整片田野忽然清楚地横亘在我眼帘下面。这些联系,在全部的数学抽象中显示出一种简单到完全不可信的程度,而这种简单就是柏拉图也不可能梦想得比它更美;它们外加是一件礼物,我们只要伸手去接受就是,因为这种联系我们不能创造,而是从世界一开始就已存在了的东西。当然,还有许多细节工作要做……

那时，海森伯就像猎人在接近猎物时常有的那种聚精会神的紧张心情，但要想最终捕获到猎物，他还得像猎人那样耐心、静悄悄地接近目标……但不幸的是新闻记者捕获了这个势必轰动世界的信息，尤其是战败的德国，更需要鼓舞人心的奇迹，这种信息肯定比在南美洲抓到一个前党卫军军官更令人兴奋和感兴趣。

1958年初，海森伯在一次会议上介绍自己最近研究进展，一家报纸在报告后的第二天就在一篇耸人听闻的文章中宣称：海森伯已经找到了一个可以解决所有尚未解决问题的"世界方程"。海森伯对这件事十分生气，但又无可奈何。他在给泡利的信中写道：

▲ 1958的4月25日，海森伯（讲台后）在普朗克诞辰100周年的庆典上讲解他那颇受争议的"世界方程"。银幕上是该公式的投影。

"最近几天，这里的报纸引起了许多的麻烦。关于我们的工作我已经报告过几次，什么问题也没发生，前不久洪德（F. Hund）要求我在较正式的大学报告会上谈一谈。在报告时来了许多许多人，据后来情形看，里面肯定有记者，但我并不知道。后来这些记者发表了骇人听闻的什么'物理学的终结'之类的胡说八道。接着有几百次电话来问这件事，于是我只好让我的女秘书宣布了我口授的话，我特别声称，我们的工作'给一个统一场论提出了一些新建议，它们正确与否要通过此后的研究才能决定'……我希望，你没有像我一样生这么多的气！"

但泡利还是非常生气。他在看了美国报纸迅速转登的德国报上有关世界方程的消息以后，立即写了一封措辞尖锐的信给海森伯，他说：

“我完全不同意你昨天的讲话。”

报上还报道说，海森伯认为他们的基本理论已经完成了，只是有些细节还得等此后填充进去。泡利对这一报道，更是怒不可遏，他以为这是海森伯的想法，于是在信上画了一个方框框，框里空空如也，什么也没有。泡利讽刺地写道：

“我的画可以画得与著名画家提香的画一样好，只不过有些技术细节还没有画上去。”①

1958 年 7 月，在日内瓦召开的国际高能物理学会议上，海森伯正式提出了自己的理论。泡利也参加了这次会议。据参加这次会议的杨振宁教授回忆，海森伯一讲完，泡利立刻对他半年前还是亲密的合作者发动了毫不留情的攻击，其攻击之凶猛，令与会者惊诧万分。杨振宁写道：

▲ 1958 年 9 月，泡利夫妇在意大利的一次会议上。

这是我从来没有见到过的、两个重要的物理学家当众这样不留情的互相攻击。当时给我的印象非常深的就是海森伯对这个问题的处理方法。他非常安静。泡利越是不客气，讲话越是尖锐，海森伯就越安静。给人一种看法，似乎是泡利不太讲理。

海森伯在《物理学及其他》一书中也回忆过这一件事，他写道：“在那个会议上，我被约定作一个关于有争论的场方程研究情况的报告。泡利对我的态

① 提香(Titian，1488/90—1576)，文艺复兴时期威尼斯派伟大的画家，最伟大的色彩大师，其盛名历数百年不衰。——本书作者注。

度几乎可以说是敌对的……我认为有一些批评完全不合理,我好不容易才说服了他,使他能比较平静地和我讨论一些问题。”

接着在维也纳召开的基本粒子学会议上,泡利对海森伯的态度有了好转,据海森伯回忆说:

> 泡利又兴高采烈来了,他好像又变了一个人。在湖畔、花丛中,我们边谈边看蔚蓝色的湖水和四周的山峰,美好的景色一定感染了他,我们又谈到我们的工作、希望。泡利对我说:
>
> “我认为你应该继续研究下去。还有多少事情要去做啊,但我不怀疑正确的解答总有一天可以得到。我们的希望也许会实现,你的信心将会得到报偿。去年圣诞节我还认为我可以做任何事情,但现在我觉得我没有这个能力了。希望你坚持下去……”

1958 年 12 月 14 日,泡利因病去世了。

海森伯不仅失去了一个诤友,而且他的量子统一场论由于负概率和不能自然地推出同位旋、奇异数等重要量子数,困难越来越明显而严重;尤其是由他的统一场论算出的精细结构常数$\alpha = 1/263$,与实验值 1/137 相差太远。进一步的研究更表明,这一理论根本无法把所有的粒子和它们之间的四种相互作用都统一起来。于是一度中兴的统一场论冷下去了。他唯一的合作者只剩下杜尔(H. P. Durr,1929—)一个人了。这与爱因斯坦在 1954 年前后研究统一场论时,只剩下一个合作者何其相似!

量子统一场论短暂的中兴虽然以失败告终,但也给物理学家留下了有益的启示。量子统一场论与几何统一场论相比较,有共同之点,但也有不同之点。相同之点是都承认统一场是肯定存在的;都以对称性思想作为指导思想去建立场方程;场方程都是非线性等等。但两者不同之点显然更加重要。海森伯的量子统一场论试图从量子场论的角度重建统一场论,但他走了一条与几何统一场论相反的极端道路,他否定了从几何统一角度建立统一场论的可能性,试图只从物质属性的角度去统一各种基本粒子和四种相互作用,而不去考虑时空影响。海森伯的学生魏扎克曾经写道：

“随着年岁的增长，海森伯的科学进展使人想起上了年纪的爱因斯坦。他们两个都把最后的精力用于研究统一场论。爱因斯坦要把量子论从基础理论中排除出去；他不希望把不确定性原理看成基本的真理。比爱因斯坦晚一辈的海森伯，则把量子论作为他的出发点。”

爱因斯坦认为世界上存在着的任何现象都可以用纯粹的几何学方法去描述。从哲学观点看，物质完全几何化是不大可能的，因为空间只是物质的属性之一，不能把物质所有其他属性（运动、因果性、相互作用等等）都归结于空间。但爱因斯坦对理论物理的基本结构的洞察力是不能忽视的，这种洞察至今仍然是物理学重大研究课题。现代物理的发展证明，物理几何化的倾向是有效的，物理学理论的进一步发展，不能不考虑几何化思想的合理内容。海森伯的失误，正在于他走了另一个极端，忽视了几何统一场论的合理内容。

几何统一场论和量子统一场论都先后由于无法统一基本粒子及其相互作用而被人们冷落，但他们的努力反映了物质、时空和运动日趋统一，这无疑是物理学进步的标志。而且，他们的努力给后继者以启迪；他们的信念，给后继者以鼓励。经过四五十年两代人的努力，物理学家们终于在前人失败的地方找到了进一步实现统一的方向。但这个统一场既非几何统一场，也非量子统一场，而是由韦尔（Hermann Weyl, 1885—1955）、福克（Vladimir Fock, 1898—1974）、伦敦（Fritz London, 1900—1954）、杨振宁、希格斯（P W. Higgs, 1929— ）等人在30多年里逐渐发展起来的规范场理论（gauge field theory）。

30 知识只来源于测量吗?

> 布洛赫有句名言:"超导理论总可以被驳倒。"这句名言在好多年都是真的。我想其主要原因是人们从一个错误的角度看待这一现象。
>
> ——H. B. G. 卡西米尔

> 超导电性是低温物理学史上具有戏剧性的事例之一;"它曾经是理论物理学的耻辱和绝望"。
>
> ——T. 克里斯蒂迪斯

什么叫偏见?《辞海》上说:"偏见"是"片面不公正的见解。"《现代汉语词典》上说,"偏见"是"偏于一方的见解;成见。如果从心理学角度看来,这些定义失之于过简,不够全面。英国利兹大学心理学家 D. W. 贝斯黑莱姆在《偏见心理学》一书中,给出了一个比较全面和科学的定义:

> 人们对任一事物所持的观点或者信念,而这种观点或者信念缺乏适当的检验,或者与这些检验的结果相悖,或者与逻辑推理得到的结论相悖,或者不符合客观实际。这种观点或者信念之所以被人们当作事实,是因为人们信奉它。有时它就像真理一样在起作用。

偏见当然是指一种不正确的意见,但它与另外一些不正确的意见如谬误、谎言、差错、异端邪说等并不相同。偏见一般说来,更具有无意性、习惯性,但也更具有主观性和群体性。这种心理倾向带有强烈的主观好恶的情绪成分。对于持有偏见的人来说,他们认为他们在坚持事实,在坚持真理,因而对于正确的意见往往很难采纳,对科学研究的发展常常起阻碍作用。

偏见具有偏见的心理机制,它既不是单纯的认识论描述的过程,也不是

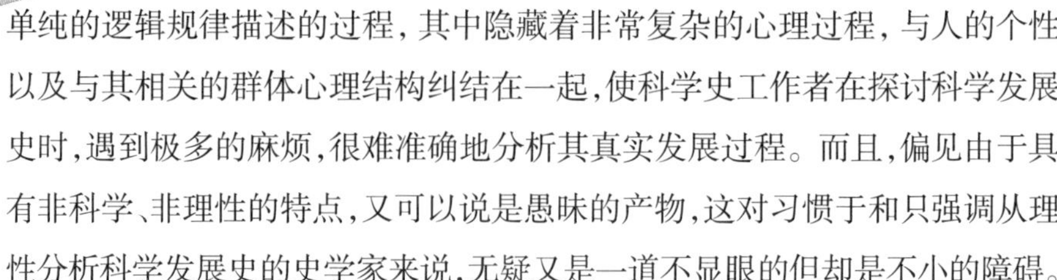

单纯的逻辑规律描述的过程，其中隐藏着非常复杂的心理过程，与人的个性以及与其相关的群体心理结构纠结在一起，使科学史工作者在探讨科学发展史时，遇到极多的麻烦，很难准确地分析其真实发展过程。而且，偏见由于具有非科学、非理性的特点，又可以说是愚昧的产物，这对习惯于和只强调从理性分析科学发展史的史学家来说，无疑又是一道不显眼的但却是不小的障碍。

当偏见逐渐成为一个群体的共同观念和信仰时，它就会沉淀于这个群体的深层文化结构和心理结构之中，形成特定的思想观点、思维方式和心理状态。这种情形在现代科学中各科学学派、各大实验室和各名牌大学中，常常会出现。但在科学史中，至少在物理学史中对于这种情形比较缺乏研究。

超导电性理论（也简称超导理论）的发展，为我们提供了极有益的范例，使我们可以借此了解偏见如何形成，以及它如何阻碍正确科学理论的建立和发展。

在超导电性现象发现后的 24 年间，物理学家们试图努力建立一个合适的理论以解释超导电性现象，但由于一种潜在的偏见，结果所有这些努力都先后失败。

▲ 美国物理学家巴丁，1972 年因为发现超导的微观理论获诺贝尔物理学奖。

英国理论物理学家弗罗利希（Herbert Fröhlich，1905—1991）在一篇回忆文章中曾说：

“……在超导电性的情形下，理论似乎已完全无用。因为 1933 年已经感到，物质结构的基本概念已有了充分的发展，应该足以解释它们的所有性质。而理论的这种明摆着的无用性，使人们大为恼火……”

因建立超导微观理论而于 1972 年获诺贝尔物理学奖的美国物理学家巴丁（John Barden，1908—1991），也曾在一篇文章中回忆说：

“由于研究这个问题的许多理论家都遭到挫折，于是布洛赫开玩笑地提出了一个‘超导第二理论’，即任何超导电性理论都是能够被驳倒的。”

下面我们稍微详细地讨论一下这段历史时期人们的偏见（和其他一些原因），如何妨碍了正确理论的提出。

1. 绝对零度先生

荷兰还有一位号称“绝对零度先生”的卡末林-昂内斯（Heike Kamerlingh-Onnes，1853—1926，1913年获得诺贝尔物理学奖）。

1882年，29岁的昂内斯被任命为莱顿大学的物理系教授和莱顿大学物理实验室主任。当时，物理学正处于一个即将向现代物理转变的时代，人们对物理实验的重要性有了新的认识。年轻的昂内斯充分认识到这一点，所以他的就职演说题目是《定量测量在物理学中的重要性》。他指出：

▲ “绝对零度先生”昂内斯。1913年因为超导研究获得诺贝尔物理学奖。

> 物理学能创造出获得新的物质的手段，并且对我们的实验哲学思维有着巨大的影响，但只有当物理学通过测量和实验去夺取新的疆土时，它才会在我们今天社会的思维和工作中占有重要的地位。
>
> ……我喜欢将“知识来自测量”（door meten tot weten）作为座右铭写在每个物理实验室的入口处。

昂内斯不仅这么认识和这么说，而且在任职之后立即将他的信念付诸行动。他颇有远见地把实验室全部研究项目都集中到低温方面。这时莱顿大学物理系资深教授洛伦兹认为，在低温研究方面不会出现什么奇迹，因此劝告昂内斯不要把精力过于集中于低温实验。但昂内斯不仅集中精力研究低温，而且颇有战略眼光地把莱顿物理实验室，改建成为一个能够大量液化氢气和其他气体的完备实验室，使物理实验第一次由手工式的操作，转向了具有工业规模型的研究场地。由于其设备复杂，到处是管道和泵，致使埃伦菲

▲ 昂内斯（右）建造的大型低温试验室，被戏称为“啤酒厂”。

斯特开玩笑地说：这个实验室简直成了“啤酒厂”。

1908年7月10日，昂内斯在实验室里将最后一个被称之为“永久气体”的氦气液化。人们曾经认为，所谓“永久气体”就是永远也不能液化的气体。昂内斯曾激动地回忆说：

“当我第一次看到似乎是幻想的液态氦的时候，真是有如奇迹降临一般！”

这一实验的成功，不仅有力地支持了分子运动论，而且使人类获得了新的低温——4K。以后，他又试图利用减压降温法使液氦冷凝为固体。此举虽未获成功，但通过这一努力使他在1910年获得1.04K的低温，1920年又获0.83K的低温。他在低温方面取得的巨大成功，使人类向绝对零度迈出了重要的一步。

获得更低的低温，这并非物理学家追求的唯一目的，人们还热衷于研究在极低的温度时，物质的性质是否有什么改变。当时人们最关心的是，金属的电阻率在新的低温里有什么改变。

那时金属电子理论尚未建立，人们对金属电阻率的研究虽取得一定成就，但其推论往往相互矛盾。德国物理学家能斯特（W. F. H. Nernst，1864—1941）认为，纯金属电阻随温度降低而逐渐减小，当温度达到绝对零度时，金属电阻完全消失，变为“完全导体”。英国的开尔文于1902年提出另一种看法：随着温度的降低，金属电阻将达到一个最小值，接着当温度达到绝对零度时，电子将“凝聚”到原子上，电阻值将趋于无限大，金属将变为绝缘体。

这真是有趣之极！两个人的意见竟然完全相反！

昂内斯先是同意开尔文的说法，并且说这一理论“在我们莱顿实验室，多年来都作为研究低温时金属电阻的指导理论”。但到底正确与否，大家都不清楚，因为都没有实验的证据。

1908年，昂内斯和他的学生凯伊（J. Cay，1882—1955）用铂丝作样品，发现铂丝的电阻先是随温度下降,但到液氦温度 4.3K 以下时,电阻的变化趋于平缓。他们在一篇论文中讨论了这一现象,认为这是杂质影响了铂的电阻,使铂的电阻在达到一定的低温后,其电阻与温度无关。

1911 年 2 月,他进一步发现在 4. 3K 以下,铂的电阻是一个不变的常数,并非像开尔文说的那样经过一个极小值以后又增大。这时他仍然认为铂的"常数电阻"是由杂质引起的;他还认在液氦温度时绝对纯净的铂电阻可能消失。[①]

这时,昂内斯根据量子理论提出了一个新的电阻理论,以说明纯金属电阻在绝对零度以上就会减小到零。

为了检验自己的理论是否正确,昂内斯决定用水银进行测量,因为水银是当时能够达到最高纯度的金属。1911 年 4 月的一天,他让他的助手霍尔斯特(G. Holst)进行这项实验。霍尔斯特在实验中发现,当温度降到 4. 2K 以下时,电阻突然消失了,这使他大为惊讶。昂内斯并不怎么惊讶,因为这一实验结果似乎证实了他的判断。

4 月 28 日,他宣布了霍尔斯特的这一发现;5 月 29 日,他将进一步的实验结果在第二篇论文《汞电阻的消失》中发表了。这一次他有点吃惊,因为测量发现,汞电阻在比他原来设想的温度高许多的地方,就开始急剧下降。

同年 11 月 25 日,他作了题为《水银电阻消失速度的突变》的报告中指出:

> 测量表明,从氢的熔点到氦的沸点附近,曲线显示出的电阻下降速度,与通常情形一样,是逐渐改变的……在略高与略低于沸点处,即从 4. 29K 到 4. 21K 之间也可清楚看出,电阻有同样的逐渐变化的趋势。但是在 4. 21K 与 4. 19K 之间,电阻却减小得极快,并在 4. 19K 处完全消失。

12 月 30 日,这个报告以论文形式发表了。他把突然转变时的温度称为"临界温度"。

---

① 液态氦在一大气压下,沸点是零下 268.6 ℃(4.55K),亦即这个温度可以使氦液化,这是所有化学元素中沸点最低的。——本书作者摘自《大不列颠百科全书》"氦"条。

这时他还没有看出这一发现的普遍性，仅仅把它当作纯质水银中发生的特殊现象。直到 1913 年 9 月，他又发现通过超导体的电流强度越大，超导转变临界温度就越低。这时他说：

“汞进入了一个新态，根据它特别的电性质，可以称之为超导态。”

这年 9 月在华盛顿召开的第三次国际制冷会议上他说：“还有一个小疑问，如果能够得到纯金和纯铂，不知在液氦温度下它们能否进入超导态？”

可见这时他仍然不清楚：超导态是物质的一种普遍性质，也许只有汞才具有这一独特的性质。

2. 昂内斯迷信“冻结磁场”

因为超导现象的发现，昂内斯于 1913 年获得诺贝尔物理学奖。这年 12 月 11 日，昂内斯在他的诺贝尔演讲中，面对超导现象出现的许多新问题，提出了一个他认为最妥当的办法：

“与其让自己陷入如何用量子论来解释超导现象，我宁愿用超导去研究一个实验问题。根据一般电子论，人们发现在常温下电子的自由程大约是分子的大小，而在超导状态下可达一米。”

▲（左起）埃伦菲斯特昂、洛伦兹、爱因斯坦和昂内斯的合影

这说明昂内斯这时把超导现象只看成是电子运动自由程的变化，而没有看成是一种“相变”（phase transition）的过程。这一错误的偏见直到1933年才彻底改变。

这一偏见的形成，固然有一定的实验上的原因，[①]但与另一个迷信即所谓“冻结磁场”（frozen-in magnetic field）也有极大关系。总的说来，昂内斯想把超导这种反常的发现，放在已有的电学理论中来解释。在很长一段时间里把超导看作“通常”导电性的“极端情形”，并认为超导体仍然会保留金属在常温下具有的磁学性质。这样一来在没有电阻的超导情形下，金属内部磁场的分布再不会因外部磁场的变化而变化了，因而可以看成是被“冻结”住了。所谓“冻结”的物理意义，简单地说就是外部磁场的任何变化，都不会使样品内部磁场有任何变化。

这种冻结磁场的观点导致了一种非常不幸的结果：使得不同于一般导电理论的超导理论，根本没有办法建立。

实际上，法国物理学家朗之万早在1911年超导电性刚被发现时，就在第一届索尔维会议上提出，应该用热力学中的相变理论来处理超导电性，即用“正常相”和“超导相”之间的转变来描述一新发现的过程。遗憾的是当时和后来很长一段时期内，没有人重视他的建议去建立新的超导理论。

▲ 朗之万（中间坐者）与爱因斯坦（左一）、埃伦菲斯特（左二）和昂内斯（右二）正在讨论低温物理学问题。

到了1924年，莱顿低温实验室的开索姆（W. H. Keesom,，1876—1956）教授曾尝试用热力学理论研究超导现象，但由于莱顿实验室受“冻结磁场”这一传统思想的束缚，他的这项理论研究没有引起同行们的

① 昂内斯曾试图找出相变，如利用X光衍射实验证明，物体进入超导态后晶体结构没有发生变化，也测不出相变时出现的“相变热”。

注意，连《莱顿通讯》都没有按惯例收入。开索姆当时已是教授，按理说他的研究应该有资格发表在《莱顿通讯》上的，但他连这点资格都被取消。

由此可见，偏见一旦形成，再聪明睿智的人也会失去科学思考的本领。偏见常常（如果不说总是）缺乏宽容，容不得别人作尝试性的探索，但科学本身又恰恰总是尝试性的，并有一定的局限性。前面我们谈到的泡利，就是因为偏见造成的武断，不能宽容别人作尝试性的探索，结果损人害己。这儿我们又发现了相似的例子。

▲ 德国物理学家迈斯纳

1933 年情况有了变化。在 1983 年出版的《偶然的现实》回忆录里，卡西米尔明确地指出："1933 年，我刚从苏黎士回来，那时我倾向于怀疑磁场冻结的观点。"

正在这时，德国物理学家迈斯纳（Walter Fritz Meissner，1882—1974）和奥森费尔德（R. Ochsenfeld）公布了他们的发现：超导体内部磁场为零！

于是形势陡然急转直下。

3. 迈斯纳的发现，形势急转直下

正如卡西米尔所说，要想打破超导研究沉闷、绝望的境况，必须从检验磁场冻结这一教条是否正确开始；然而，这又有待于观测超导体在极低温时，其磁场分布是否真被"冻结"而不发生任何变化。

超导体的磁性质早就使昂内斯感到疑惑不解。1913 年，当昂内斯想到超导电性的实际应用时，他曾设想将超导线圈用于制造强磁场、热耗小的电磁铁。因为一般电磁铁产生强磁场时，由于强电流会引起极大的热耗；而超导线圈由于没有电阻，岂不大大减小热耗？但实验结果使他大为失望，当他增大线圈中的电流时，超导电性竟自行消失；磁场最多只能达到 600 高斯（百分之几特斯拉），这比普通电磁铁产生的磁场（约十分之几特斯拉）还小许多。这

一实验结果让昂内斯既感到失望又感到迷惑不解。

1933年秋,当时在柏林唯一的一个低温实验室工作的迈斯纳和奥森费尔德,专心致力研究超导态转变问题。他们发现单晶锡由超导态回到正常态的温度,高于由正常态进入超导态的温度。他们因此怀疑超导态和正常态的磁场分布有根本的不同,于是对单晶圆柱形锡周围的磁场进行了非常精确的测量。

结果他们得到了惊人的发现。在1933年10月发表的文章中他们写道:在正常和超导两种情况下,单晶只要一进入超导态,它周围的磁场分布就会立即发生根本性变化,磁力线似乎迅即完全被排斥到单晶锡之外。

但迈斯纳毕竟是实验物理学家,他还不能因为一个实验而明确肯定超导体中磁场为零是普遍情况。这时,正在用热力学方法讨论超导相变的荷兰物理学家戈特(C. J. Gorter,1907—1908),立即对迈斯纳的发现作出反应。在迈斯纳论文发表后几个星期,戈特就在英国《哲学杂志》上发表论文,指出超导体内磁场等于零是超导体的一个普遍特征,并认为这一效应澄清了以前用热力学处理超导现象所未能解决的基础问题。他写道:

"因为磁场强度不等于零的超导态并不存在。"

迈斯纳的发现证明,超导体既是一种理想的抗磁体,又是一种理想导体。这种超导体的完全抗磁性现在称之为"迈斯纳效应"(Meissner effect)。

迈斯纳效应发现后,整个超导理论立即就出现了根本性变化。偏见、教条终于被打破,冻结了20多年的理论探索,终于像打破了坚冰的航船,再次起航。一个唯象的超导理论迅速建立起来。

4. 痛定思痛

莱顿实验室在昂内斯的领导下,从20世纪初就一直在超导研究中占领先地位,他们不仅有世界最优秀、最庞大的技术设施,而且形成了一个强大的低温学派。随便数一下,除昂纳斯以外对超导作过重大贡献的莱顿学者就有开索姆、戈特、卡西米尔、德哈斯等人,但这么一个强大的实验室,却长时期在完全有可能发现迈斯纳效应的情形下,一直未能发现它,结果优势落到了德

国物理学家之后。这其中的原因是非常值得研究和思考的。

的确，老实验室和老学派有宝贵的思想熏陶着它的每一位成员，但久而久之它也常常会散发出一种带陈腐味的保守气息。这种陈腐的保守性，迟早还会演变成坚硬的冻土层，将一切创造性思想、方法都冻结起来，就像冻结磁场一样。为什么科学史上一个学派总是在其极盛期之后就会衰败呢，其原因大概就在于此。

▲ 昂内斯在低温试验室里。

莱顿低温学派除了冻结磁场这一教条，束缚住了这个学派的许多有作为的物理学家之外，昂内斯的“知识来自测量”这一口号后来也起了不利的作用。对此，身为莱顿学派一员的卡西米尔可以说体会最深刻，并深知其不良影响之一面。他多次批评过这一口号，在《超导性》一文中他指出：

> ……昂内斯提出的口号“知识来自测量”，对莱顿的物理研究起了不好的影响。我不是说不应该测量，测量是必须的，但这样的口号促使人们只注意测量而不注意观察。最好是当你知道你要测量什么时候再去测量，在你还不知道某一现象存在之前，你不能测量。所以，过去那种倾向，即不去进行可能导致某些新现象的观察，只考察比热、蒸气压和电阻等熟知的性质，在十分局限的条件下去做一长串的测量。这对于发现新效应来说，并不是最好的方式。

有一次他还颇幽默地说：

“‘知识来自测量’这个口号在荷兰文中倒是十分押韵（‘door meten tot weten’），但我相信这押韵的口号对荷兰物理学家起了相当有害的影响。”

卡西米尔的这段反省或批评，应该说是很有见地的。在 20 世纪 30 年代前后,物理学家中有不少人像昂内斯那样,过分强调测量,而不重视理论、假说等和测量的相互依存关系。不少著名科学家在这方面吃过苦头。这种片面的见解,多半是 19 世纪末和 20 世纪初实证主义留下的阴影所造成。到了 20 世纪研究对象转向微观、高速、宇观领域时,这种偏见的局限性和危害性日渐显著。

费米有一次对他的学生说过一句话,作为卡西米尔讲话的注脚十分合适:

“你可能会发现你的观点与理论一致,那你完成的是一次测量;如果你有幸发现它们不一致,那你做的是一次实验(You may find agreement with theory; then you have carried out a measurement .But if you are lucky you will find disagreement. Then you have done an experiment)。”

▲ 费米是一位既重视理论又重视实验的物理学家。

费米的这句话,实际上涉及测量与理论之间的关系,它与爱因斯坦对海森伯说的一句话有相同之处。有一次,爱因斯坦对海森伯过分强调可观察量在物理发现中的作用表示忧虑,他说:

> 在原则上,试图单靠可观察量来建立理论,那是完全错误的。实际上,恰恰相反,是理论决定我们能观察到的东西……观察是一个十分复杂的过程……在我们能够宣称已经在最低程度上观察了任何东西之前,我们必定能够说出自然界是怎样起作用的,必定至少用实践的语言知道了自然规律。只有理论,即只有关于自然规律的知识,才能使我们从感觉印象推论出基本现象。

没有对于待测量、观察对象预先尝试性、探索性的假设(或假说),我们几乎什么也观测不到。昂内斯之所以发现超导电性,实际上也是根据在测量之前就已经有了一些假设。当然,是测量最后决定了哪一个假设是正确的,但

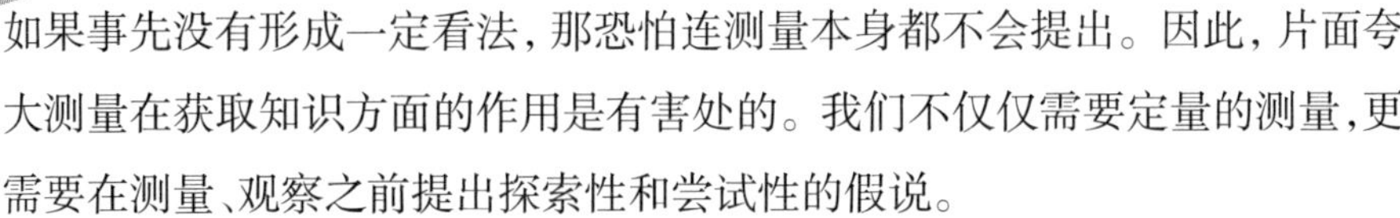

如果事先没有形成一定看法，那恐怕连测量本身都不会提出。因此，片面夸大测量在获取知识方面的作用是有害处的。我们不仅仅需要定量的测量，更需要在测量、观察之前提出探索性和尝试性的假说。

我们回忆一下 1900 年普朗克量子理论产生的过程，就会深深理解到费米和爱因斯坦的见解的合理性。那时，德国柏林的理论物理学家和实验物理学家们合作得多么协调！理论物理学家一提出新的辐射定律，实验物理学家马上用实验进行测量、检验；测量的结果又迅即反馈到理论物理学家那儿去，理论物理学家根据测量结果马上修改已有的假说。正是这种非常成功的合作，黑体辐射研究才在德国取得非常迅速的进展。

发现完全抗磁性几乎是在一个较小的规模上重复了黑体辐射研究的过程：理论物理学家提出可能的设想，迈斯纳根据理论设计新实验进行观察；发现了新现象之后立即反馈到理论物理学家那儿，并且再次进行精确测量。结果，迅速解决了莱顿 20 多年未解之谜。

痛定思痛，所以卡西米尔后来三番五次批评昂内斯的错误的偏见和不恰当的口号。